全国水利水电高职教研会
中国高职教研会水利行业协作委员会　规划推荐教材

高职高专土建类专业系列教材

道路工程施工技术

主　编　闫超君　丁明科　费秉胜
副主编　王学民　田国锋　张晓战

中国水利水电出版社
www.waterpub.com.cn

内 容 提 要

本书是高职高专土建类专业系列教材,全书共分 9 章,主要内容有:路基工程施工前的准备工作,路堤填筑,路堑开挖,路基施工质量控制,路基排水,路基边坡防护与支挡,路面基垫层施工,沥青路面施工,水泥混凝土路面施工。为了便于学习和更好地了解和掌握核心内容,每章前有教学要求,每章后附思考题和习题。

本书为高等职业技术学院、高等专科学校市政工程、道路与桥梁工程等专业教材,也可作为工程监理专业、工程检测专业的教材,还可作为交通土木类及市政、道路与桥梁工程技术人员的参考书。

图书在版编目（CIP）数据

道路工程施工技术/闫超君,丁明科,费秉胜主编.
北京:中国水利水电出版社,2008（2016.7重印）
全国水利水电高职教研会、中国高职教研会水利行业协作委员会规划推荐教材.高职高专土建类专业系列教材

ISBN 978-7-5084-5803-8

Ⅰ.道… Ⅱ.①闫…②丁…③费… Ⅲ.道路工程-工程施工-高等学校:技术学校-教材 Ⅳ.U415.6

中国版本图书馆 CIP 数据核字（2008）第 117528 号

书 名	高 职 高 专 土 建 类 专 业 系 列 教 材 全 国 水 利 水 电 高 职 教 研 会 中国高职教研会水利行业协作委员会　规划推荐教材 **道路工程施工技术**
作 者	主编 闫超君 丁明科 费秉胜　副主编 王学民 田国锋 张晓战
出版发行	中国水利水电出版社 （北京市海淀区玉渊潭南路1号D座　100038） 网址:www.waterpub.com.cn E-mail:sales@waterpub.com.cn 电话:（010）68367658（营销中心）
经 售	北京科水图书销售中心（零售） 电话:（010）88383994、63202643、68545874 全国各地新华书店和相关出版物销售网点
排 版	中国水利水电出版社微机排版中心
印 刷	北京瑞斯通印务发展有限公司
规 格	184mm×260mm　16开本　14.5印张　344千字
版 次	2008年12月第1版　2016年7月第3次印刷
印 数	7001—9000 册
定 价	**38.00元**

凡购买我社图书,如有缺页、倒页、脱页的,本社营销中心负责调换

版权所有·侵权必究

高职高专土建类专业系列教材编审委员会

主　任　孙五继

副主任　罗同颖　史康立　刘永庆　张　健　赵文军　陈送财

编　委（按姓氏笔画排序）

　　　　马建锋　王　安　王付全　王庆河　王启亮　王建伟
　　　　王培风　邓启述　包永刚　田万涛　刘华平　汤能见
　　　　佟　颖　吴伟民　吴韵侠　张　迪　张小林　张建华
　　　　张思梅　张春娟　张晓战　张漂清　李　柯　汪文萍
　　　　周海滨　林　辉　侯才水　侯根然　南水仙　胡　凯
　　　　赵　喆　赵炳峰　钟汉华　凌卫宁　徐凤永　徐启杨
　　　　常红星　黄文彬　黄伟军　董　平　董千里　满广生
　　　　蓝善勇　靳祥升　颜志敏

秘书长　张　迪　韩月平

前言

随着我国国民经济的持续、稳定、健康发展，公路和城市道路基础设施的建设正飞速地向前推进，施工新工艺、新技术、新材料、新标准已被广泛应用，新的规范也已出台。本教材是以新规范为依据，结合施工经验进行编写的。

全书共分9章，分别讲述了路基工程施工前的准备工作，路堤填筑，路堑开挖，路基施工质量控制，路基排水，路基边坡防护与支挡，路面基垫层施工，沥青路面施工，水泥混凝土路面施工。内容全面系统，理论紧密结合实际，易学易懂，便于掌握和在实践中应用。

本书由闫超君、丁明科、费秉胜任主编，王学民、田国锋、张晓战任副主编，具体章节编写分工为：第1章由安徽水利水电职业技术学院张晓战编写，第2章由华北水利水电学院水利职业学院刘全升编写，第3章由杨凌职业技术学院费秉胜编写，第4章、第5章由河北工程技术高等专科学校田国锋编写，第6章由山东省日照公路局丁明科编写，第7章由安徽水利水电职业技术学院闫超君和杨凌职业技术学院刘淑娟编写，第8章由杨凌职业技术学院郝红科编写，第9章由河北工程技术高等专科学校王学民编写。全书由闫超君统稿。

本书的编写，参考和引用了一些相关专业书籍的论述，编者在此一并谨向这些论述的作者们表示衷心的感谢。

由于时间仓促，加上编者水平有限，不足之处在所难免，恳请读者批评指正。

编　者

2008年12月

目录

前言

第1章 路基工程施工前的准备工作 ……………………………………………… 1
1.1 概述 ……………………………………………………………………………… 1
1.2 施工前的准备工作 ……………………………………………………………… 4
1.3 路基的施工测量 ………………………………………………………………… 8
1.4 路基土石方的施工调配 ………………………………………………………… 15
思考题 ……………………………………………………………………………… 19
习题 ………………………………………………………………………………… 19

第2章 路堤填筑 …………………………………………………………………… 20
2.1 软土地基的处理 ………………………………………………………………… 20
2.2 土质路基的填筑 ………………………………………………………………… 34
2.3 路基的压实 ……………………………………………………………………… 38
2.4 施工机械的选择与配套 ………………………………………………………… 44
思考题 ……………………………………………………………………………… 56

第3章 路堑开挖 …………………………………………………………………… 57
3.1 路堑开挖的注意事项 …………………………………………………………… 57
3.2 路堑开挖方案的选择 …………………………………………………………… 60
3.3 土质路堑的开挖 ………………………………………………………………… 63
3.4 石方路堑的开挖 ………………………………………………………………… 64
思考题 ……………………………………………………………………………… 70

第4章 路基施工质量控制 ………………………………………………………… 71
4.1 土质路基的压实质量控制 ……………………………………………………… 71
4.2 填石路基、土石混填路基的压实质量控制 …………………………………… 75
4.3 路基施工的质量控制 …………………………………………………………… 77
思考题 ……………………………………………………………………………… 85
习题 ………………………………………………………………………………… 86

第5章 路基排水 …………………………………………………………………… 87
5.1 路基排水的原则和要求 ………………………………………………………… 87
5.2 地表排水 ………………………………………………………………………… 88
5.3 地下排水 ………………………………………………………………………… 91
5.4 路面排水 ………………………………………………………………………… 96

思考题 …… 99

第6章 路基边坡防护与支挡 …… 100
6.1 路基坡面的防护 …… 100
6.2 路基的支挡构筑物 …… 110
　　思考题 …… 123

第7章 路面基垫层施工 …… 124
7.1 路面基垫层的要求和类型 …… 124
7.2 路面基层（底基层）、垫层对材料的要求 …… 125
7.3 水泥稳定土路面基垫层施工 …… 133
7.4 石灰稳定土路面基垫层施工 …… 143
7.5 石灰粉煤灰土路面基垫层施工 …… 148
7.6 石灰水泥综合稳定土路面基垫层施工 …… 151
7.7 级配碎（砾）石路面基垫层施工 …… 154
7.8 填隙碎石路面基垫层施工 …… 157
7.9 沥青稳定碎石路面基垫层施工 …… 159
7.10 路面垫层施工 …… 160
　　思考题 …… 161

第8章 沥青路面施工 …… 162
8.1 透层、黏层、封层的施工 …… 162
8.2 沥青表面处置的施工 …… 166
8.3 沥青贯入式路面的施工 …… 169
8.4 热拌沥青混凝土路面的施工 …… 172
8.5 乳化沥青碎石混合料路面的施工 …… 181
　　思考题 …… 182

第9章 水泥混凝土路面施工 …… 183
9.1 概述 …… 183
9.2 水泥混凝土路面的构造 …… 185
9.3 配制混凝土的用料要求 …… 190
9.4 路面板混凝土的配合比设计 …… 192
9.5 路面混凝土拌和物的搅拌和运输 …… 198
9.6 人工小型机械化铺筑水泥混凝土路面 …… 202
9.7 轨道摊铺机铺筑水泥混凝土路面 …… 207
9.8 滑模摊铺机铺筑水泥混凝土路面 …… 209
9.9 路面接缝与抗滑构造施工及路面的养生 …… 215
9.10 水泥混凝土路面施工的质量要求 …… 220
　　思考题 …… 224

参考文献 …… 225

第1章 路基工程施工前的准备工作

教学要求：本章主要讲述路基施工前的准备工作、路基施工测量以及路基土石方施工调配的基本内容，通过讲述掌握路基施工测量放样的方法，理解土石方施工调配的原则和工程量计算方法，了解路基施工前的组织、现场和技术准备工作。

1.1 概　　述

公路路基是在原地面上通过挖、填、压实、砌筑而修成的线形构造物，它多由自然土（石）填、挖而成。在使用过程中一方面承受由路面传递而来的行车荷载的反复作用，另一方面要抵御风吹日晒、雨水冲刷等各种自然因素的影响。因此，要求路基必须具有足够的强度和整体稳定性及良好的水—温稳定性和耐久性。路基工程涉及范围广，影响因素多，灵活性也比较大，尤其是路基内部结构复杂多变，除了要求合理的设计外，还必须通过精心的施工来进一步完善，做到"精心设计、精心施工"。

1.1.1 路基工程施工的特点

与其他土建工程相比较，公路路基工程具有以下特点。

1. **施工场地线长面窄**

路基工程是线状建筑物，爬峻岭，穿山洞，填沟壑，跨河谷。施工点多面窄，有效施工宽度往往在一百几十米范围内，机械设备施展困难，如图1.1所示。而且施工地点往往自然条件恶劣，运输不便。

图 1.1　施工现场线长面窄

2. 土石方工程数量大，沿线分布不均匀

为了保证车辆行驶安全，道路必须满足一定的技术标准。路基不可避免地需要挖、填或砌筑，个别路段还不得不采用高填深挖。这些因素决定了路基工程数量比较大，而且公路的等级越高，其工程数量越巨大。据统计，山区二级公路每公里路基计价土石方达4万～6万 m^3，个别达到10万 m^3 以上，路基造价占公路总投资的35%～45%，个别山区公路高达65%。

3. 路基工程项目繁多，相互制约

路基施工内容包括路基土石方、排水、砌筑、防护、小桥涵等工程，每一分项工程之间相互牵制。例如，小桥涵施工与土石方施工之间的次序、衔接和工艺等环节若处理不当，不仅影响工期，闲置机械，更重要的是会给工程留下质量隐患，难以根治。

4. 受区域性影响大

我国幅员辽阔，各地气候、地形、地貌、水文、地质、土质等自然条件相差很大，而这些自然条件与公路施工密切相关。公路路基施工系野外作业，又是在狭长地带露天操作。经常穿越不同地形地貌的公路路基，各地区具有不同的特殊地质，使一般问题复杂化，常规的处理方法难以奏效。因此，路基施工必须根据不同的自然特点采取不同的施工机械、工艺、方法，有效地组织协调好各类施工机械，做到技术与经济、质量与进度、费用与安全的最佳统一。

气候和季节对路基施工的质量、工期和安全影响很大，特别是雨季和冬季，会给一些地区的路基施工增加许多困难，施工作业受到极大限制，甚至无法进行。自然灾害如地震、滑坡、雪崩、泥石流等，会妨碍施工甚至停工，破坏已完成的路基。

5. 施工干扰因素较多

城郊结合部公路路基施工现场往往地下埋置着各种电力、电信、供水、排水等管线，乡村公路路基施工现场则可能遇到古树、文物建筑、古墓等。旧路改建既要维持交通，又要保证施工进度和工程质量。当地政府、民风、习俗、文化等直接影响到土地征用、水电器材供应。上述这些因素均影响到公路路基施工，有时会严重拖延施工工期，甚至造成工程无法施工。因此，施工前需要对这些因素作全面调查，综合分析，逐一排查。

因此，路基工程施工前必须做好详细调查，合理安排，统一部署，选择合适的填筑材料，采用先进的施工技术和机械设备，进行周密的施工组织和科学的管理。施工期间及时调整，才能实现快速、高效、安全施工，有效地保证路基工程的施工质量。

1.1.2 路基工程施工的基本方法

路基土石方施工作业主要指土石方开挖、运输、铺筑、压实和修整等工作。有时为了提高挖土的效率，还要先松土。路基施工的基本方法可分为以下几种。

1. 人工及人工配合简易机械设备施工

人工施工是传统的施工方法，施工时主要是利用手工工具进行作业，工效低，劳动强度大，不但要占用大量劳动力，而且进度慢，工程质量难以保证。人工施工适用于缺乏机械的地方道路和工程量小而分散的零星土石方工程。在排水、砌筑、防护工程中，也普遍采用人工施工。

1.1 概　述

人工配合简易机械设备施工是在人工施工的基础上，对施工过程中劳动强度大和技术要求相对较高的工序使用机具或简易机械完成。其具有花钱少、工效高、易推广等优点，虽然还是以人力为主，但生产效率比人工施工高，劳动强度低，故在我国目前条件下，特别是山区公路建设中，仍不失为一种值得推广的施工方法。

2. 机械化施工和综合机械施工

在工程施工中将推土机、铲运机、平地机、挖掘机、压路机及松土机等筑路机械，经过选配、施工组织，使各种机械科学地组织成有机的整体，优质、高效地完成路基施工任务的施工方法。例如，土方路基施工中，根据挖方土质性质、运距的远近，合理地选择铲运机＋平地机或挖掘机＋自卸汽车＋推土机＋平地机进行土方作业，如图 1.2、图 1.3、图 1.4、图 1.5 所示。机械化施工不仅是体现于机械化程度或投入机械的数量，而且要更着重于机械化的水平，着重于施工机械的配套、施工技术、施工组织及施工管理等多学科的现代施工技术。

图 1.2　推土机铲运

图 1.3　挖掘机和自卸汽车组合

图 1.4　平地机平整

图 1.5　路基压实

3. 爆破法施工

爆破法是利用炸药爆炸时所释放出的巨大能量，使其周围介质受到破坏或移位。爆破法施工可大大加快工程进度，减少繁重的体力劳动，提高劳动生产率，降低工程成本。目前，爆破法施工主要应用于石方路基，特别是岩质坚硬，不可能用人工或机械开挖的石质路堑，通常要采用爆破法施工后用机械清运石方；对于工程量大的集中的硬土路堑，有时也采用先爆破松土，后以机械推、运土的办法施工，如图 1.6 所示。另外，对软土、沼泽地区的公路路基，可将炸药放在软土或沼泽中爆炸，利用炸药爆炸时产生的张力，把淤泥或泥炭炸弃，然后回填以强度较高的透水性填料，这种软基处理施工方法称为爆破挤淤。另外，定向爆破还可将路基挖方直接移作填方。

爆破施工是一种对人身安全带有危险性的作业，同时对周围建筑物破坏性比较大，对生态环境也有影响，必须按有关施工规定和安全规程进行操作，严格按设计文件施工。

4. 水力机械施工

运用水泵、水枪等水力机械，喷射强力水流，把土冲散并泵送到指定地点沉积。这种方法可用来挖掘比较松散的土层和进行软土地基加固的钻孔工作，但施工现场需有足够的水源。

图 1.6 路基爆破施工

以上简单介绍了常见的路基土石方施工方法，施工方法的选择，应根据工程性质条件、土石方开挖难易程度、土石方数量、施工期限、工程造价及可能获取的人力、机械设备等条件来考虑，同时要结合考虑因地制宜和综合配套使用各种方法。

高速公路、一级公路以及在特殊地区或采用新技术、新工艺、新材料进行路基施工时，开工前应拟订多套施工方案；在地质条件、断面形式均具有代表性的地段铺筑长度不小于 100m 的试验路段，从中选出最佳方案，以指导全线施工。

1.2 施工前的准备工作

工程单位接受施工任务后，便可着手进行施工前的准备工作。施工准备工作应有计划、有步骤、分阶段地贯穿于整个工程项目的施工过程中。随着工程的进展，在各个分部、分项、工序工程施工之前，都要做好施工准备工作。准备工作的基本任务是根据工程的特点、进度要求，摸清施工的客观条件，合理安排施工力量，从技术、物资、人力和组织等方面为工程施工创造一切必要的条件。施工准备是工程顺利实施的基础和保证。施工准备工作的好坏，直接影响到工程的进度、质量和施工方的经济效益，因此必须高度重视，认真对待。

路基施工前应做好组织、物质、技术等三大准备。

1.2 施工前的准备工作

1.2.1 组织准备

在启动项目管理之前,首先要建立一个能完成管理任务、运转自如的高效项目组织机构——项目经理部。一个好的组织机构,可以有效地完成施工项目管理目标,有效地应付环境的变化,形成高效率的组织力,使组织系统正常运转,产生集体思想和意识,完成项目管理任务。

根据工程的大小和项目的特点,组建技术配备精良、设备先进齐全、生产快速高效的施工管理机构,建立工程项目分工责任制,完善工程质量分级管理体系。

一般项目经理部的组织机构设置项目经理为本工程的负责人,负责全面管理工作;项目总工负责本工程的质量与技术管理工作;临时党支部书记或指导员负责精神文明建设、安全生产、后勤供应等工作。项目经理部下设质检、工程技术、财务、材料、机务、政工、安全等管理部门。为便于组织施工及管理,在经理部统一指挥下,根据工程的特点,按工程项目类别分别设路基土石方、路面、桥梁、隧道、排水及涵洞、防护工程等专业作业组(工区)。以上各工区及施工组分别负责组织本工程范围内相应工程项目的施工。

项目经理部机构配置图如图1.7所示。工程规模的大小不同,各机构可能有相应变化。在组建项目经理部各职能部门的时候,必须明确各部门的责、权、利,否则会在今后工作中产生扯皮、推诿,责任不清,指挥不灵。每个部门配备的专业人员应按职称、能力形成梯队。所需要的人数视工程规模大小、艰难程度而定,路桥专业技术人员数量一般公路按平均每人管理3~5km配置,高速、一级公路按平均每人管理1km配置。项目经理部各职能部门的职责和权限在一般的公路工程监理专业书籍有所述。

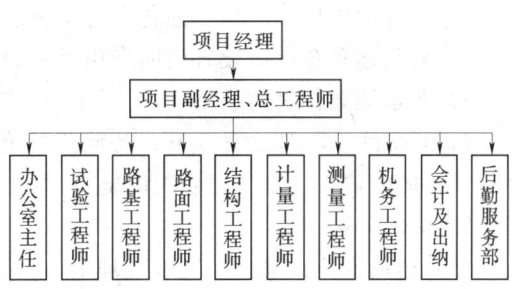

图1.7 项目经理部管理机构示意图

除了建立施工组织机构外,要使一个工程顺利、按质按量地完成还需要建立劳动组织体系。根据确定的工程施工进度、工期计划安排及劳动力的调配,合理地组织安排施工环节和施工过程,严格劳动纪律,严把工程质量关,实施奖惩制度,最大限度地创造效益。

1.2.2 生活办公设备准备

物质准备包括工程临时房屋修建或租赁、机具设备购置或租赁,各种材料的采集、调配、运输、储存,临时道路修建,供水、电力、电信等生活必需的设施。

1. 临时房屋及临时设施

(1) 工程现场应设有宿舍、会议室、浴室、食堂、厨房、管理室、经理部办公室、看守房、水池、机房、工地试验室、厕所等。

(2) 根据工程需要设置一个或多个临时设施,主要有预制场、木工场、钢筋制作场、搅拌站、工人休息室、水泥及其他材料库、各种材料堆放场等。

(3) 机械停放场、检修厂及油库,应设有停车场、检修棚、零件库、油库、发电机房等。

(4) 项目经理部应考虑监理工程师用房。

(5) 办公室、宿舍、会议室、食堂、厨房等采用砖结构（或活动房屋），按简易房屋标准建设。办公室和会议室设轻型板平顶，砖墙结构设圈梁。料库、检修棚、预制棚、钢筋棚、木工棚等均按混凝土柱（或钢管立柱）、石棉水泥瓦盖顶敞开式考虑。工程规模不大、工期较短且条件允许时，可考虑租赁离施工现场不远的当地民房。

(6) 所有房屋均有电灯照明并配备必要的生活日用电器。

(7) 修建临时运输便道。

(8) 施工、生活用水、用电。

以自行发电为主，预制场配 500kW 发电机 1 台，其他各配 120kW 发电机 1 台，另配 60kW 发电机 1 台备用。同时申请地方用电，做二路电源，确保施工用电满足施工要求。水源利用符合规定的附近自然水源抽储使用。

(9) 消防安全设施要求包括以下方面：

1) 各基地和仓库、预制场、钢筋木工棚、检修棚按 300~2000m² 的标准配备消防灭火设备并按规定地点安装和经常检查。

2) 做好消防培训工作，强化消防安全意识。

3) 各基地和仓库应设有消防专用通道。

4) 各水池兼作消防使用。

(10) 项目经理部设医务室，各施工队有巡回医生。医务室与当地医院要加强联系，并有简要的协议，出现紧急状况时能及时有效配合。

2. 办公设备

(1) 通信设施：项目经理部经理室、工程师（监理工程师）办公室、调度室应按工程需要设国内长途直拨电话，各施工队安装分机。

(2) 办公室应配备电脑、打印机、复印机、传真机及各种资料柜等日常办公用品。

(3) 交通工具：按工程需要配备一定数量的工程车辆及测量专用车辆。工程规模大的尚应配备医务急救车。

1.2.3 施工机械设备准备

路基土石方施工机械包括土石方挖运机械和压实类机械两大类。前者主要指推土机、装载机、挖掘机、铲运机、平地机、自卸汽车和凿岩机。在路基土石方施工时，施工机械的合理配套是工程能否按时完成及经济效益的保障。

路基土方施工机械担负着开挖、铲装、运输、整平、压实等任务。石质路堑尚包括各种型号的松土器、凿岩机、爆破器材。土石方施工机械设备配套是根据地质、土质、工程量、工期和运距等因素来选择机械。

1.2.4 试验设备准备

工地试验室是为施工现场提供质量检测数据服务，配合路基施工，检测工地所用的各种原材料、加工材料及结构性材料的物理力学性能，以及施工结构体的几何尺寸。路基土石方工程主要材料试验项目主要有土的颗粒分析试验、含水量试验、液塑限试验、标准击实试验、回弹模量试验和 CBR 试验等。公路路基工程检测项目主要有压实度检测、含水量测定、弯沉检测、回弹模量试验和外观尺寸检测等。

工地试验室所购置的各种重要试验设备仪器应通过当地政府计量部门标定，交通质量监督部门认证合格后才能投入使用。工地试验室认证工作应在接到中标通知书后立即开始申办，在工程开工前办理完毕各种必要的证件。另外，工地试验室必须配备最新版本的各种试验规程、设计和施工规范及其他参考书籍。

1.2.5 技术准备

施工前的技术准备工作主要是了解和分析建设工程特点和进度要求，摸清施工的客观条件，做好施工现场的准备工作，编制施工组织设计，合理部署和全面规划施工力量，制定合理的施工方案，使施工过程连续、均衡、有节奏地进行，保证工程在规定期限内交付使用，同时使工程在保证质量的前提下，做到提高劳动生产率和降低工程成本。在施工准备的各项工作中，以施工组织设计的编制作为中心内容。

1. 熟悉设计图纸

施工单位接受工程任务后，应全面熟悉、审核施工图纸、资料和有关文件，领会设计意图，参加工程主管部门或建设单位组织的设计交底和图纸会审并做好记录。

设计交底和图纸会审中，着重要解决以下几个问题：

(1) 设计依据与施工现场的实际情况是否一致。

(2) 设计中所提出的工程材料、施工工艺的特殊要求，施工单位能否实际解决。

(3) 设计能否满足工程质量及安全要求，是否符合国家和有关规范和行业标准。

(4) 施工图纸中土建工程及其他专业工程相互之间有无矛盾，图纸及说明是否齐全。

(5) 图纸上的尺寸、高程和工程量的计算有无差错、遗漏和矛盾。

(6) 对于施工难度大、技术要求高以及首次采用新技术、新工艺、新材料的工程，施工单位应根据工程特点，结合本单位的技术现状，制定相应的技术保障措施，做好技术培训工作，必要时应先进行试点，取得经验并经监理单位批准后推广。

设计图纸是施工的依据，施工单位和全体施工人员必须按图施工。未经业主或监理工程师同意，施工单位和施工人员无权修改设计图纸，更不能没有设计图纸就擅自施工。

技术交底通常包括施工图交底、施工技术措施交底以及安全技术交底等。交底工作分别由高一级技术负责人、单位工程负责人、施工队长、作业班组长逐级组织进行。

2. 施工现场的准备工作

路基开工前应做的施工现场的准备内容如下。

(1) 测量放样。恢复中桩，水准点的复核和加密，路基放样，划定填挖边界桩位，复测中桩高程及横断面。

(2) 施工现场需要的供水、电力、电信、交通调查。对整个施工路段及周边便道、供电、供水、电信等临时设施及预留桥涵位置等作全面的调查。

(3) 既有管线、建筑物的调查。对施工现场范围内的既有电力、电信、给排水管道、坟墓、具有文物价值的古建筑、人防工事、测绘标志、珍稀植物等既有拆迁物的数量、品质、权属、价值进行认真调查，以免将来影响甚至中断施工。

(4) 弃土、取土调查。土石方工程开工后将遇到大量的取土、弃土问题，施工前应调查其位置、数量、品质，还必须调查其权属。若调查不清、权属不明，或数量不足，将直接影响工程进度和工程质量。

(5) 工程数量的复核。根据现场的实测结果计算工程数量，并与设计文件相比较，

复核土石方工程量。复核成果若与设计文件相差较大时，尤其是工程地质、土石方成分及土石方数量，如土石方数量相差达10%，应及时向业主反映，作变更处理，追加工程量。

（6）排水。根据路基填挖范围、周边的既有排水系统，施工前创建一个完整的永久性或临时性排水体系。

3．施工组织设计

根据设计文件、现场条件，各单位工程的施工程序及相互关系，工期要求以及有关定额等编制施工组织设计，详细内容参阅《施工组织设计》。

4．开工前的试验

路基工程开工前，承包人必须申办组建经当地政府交通质量监督部门认可的工地试验室。工地试验室领取政府部门颁发的试验室等级证书后，应对拟用的土工、圬工砌体所用的各种原材料、复合材料进行标准试验，以判断材料的合格性。

路基土石方工程应对拟用的土石填料应进行土工试验，路基排水、防护、加固等结构物开工前也应进行系列试验。

5．资金的筹措及社会调查

（1）启动资金数量的计算。接受中标通知书后，准备工作的一个重要内容就是资金的筹措。承包人机械、人力、办公、材料、保险等方面消耗需要的资金按从进场到第一期工程计量需要多少开支，要依据工程项目的大小而定，通常占标价的10%。及时申报动员预付款是解决资金周转的一个途径。

（2）启动资金的来源。一般工程的启动资金由中标单位的扩大再生产资金解决。但对大型工程，启动资金可从动员预付款、银行信贷、股份、公司自身等方面考虑筹措。

（3）社会调查。路基开工前应准备的工作除了以上内容外，尚应注意了解当地政府职能部门的工作效率、信用度，当地邮政、通信、电力、供水、医院、教育等情况。对经常业务往来的单位，如医院、电力、派出所、机械配件、加油站等，最好能签订简单的协议。此外，当地的民风、习俗、文化也直接影响施工。承包人要与当地政府、老百姓打成一片，将自己的利益与当地利益紧密结合起来，不但不能干伤害当地老百姓的事情，而且必要时还应让利老百姓，为当地做好事，造福于民。有争议的、权属不清的荒坡、山地，最好不作为取土、弃土场地或其他临时征用土地。

1.3 路基的施工测量

测量贯穿于路基施工整个过程。目前工程建设对工程进度管理和工程计量管理规定，要求对工程量在开工前、施工中、竣工后进行准确及时统计、计算、记录、审报等。所有这些工作均离不开测量。因此，施工测量的任务和意义已不仅是为施工提供依据，除了按质量标准要求对测量过程进行详细记录并经相关责任人签认以外，施工测量尚须为工程进度和计量管理提供第一手数据。

按测量所处的阶段划分，土石方施工测量可分为施工前的复测、施工测量及竣工测量。它们既有相同点，又各具特色。

1.3 路基的施工测量

1.3.1 施工前的复测

土石方施工前复测的主要任务是复核设计文件所提供的资料的准确性,尤其是工程量的误差百分比。复测的项目包括复核导线点、水准点、路线中桩位置（坐标）及高程、横断面地面线等内容。复测步骤为先复核设计单位提供的导线点、水准点,后复核设计地面线（原地面中桩位置及高程、横断面地面线）是否与现场相符,最后复核设计工程量计算是否准确。复测及计算结果与设计文件相差超过允许范围时,应及时向业主报告,提出相应的处理措施,如土石方工程数量相差达10%以上应向业主提出变更申请。测量精度以满足公路测设规程为准。

工程量复核和横断面技术交底是两项工作。但就测量工作而言,其工作方法及内容是一致的,故可将此两项工作合并成一项来完成。横断面地面线测量可采用抬杠法、全站仪放射法等。根据测量结果,有条件时承包人应重新绘制出全线的纵、横断面图,并计算横断面积及工程量,对工程量进行复核。

工程量的复核可采用各类专用软件,如Head2004、路线大师2004等,直接绘成纵、横断面图,计算土石方数量。

值得一提的是,当复核计算的工程量与原设计有较大的出入时,应及时报告监理工程师及技术人员。地形变化较大的断面应在路段上标出其桩位（包括填挖高度、距中线距离）,作为技术交底内容。

路线测量复核桩位、高程、地面线无误或在允许误差范围后,即可进行边桩、边坡放样。施工前复测过程中,应注意以下几个问题。

1. 导线复测

（1）当原来测的中线主要控制桩由导线控制时,施工单位必须根据设计资料认真做好导线复测工作。

（2）导线复测应采用全站仪或其他满足测量精度的仪器,仪器使用前应进行检验、校正。

（3）原有导线不能满足施工要求时,应进行加密,保证在道路施工的全过程中,相邻导线点间能相互通视。

（4）导线起讫点应与设计单位测定结果比较,测量精度应满足设计要求;当设计未规定时,应满足以下要求:角度闭合差（″）为$\pm 16\sqrt{n}$（n是测站数）,坐标相对闭合差为$\pm \dfrac{1}{1000}$。

（5）复测导线时,必须和相邻施工段的导线闭合。

2. 中线复测

（1）路基开工前应全面恢复中线并固定路线主要控制桩,如交点、转点、曲线要素桩等;高等级公路应采用坐标恢复中桩。

（2）恢复中桩时应注意与结构物中心、相邻施工标段的中线闭合,发现问题应及时查明原因,并报现场监理工程师或业主。

（3）如发现原设计中线长度丈量错误或需要局部改线时,应上报监理单位和业主,一般作断链处理,相应调整纵坡,并在设计图表的相应部位注明断链距离和桩号。

3. 校对及增设水准点

(1) 使用设计单位设置的水准点之前应进行校核,并与国家水准点闭合,超出允许误差范围时,应查明原因并及时报告有关部门。大桥附近的水准点闭合差应按 JTJ 041—2000《公路桥涵施工技术规范》的规定办理,高速公路和一级公路的水准点闭合差为 $\pm 20\sqrt{L}$(mm),二级以下公路水准点闭合差为 $\pm 30\sqrt{L}$(mm),L 为水准路线长度,以 km 计。

(2) 水准点间距宜 200~300m 布设一个,在人工结构物附近、高填深挖地段、工程量集中及地形复杂地段宜增设临时水准点。要求在施工范围内随意架设水准仪均能瞄到水准点。临时水准点必须符合精度要求,并与相邻标段水准点闭合。

(3) 如发现个别水准点受施工影响时,应将其移出影响范围之外。其标高应与原水准点闭合。

(4) 增设的水准点应设在便于观测和不易沉降的坚硬基岩上或永久性建筑物的牢固处,也可设在埋入土中至少 1m 深的混凝土桩上。路基施工期间每半年至少应复测一次水准点,季节冻融地区,在冻融以后也应进行复测。

1.3.2 路基中桩放样

路线中线施工放样就是利用测量仪器和设备,按设计图纸中的各项元素(如公路平纵横设计参数)和控制点坐标(或路线控制桩),将公路的"中心线"准确无误地放到实地,指导施工作业,习惯上也称为"测设"。

路线中线施工放样是保证施工质量的一个重要环节。这是一项严肃认真、精确细致的工作,稍有不慎,就有可能发生错误。一旦发生错误而又未能及时发现,就会影响下一步工作,影响工程质量和进度,不及时处理甚至会造成损失。要严格按照有关规范、规程的要求,对测量数据认真复核检查,不合格的成果一定要返工重测,要一丝不苟,树立质量重于泰山的意识。为确保施工测量质量,在施工前必须对导线控制点和路线控制桩进行复测,在施工过程中要定期检查。放样时应尽量使用精良的测量设备,采用先进的测试方法。

路线中线施工放样又称为恢复中线。一般有两种方法:①用沿线控制点放样;②用路线控制桩(交点 JD、直圆 ZY、圆直 YZ 等点)放样。

用控制点放样中线,放样精度能得到充分的保证。在测量技术飞速发展的今天,全站仪的使用越来越普遍,因而这种方法得到了广泛的应用,成为恢复中线的主要手段。JTJ 033—95《公路路基施工技术规范》规定,对高速公路、一级公路,应采用坐标法恢复路线主要控制桩。

实际应用中,二级以上的公路勘察设计,均沿路线建有导线控制点,作为首级控制,故可采用控制点放样。

用路线控制桩来恢复中线有两种情况:一是公路两旁没有布设导线控制点,公路中线都是用交点桩号、曲线元素(转角、半径、缓和曲线长)标定,施工单位只有根据路线控制桩来恢复中线,这种情况在修建低等级公路时是常见的;另外一种情况就是由于施工单位没有全站仪,无法利用控制点,也只好利用路线控制桩恢复中线,但这种方法,常用于低等级公路。

1.3 路基的施工测量

1. 用导线控制点恢复中线

用导线控制点测设中线，实质上就是根据导线点坐标与公路中线坐标之间的关系，借以高精度的测量仪器和方法，将公路中线放到实地。因此，也可称之为"坐标法"。

如图 1.8 所示，P 为公路中线点，坐标 (X_P、Y_P)；A、B 为导线点，坐标分别为 (X_A、Y_A)、(X_B、Y_B)，P 点与 A 点的极坐标关系用 A 点到 P 点的距离 S_{AP}、坐标方向 α_{AP} 表示，即

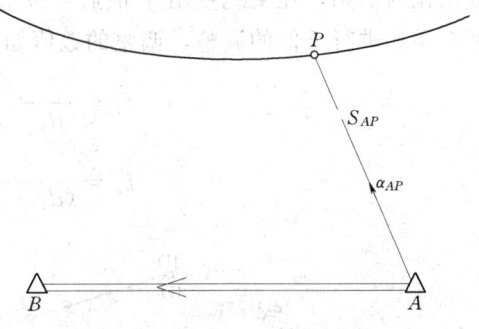

图 1.8 坐标法恢复中桩示意图

$$S_{AP} = \sqrt{(X_P - X_A)^2 + (Y_P - Y_A)^2} \tag{1.1}$$

$$\alpha_{AP} = \arctan \frac{Y_P - Y_A}{X_P - X_A} \tag{1.2}$$

上式就是两点间距离和坐标方位的计算公式，式中，导线点的坐标通过控制测量求得。下面根据求得的 P 点坐标进行放样。

第一步：在测站 A 上架设全站仪，对中整平（参见图 1.8）。

第二步：将导线点坐标、路线有关数据输入全站仪，运行放样程序。

第三步：后视已知导线点 B，配置水平度盘读数至后视导线点坐标方位 α_{AB}。

第四步：根据待放样点 i 的桩号 L_i，计算机自动计算该点的放样资料 S_i、α_i。

第五步：全站仪拨转水平方向角 α_i 至零，指导棱镜操作者沿该方向走到放样点大概位置，自动测量距离并前后调整定桩，并在桩的侧面标注上桩号。

第六步：精确对点测距，用小铁钉确定该点位置。

第七步：检查该点的桩号、方位、距离是否正确。

重复第四至七步，放样其他道路中线点。

2. 用路线控制桩恢复中线

（1）恢复交点。当原勘测设计时所做的交点桩保存基本完好，只有个别交点桩丢失时，恢复路线中线的测量工作就比较简单，可用方向交会法，根据前、后两已知方向交汇出已丢失的交点桩，然后将经纬仪搬到新交出的交点上量角，同时丈量相邻两交点间的直线距离，所量得的水平角和距离应和原勘测设计时的角度和距离相符，结果应不超过测量误差要求的范围，并根据勘测时的路线平面图和横断面图与实地对照，看实际放样出的交点桩是否与图示一致。

当原勘测设计时所钉的交点桩大部分丢失时，路线要恢复到原来的位置是比较困难的，一般只能恢复到比较接近原来的位置。恢复时先组织人员根据路线平面图把可能保存下的桩都打出来，然后从一已知直线段出发，根据原勘测设计时的直线—曲线转角一览表上的数据，用已知数值的水平角和长度直线的放样方法，放样出丢失的交点。如图 1.9 所示，JD_{19}、ZD、JD_{23} 是打出的原桩，JD'_{20}、JD'_{21}、JD'_{22}、JD'_{23} 为重新获得的已丢失的交点桩。由于放样角度和边长均存在误差，所以通过放样方法得出的交点位置必然和原来位置不一致，使 JD'_{23} 和 JD_{23} 不重合，在实地的闭合差为 f。根据附合导线的闭合差与导线边长

成正比的原则,在实地量出 f 值后,按直线—曲线转角一览表上所列各交点间的直线长度在实地进行近似的调整,调整的数值如下:

$$f_1 = \frac{f}{(d_1 + d_2 + d_3)}(d_1 + d_2) \tag{1.3}$$

$$f_2 = \frac{f}{(d_1 + d_2 + d_3)}d_1 \tag{1.4}$$

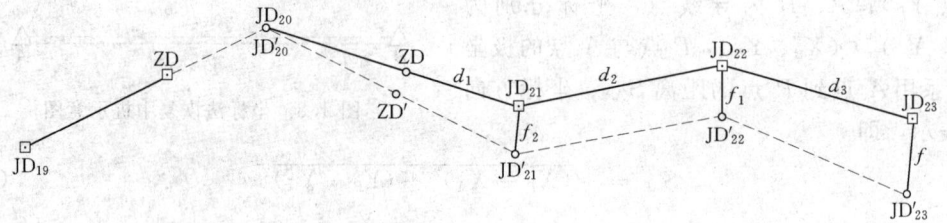

图 1.9 路线控制桩回复中线示意图

按 f 的方向在 JD_{22} 上量 f_1 钉出 JD_{22};在 JD_{21} 上量 f_1 钉出 JD_{21}。然后在 JD_{20}、JD_{21}、JD_{22}、JD_{23} 上安置经纬仪量角、量边,看其数值是否符合直线—曲线转角一览表上所列数值。若不超过测量误差要求的范围,则根据地形和地物判断先在直线段恢复几个比较典型的中桩,并在中桩上测出横断面图,将测出的横断面图与原来的进行对照,如果基本一致,可认为所恢复的交点桩基本正确。否则应反复调整交点桩,直到所测得的横断面与原横断面图出入不大为止。

(2) 恢复转点。由于在恢复交点的过程中有可能不能一次定下交点的点位,一般都要经过多次调整,才能符合要求,所以用正倒镜的方法得出的转点往往不能在两交点之间的直线上。因此转点的最后恢复都需采用逐渐趋近法。如图 1.10 所示,用放样的方法得出的 JD_{20} 和 JD'_{21} 中间有一个正倒镜法得出的转点 ZD',由于调整了交点 JD'_{21} 后,使原来的 ZD' 也不再在 JD_{20} 和 JD_{21} 的直线上。假设 JD_{20} 和 ZD' 之间的距离约为 $\frac{2}{3}d_1$,如图 1.10 先估算出 ZD' 点应移动的 x 值,$x = \frac{f_2}{d_1}\frac{2}{3}d_1 = \frac{2}{3}f_2$,在原来的 ZD' 点上用尺量出 x 值,将经纬仪安置在该点上,经对中、整平后,后视 JD_{20} 倒转望远镜看视线是否通过 JD_{21},若视线通过 JD_{21},则说明经纬仪的垂球尖即为需求的 ZD 点。如果视线不通过 JD_{21},而偏于 JD'_{21} 和 JD_{21} 之间,则说明 x 值估算小了;反之说明 x 值估算大了。再搬动经纬仪继续趋近,直到后视点 JD_{20} 后,倒转望远镜视线恰好通过 JD_{21} 为止。

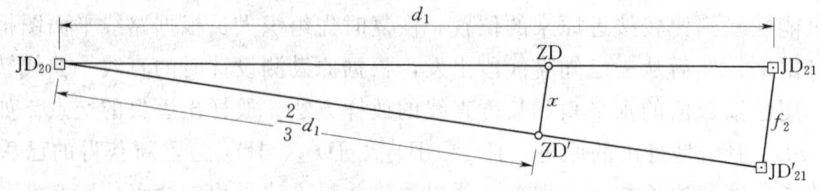

图 1.10 恢复转点示意图

(3) 恢复中桩。当交点和转点恢复后，根据路基设计表上的桩号可直接用钢尺恢复直线段上的中桩。如果在恢复后的交点上量得的转角与原设计表上所列值相差不大，则可根据勘测设计时给定的半径和曲线元素用切线支距法或偏角法等设置曲线加桩；假如所量得的转角与原来的设计值相差较大，应根据地形并参照原来的切线长，根据改变后的转角改动曲线半径，重新计算曲线元素，并设置曲线上的各加桩。但在实际操作中应注意：改变半径值不应影响纵坡设计的规定和要求。

1.3.3 路基边桩放样

路基边桩放样就是在地面上将每一个横断面的路基边坡线与地面的交点，用木桩标定出来。边桩的位置由两侧边桩至中桩的距离来确定。常用的边桩放样方法如下。

1. 图解法

图解法就是直接在横断面图上量取中桩至边桩的距离，然后在实地用皮尺沿横断面方向将边桩丈量并标定出来。在填挖方不大时，使用此法较简便且广泛。

2. 解析法

解析法就是根据路基填挖高度、边坡率、路基宽度和横断面地形情况，先计算出路基中心桩至边桩的距离；然后，在实地沿横断面方向按距离将边桩放出来。具体方法按下述两种情况进行：

(1) 平坦地段的边桩放样：图1.11为填方路堤，坡脚桩至中桩的距离 D 应为：

$$D = \frac{B}{2} + mH \tag{1.5}$$

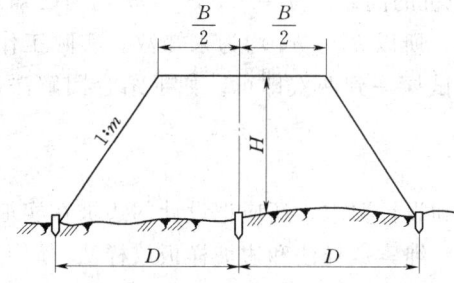
图1.11 填方平坦路段边桩放样示意图

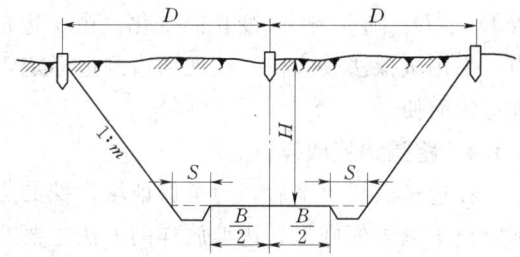
图1.12 挖方平坦路段边桩放样示意图

图1.12为挖方的路堑，坡顶桩至中桩的距离 D 为：

$$D = \frac{B}{2} + S + mH \tag{1.6}$$

式中　B——路基宽度；
　　　m——边坡坡率；
　　　H——填挖高度；
　　　S——路堑边沟顶宽。

以上是断面位于直线段时求算 D 值的方法。若断面位于弯道上有加宽时，按上述方法求出 D 值后，还应在加宽一侧的 D 值中加上加宽值。

放样时，沿横断面方向放出求得的坡脚（或坡顶）至中桩的距离，定出边桩即完毕。

(2) 倾斜地段的边桩放样：在倾斜地段，边桩至中桩的距离随着地面坡度的变化而变化。如图1.13所示，路堤坡脚桩至中桩的距离 $D_上$、$D_下$ 为：

$$D_上 = \frac{B}{2} + m(H - h_上) \quad (1.7)$$

$$D_下 = \frac{B}{2} + m(H + h_下) \quad (1.8)$$

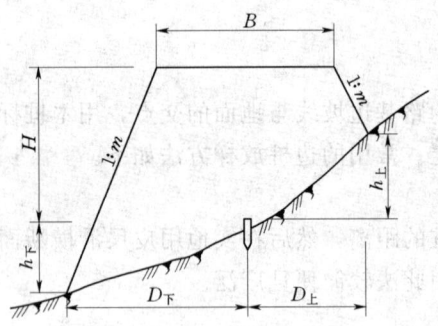
图1.13 填方倾斜路段边桩放样示意图

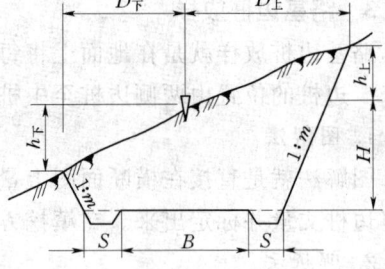
图1.14 挖方倾斜路段边桩放样示意图

如图1.14所示，路堑坡顶桩至中桩的距离 $D_上$、$D_下$ 为：

$$D_上 = \frac{B}{2} + S + m(H + h_上) \quad (1.9)$$

$$D_下 = \frac{B}{2} + S + m(H - h_下) \quad (1.10)$$

式中：$h_上$、$h_下$ 分别为上、下侧坡脚（或坡顶）至中桩的高差。其中 B、S 和 m 均为已知。故 $D_上$、$D_下$ 随 $h_上$、$h_下$ 变化而变化。由于边桩未定，所以 $h_上$、$h_下$ 均为未知数。实际工作中，采用试探法放边桩，在现场边测边标定，一般试探一到两次即可。如果结合图解法，则更为简便。

1.3.4 路基边坡放样

在边桩放样出来后，为了保证填、挖的边坡达到设计要求，还应把设计的边坡在实地标定出来以方便施工，边坡放样的方法主要有竹竿、绳索放样法和边坡样板放样法。

1. 用竹竿、绳索放样边坡

如图1.15所示，O 为中桩，A、B 为边桩，$CD = B$ 为路基宽度。放样时在 C、D 处竖立竹竿于高度等于中桩填土高度 H 之处 C'、D' 用绳索连接，同时由 C'、D' 用绳索连接到边桩 A、B 上。则设计边坡就展现于实地。

当路堤填土不高时，可按上述方法一次挂线。当路堤填土较高时，如图1.16所示可分层挂线。

2. 用边坡样板放样边坡

施工前按照设计边坡坡度做好边坡样板，施工时，按照边坡样板进行放样。

(1) 用活动边坡尺放样边坡。具体做法如图1.17所示，当水准器气泡居中时，边坡尺的斜边所指示的坡度正好为设计边坡坡度，故可以指示与检核路堤的填筑。同理边坡尺也可指示与检核路堑的开挖。

(2) 用固定边坡样板放样边坡做法如图1.18所示，在开挖路堑时，于坡顶桩外侧按

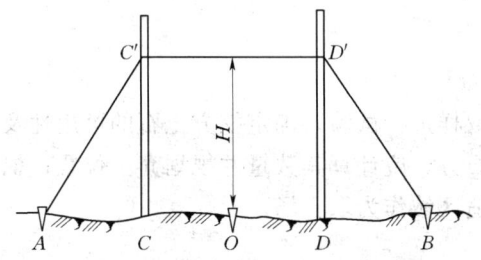

图 1.15 竹竿、绳索放样边坡示意图

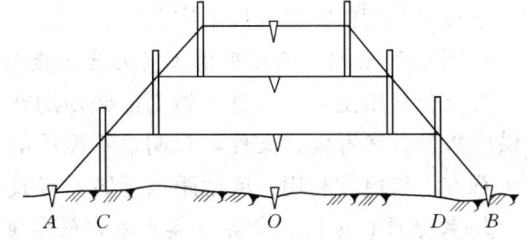

图 1.16 分层挂线放样边坡示意图

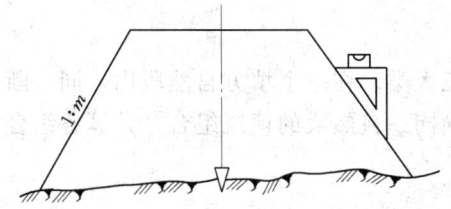

图 1.17 活动边坡尺放样边坡示意图

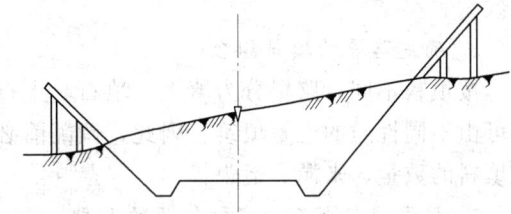

图 1.18 固定边坡样板放样边坡示意图

设计坡度设立固定样板,施工时可随时指示并检核开挖和修整情况。

1.3.5 施工过程测量

路基施工中,挖方作业一般情况每开挖3~5m深度,填方作业每填1.2~1.5m高度,应恢复中桩,打出两边边桩,测出左、中、右三点标高及左右半幅的水平距离。每次的测量结果标于横断面图中作为技术交底,同时计算出已完成的工程量,作为计量依据和进度统计。测量结果的另一个重要作用是校对路基填挖边桩位置是否正确,以便及时修正。校对方法是将计算的左右半幅宽度与实测宽度值作比较,及时修正填挖宽度。

当边坡设计成台阶形,或上下坡率不一致时,应先判断是否挖到变坡点位置,在变坡点上下应分别计算该层位应有的宽度,与实测值作比较、判断。

路基施工外形尺寸控制除上述的边坡、宽度、纵断高程外,还有路拱横坡度、平整度、中线偏位等项目。这些项目的控制是十分重要的,尤其路堤每层的平整度,这些内容将在后面路基施工的质量控制中详细说明。

1.4 路基土石方的施工调配

路基土石方调配直接影响土石方施工进度、质量和费用,是施工组织设计不可缺少的组成部分。施工调配与设计文件中的调配在计算原理上是相同的,但考虑的主要因素相差很大,两者的计算结果往往相去甚远。因此,任何一个施工队伍在土石方施工前都必须现场恢复中桩,重测横断面、纵断高程,必要时布孔钻探,勘察岩土,取样试验以确定土石方的可用性。核对设计文件资料,注意相邻标段的弃方、借土和施工安排情况,结合自身的机械设备、人力及调运的路线,进行实施性的土石方调配。

1.4.1 土石方调配的准备工作

土石方调配前需完成以下准备工作。

1. 对合同段挖方及拟用借土场的岩土进行试验

为充分利用挖方土石方，施工前必须勘察、取样进行试验，确定挖方土石的可用性及可供应数量。参考设计文件，对明显不能用的土石方，应计算其数量并规划弃土位置；挖方土石方不够填方利用，或运距太远时，寻找合适区域作为取土场。

2. 按分段、分区、分类计算土石方的数量

分段即依据现场地形、道路（含临时便道）、施工组织划分段落；分区即按压实度（90、93、95）区分；分类即分别按填、挖方清除表土、地基处理、填筑工艺计算出土石方数量。

3. 确定路堤的填筑组合

按填料不同，路堤分为填土、填石、土石混填三大类。在一个填方自然段内，同一断面可由不同性质的土石填筑。因此，调配前必须明确同一自然段的填筑组合，计算各组合层填料的数量、来源、运距。

4. 初步确定土石方实际作业的天数

土石方调配结合填料种类及当地天气气候和合同工期初步确定土石方实际作业天数。例如，填料为土质，则阴雨雪天不能施工；雨季应考虑填石路堤段的填筑；旱季应多开工作面，尽量安排填土路堤。

5. 确定土石方施工与地基处理、结构物的施工顺序

地基处理往往在土石方施工前处理完毕。但若采用排水固结、堆载预压处理，则应考虑固结、卸载的时间。一般桥涵结构物的施工是在土石方施工之前完成，但为加快施工进度，保证"三背"的压实质量和填料性质，目前广泛采用"先填后挖"的施工工艺。所有这些施工方案均必须在施工组织中明确，在土石方调配中考虑。

6. 确定施工机械的种类与数量

路堑、路堤施工机械要结合在一起考虑。根据合同工期的安排，考虑岩土性质和现场施工条件（便道、工作面），确定本合同所需的各类机械数量及其之间的匹配。

7. 确定隧道弃渣的可利用数量

隧道两端通常是高填方路堤，掘挖隧道的弃渣应尽可能用于两端填方。因此，必须计算隧道弃渣数量，判断弃渣的可用性（利用或废弃），确定施工工艺流程。

8. 准备好各种相关的专业软件

路基土石方施工应准备的专业软件主要有：路线纵、横断面及土石方计算的路线CAD，如目前市面上的海地、纬地、路线大师等；施工组织设计专用软件，如同州、同望等；计量支付专用软件，如升和；试验系列专用软件，如万隆。

1.4.2 土石方调配原则

土石方调配总原则是"技术上可行，经济上合理"。即土质首先要满足路基对填料的技术要求（主要指标为液限、塑限和CBR值）；其次，从路堑挖出的土石方，在经济合理的调运条件下移挖作填，尽量避免借土和弃土，以减少占用耕地和降低工程造价。土石方调配时通常要注意以下问题：

(1) 在半填半挖断面中,应首先考虑本路段内移挖作填进行横向平衡,然后再作纵向调配,以减少总的运输量。

(2) 土石方调配应考虑到既有公路、铁路对调配的影响,考虑到新建桥涵、天然深沟对施工运输的影响,一般大沟不作跨越调运,同时尚应注意施工的可能和方便,尽可能减少或避免上坡运土。

(3) 靠近隧道洞口两端的路堤应首先考虑利用隧道弃渣填筑。

(4) 为使调配合理,必须根据地形情况和施工条件,选用适当的运输方式,确定合理的经济运距,用以分析工程用土是调运还是外借。

(5) 土石方调配"移挖作填",固然要考虑经济运距问题,但这不是唯一的指标,还要综合考虑弃土和借土占地、赔偿青苗损失及对农业生产影响等问题。有时移挖作填虽然运距超出一些,运费可能稍高一些,但如能少占地、少影响农业生产,这样从整体来看也是经济的。

(6) 根据土工试验结果对填料的分类及工程对填料的要求进行调配。缺乏土方的地区可考虑石灰改良土、工业废渣填料,但要论证后才能作出决策。不同的土方和石方应根据工程需要分别进行调配,以保证路基稳定和人工构造物的材料供应。

(7) 位于山坡上的回头曲线路段,要优先考虑上、下线的土方竖向调配。

(8) 对于借方和弃方占地及对耕地、农作物的损坏,应事先同当地政府协商,妥善处理。借土应结合地形、农田规划等选择借土地点,并综合考虑借土还田、整地造田等措施;弃土应不占或少占耕地,在可能的条件下宜将弃土平整为耕地,防止乱弃乱堆,造成河道淤塞,冲毁农田。应尽量避免征用有权属争议的土地作为取土、弃土场地。

(9) 在土石方数量的计算及调配中应考虑天然密实与填筑压实之间的换算系数,同时考虑因清除表土造成的填方数量的增加和挖方数量的减少,因基底压实、耕地填筑前压实所增加的土方数量,为保证路基边坡压实度和刷坡效果而两侧放宽多填约50cm所增加的土石方数量。

(10) 有些山区地形陡峭,爆破出来的石方往往有10%~30%抛掷到沟底等周边地区,很难回收作为填料。因此,土石方调配应考虑爆破抛掷损失,增加填料来源,不能仅依据设计图纸计算的填挖平衡。

1.4.3 土石方数量计算
1.4.3.1 横断面面积计算

路基填挖的断面积,是指断面图中原地面线与路基设计线所包围的面积,高于地面线的为填,低于地面线的为挖,两者应分别计算。下面介绍几种常用的面积计算方法。

1. 积距法

积距法的原理是把断面面积垂直分割成宽度相等的若干条块,由于每一条块的宽度相等,所以在计算面积时,只需量取每一条块的平均高度,然后乘以宽度,即可得出每一条块的面积,如图1.19所示。

$$A_1 = bh_1, A_2 = bh_2, A_3 = bh_3, \cdots, A_i = bh_i$$

则横断面面积为

$$A = A_1 + A_2 + \cdots + A_i = \sum A_i = b\sum h_i \tag{1.11}$$

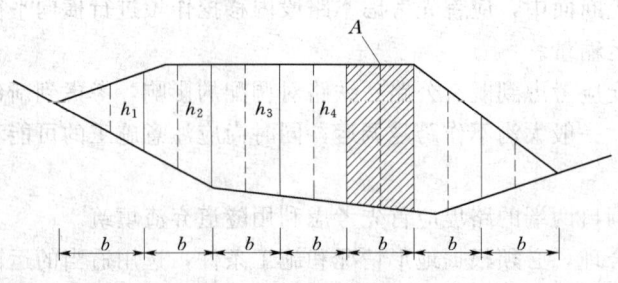

图 1.19 积距法计算示意图

式中　A——横断面面积，m^2；
　　　b——横断面所分成的三角形或梯形条块的宽度，通常用 1m 或 2m；
　　　h——横断面所分成的三角形或梯形条块的平均高度，m。

由此可见，积距法求面积就是在实际操作中转化为量取 h_i 的累加值，这种操作可以用分规按顺序连续量取每一条块的平均高度 h_i，分规最后的累计高就是 $\sum h_i$，将条块宽度乘以累计高度 $\sum h_i$ 即为填或挖的面积。

2. 坐标法

如图 1.20 所示建立坐标系，已知断面图上各转折点的坐标（x_i, y_i），由解析几何可得多边形的面积为：

$$A = \frac{1}{2}\sum_{i=1}^{n}(x_i y_{i+1} - x_{i+1} y_i) \tag{1.12}$$

坐标法精度较高但计算比较繁琐，适用计算机绘图计算。

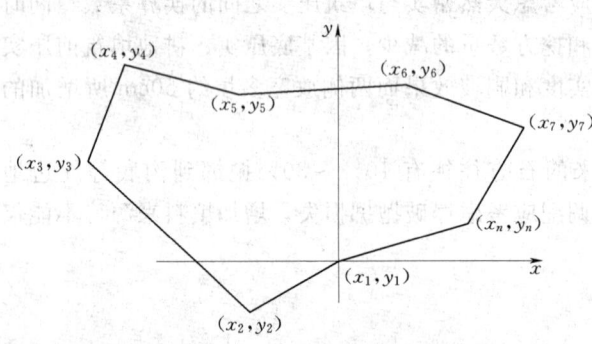

图 1.20 坐标法计算示意图

3. 几何图形法

当横断面的地面线较规则且横断面面积较大，可将路基横断面分为几个规则的几何图形，分别计算各图形的面积后相加得到总面积。

4. 混合法

在一个较大的横断面中，几何图形法和积距法共用，可加快计算速度。

在横断面面积计算中应注意以下几个问题：

（1）填方和挖方的面积应分别计算。

（2）填方和挖方中的土石也应分别计算，因为工程造价有所不同。

（3）有些情况下横断面上的某一部分面积可能既是挖方面积，又要算作填方面积，例如，淤泥换填时先要挖除，再回填其他材料。这些情况要特别处理，以免漏算或重复计算。

1.4.3.2　路基土石方量计算

路基土石方量计算方法主要有平均断面法和棱台体积法。

1. 平均断面法

若相邻两断面的面积大小相近,则可假定两断面之间为一棱柱体,如图 1.21 所示,其体积的计算公式为:

$$V = \frac{1}{2}(A_1 + A_2)L \tag{1.13}$$

式中　V——两断面间体积,即土石方数量,m³;

A_1、A_2——横断面填或挖的面积,m²;

L——两断面间的中线距离,m。

此法计算简单,较为常用,但当两断面面积差距较大时用此方法计算误差较大,一般可采用棱台体积法。

2. 棱台体积法

两个横断面面积相差较大时,用棱台体积公式计算误差相对较小,计算公式如下:

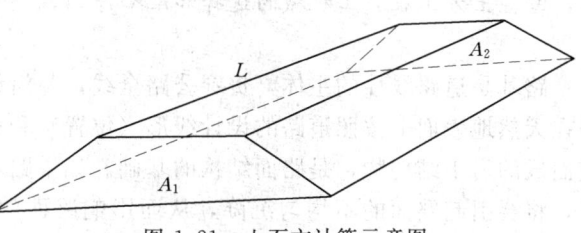

图 1.21　土石方计算示意图

$$V = \frac{1}{3}(A_1 + A_2)L\left(1 + \frac{\sqrt{m}}{1+m}\right) \tag{1.14}$$

其中

$$m = \frac{A_1}{A_2} \quad (A_2 > A_1)$$

这种方法计算精度较高,应精良采用,特别是用计算机计算时。

思　考　题

1.1　路基工程施工特点主要有哪些?

1.2　路基施工的基本方法主要有哪些?

1.3　路基施工前准备工作主要有哪些基本内容?

1.4　路基中桩、边桩及边坡放样的方法有哪些?

1.5　路基土石方调配的原则是什么?

习　题

已知两横断面桩号分别为 K1+050 和 K1+095,K1+050 横断面填方面积为 16m²,挖方面积为 14m²;K1+095 横断面填方面积为 0,挖方面积为 56m²,试用棱台体积法求该段路基的填挖方工程数量。

第2章 路 堤 填 筑

教学要求：本章主要讲述了软土地基的处理，路堤的填筑及压实方法，土方施工机械的类型选择与配套。通过本章的学习，要求掌握软土地基的常用处理方法，掌握路堤填筑的方法和要求，了解路基压实原理，掌握路堤压实方法，了解常用的土方工程施工机械类型，掌握土方工程施工机械的选择和配套原则。

路基是道路线性的主体，贯穿公路全线，与沿线的桥梁、涵洞和隧道等相连接。路基是在天然地表面上按照道路的设计线形（位置）和设计断面（几何形状）的要求填筑或开挖而成的岩土结构物，是路面结构的基础。如果路堤松软不稳定，在行车荷载的反复作用下，将会引起路面的不均匀沉降，从而影响路面的平整度，导致车速降低，燃料消耗增加，甚至导致路面过早破坏，严重时会引起路堤塌方或滑坡，造成重大的交通事故。

路基工程具有土石方量大、分布不均匀、施工时间长的特点，它不仅与路基工程相关的设施，如路基排水、防护和加固等相互制约，而且同公路工程的其他项目，如桥涵、隧道、路面及附属设施相互交错。因此，路基工程施工在技术操作、施工管理、质量标准等方面具有特殊性。就整个公路工程施工而言，路基施工往往是施工组织管理的关键。本章主要介绍路堤的填筑施工。

2.1 软土地基的处理

随着我国高等级公路的不断修建，湿软地基的处理加固已显得越来越重要。作为路基本身或其支承体，软土地基因土体含水量大、空隙比大而使地基呈现出强度低、压缩性大、沉降量大的软弱土层地基。

软土是指以沉积的饱和的软弱黏性土或以淤泥为主的地层，有时也夹有少量的腐泥或泥炭层。我国的软土地基按其成因不同，可分为滨海沉积类、湖泊沉积类、河滩沉积类和谷地沉积类四种；按其沉积的环境不同，可分为滨海相、三角洲相、泻湖相、溺湖相、湖相、河床相、河漫滩相、牛轭湖相、谷地相九种类型。

在公路工程中，根据天然含水量及天然孔隙比等主要特征并结合其他指标对软土地基进行分类，通常可分为软黏性土类、淤泥质土类、淤泥类、泥炭质土类、泥炭类等五种类型。其具体分类及其物理力学特性，见表2.1。

软土一般具有天然含水量高、孔隙比大、透水性差、抗剪强度低、压缩性高、触变性和蠕变性等特点。

2.1.1 处理方法及选用原则

2.1.1.1 软土地区路基的基本要求

1. 路基的稳定性

在天然的软土地基上，采用快速施工方法修筑路堤所能填筑的最大高度，称为极限高

2.1 软土地基的处理

表 2.1　　软土地基分类及其物理力学特性

类　型	天然密度 ρ (kg/m³)	含水量 ω (%)	空隙比 e	有机质含量 (%)	压缩系数 $\alpha_{1\sim 2}$ (MPa⁻¹)	渗透系数 K (cm/s)	快剪强度 C_u (kPa)	快剪强度 Φ_u (°)	标准贯入值 $N_{63.5}$
软黏性土	1600～1900		>1.0	<3.0	>0.3				
淤泥质土	1600～1900	$\omega_L<\omega<100$	1.0～1.5	3.0～10	>0.3	<1×10⁻⁶	<20	<10	<2
淤泥	1600～1900		>1.5	3.0～10	>0.3				
泥炭质土	1000～1600	100～300	>3.0	10～50	>2.0	<1×10⁻³	<10	<20	
泥炭	1000	>300	>10	>50	>2.0	<1×10⁻²			

度或临界高度。当路堤高度超过这一极限高度时，对路堤或路基必须采取一定的加固措施，才能保证路堤的安全填筑和正常使用；否则，就可能使填土的部分发生崩塌、坡脚外侧地基隆起等（主要表现为刺入破坏和圆弧滑动破坏，如图 2.1 所示），从而造成工程的大范围返工，甚至会出现其他工程破坏和人身伤害事故。

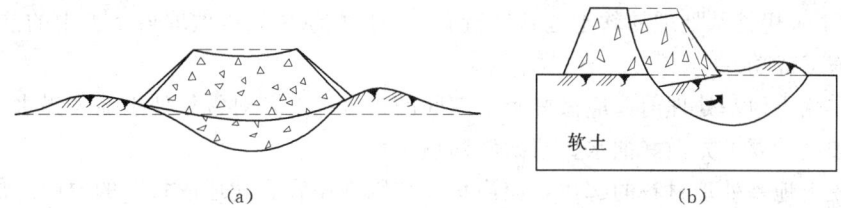

图 2.1　软土路堤破坏示意图
(a) 刺入破坏；(b) 圆弧滑动破坏

极限高度的大小，主要取决于地基的特性和填料的性质等方面。对于一般软土地基的极限高度，通常为 3～5m；对于沼泽类软土地基的最小填筑厚度，可参考表 2.2 中的数值，也可按稳定分析的结果及工地填筑试验确定。

表 2.2　　沼泽路堤最小填筑厚度

沼泽路堤类别	泥炭厚度 (m)	填土厚度 (m)	沼泽路堤类别	泥炭厚度 (m)	填土厚度 (m)
Ⅰ类	0.5～2.0	1.5～2.5	Ⅱ类	0.5～2.0	2.0～3.0
	2.0～4.0	2.5～3.0		2.0～4.0	3.0～3.5
	4.0～6.0	3.0～3.5		4.0～6.0	3.5～4.0

注　填土厚度，如不挖除泥炭则指泥炭面以上的填土部分，如部分挖除泥炭则应包括沉入泥炭的部分。

2. 路基的沉降量

与路堤快速滑动破坏不同，软土地基的路堤由于软土的压缩性大，在自重作用下会产生沉降，并且这种沉降会在相当长的时间内持续发展，大大超过一般路堤的允许沉降量。严重时，不仅增加填土的工程量，而且在靠近填土部分的挡土墙、边沟等排水设施，也会受到沉降或水平移动的影响。即使完成铺装路面后还可能继续沉降，对路面的纵横断面造成一定影响，难以保证其平整度，也会引起路面结构的破坏。实际观测发现，一些竣工后十余年的路堤,剩余的沉降达 5～10cm 的情况,并不罕见。

影响路基沉降的因素除自重外,还有地基附加应力的变化,加载的速率与加载方式问题等。

2.1.1.2 软土地基处理的基本规定

(1) 软土地基处理的施工必须确保施工质量,科学地做好施工组织设计,加强施工现场的技术管理,严格按照有关操作规程实施,认真做好工程质量的检查和验收工作。

(2) 在软土地基处理前,应当首先完成下列有关工作:

1) 收集并熟悉有关施工图纸、工程水文地质报告、土工实验报告和施工范围内的地下管线、建筑物、构筑物等有关资料。

2) 组织有关人员编制软土地基处理的施工组织方案和实施大纲,使软土地基处理按科学的程序和方法进行。

3) 为保证软土地基的处理质量,达到预定的处理目标,对所需要的原材料、半成品、成品进行检查。

4) 对所使用的施工机械进行检查调试,保证施工机械达到正常运转的良好状态。

5) 对于采用桩基处理的软土地基进行必要的成桩试验,以便取得施工中的技术参数,确保桩基施工成功。

(3) 在软土地基处理前,应做好施工期间的排水措施,对常年处于地表集水、水塘的地段,应按设计要求先做好抽水、清淤和回填工作。

(4) 软土地基处理材料的选用,应当贯彻"因地制宜、就地取材"的原则。所有运至工地的材料必须分类堆放,妥善保管,按现行有关标准进行质量检验,不合格材料不得用于工程。

(5) 在软土地基处理过程中,应当遵照"按图施工"和"边观察、边分析"的方法。如发现施工现场情况与设计所提供资料不符,或原设计的处理方法因故不能实施,需要改变设计时,应及时报告监理工程师和业主,并根据有关规定报请变更设计,待批准后才能实施。

(6) 在软土处理过程中,应认真做好原始记录,积累资料,不断总结,提高软土地基处理施工技术水平。

(7) 在软土地基处理施工过程中,必须严格执行有关安全、劳保和环境保护等规定。

2.1.1.3 软土地基处理方法分类

软土地基处理的分类方法很多,如按处理深度可分为浅层软基处理和深层软基处理;按处理时间分为临时软基处理和永久软基处理;按处理方式又可分为化学处理和物理处理。按照软基加固机理进行分类,高等级公路软土地基的地基处理方法、加固原理及适应范围见表 2.3。

2.1.1.4 软土地基处理方案的比较选择

任何一种软基加固方法都不是万能的,各种加固方法都有它一定的使用条件和范围。由于软土性状千差万别、地质勘察资料的局限性及设计参数误差等因素的影响,往往使处理后的效果与设计要求产生较大的差异。因此,针对具体的软基加固工程应综合考虑各方面的因素,如设计施工条件、上部结构和荷载作用条件、软土性状条件、经济技术条件、

2.1 软土地基的处理

表 2.3   常用地基处理方法、加固原理及适应范围

分类	处理方法	加固原理	适应范围
排水固结法	堆载预压法 砂井预压法 袋装砂井预压法 塑料排水板预压法 降水预压法 真空预压法 电渗预压法	在软土地集中通过空隙水的排除使地基土体得到加固,进而使土体强度增强,地基承载力提高,并可有效地减少工后沉降。一般空隙水的排出有三条途径:①地面上预加一个压力,从而在土体内造成一个压力差,迫使空隙水向砂层或预先设置的虑层排出;②在土体内规定的部位施加一个负压,诱使空隙水向负压区集中排出;③利用电能在土体内造成一个电势差,驱使空隙水排出	软黏土、淤泥和淤泥质土地基
复合地基法	树根桩	利用就地灌注的小直径桩(直径 75~250mm),与土体构成复合地基,提高地基承载力,增加地基的稳定性和减少沉降。	各类土
	振冲混凝土薄壁管桩	利用振动机械击沉薄壁套管至设计深度,然后,一边振动拔管,一边将配置好的填料倒入套管之间,反复振冲,混凝土填料与挤密土柱一起形成复合地基共同承受上部荷载。其深度可达 22m 左右	各类土
	CFG 桩	利用振动打桩机击沉直径为 300~400mm 的桩管,在管内边振动边填入碎石、粉煤灰、水泥和水按一定比例配合的材料,形成半刚性的桩体,与原地基形成复合地基,也可用其他方法成孔	淤泥质土、杂填土、黏性土
	深层搅拌桩(粉喷桩)	以水泥和石灰等材料为固化剂,利用深层搅拌机械对原位软土进行强制搅拌,经过物理和化学作用生成较坚硬的拌和柱体,与原地基形成复合地基,提高地基承载力,增加地基的稳定性和减少沉降	淤泥、杂填土、黏性土、粉土
	高压喷射注浆法(旋喷桩)	利用钻机把带有喷嘴的注浆管钻进到预定土层后,再以 20MPa 左右的高压将配置好的填料从喷嘴中喷射出来冲击并破毁土体,在喷射提升过程中与周围土体混合形成桩体固结体	淤泥、淤泥质土、杂填土、黏性土地基
	碎石桩	利用成孔过程中沉管对土体的振密和挤密作用,使土体向四周挤压密实,同时分层填入并夯实碎石,形成石桩与土的复合地基	松散的非饱和黏性土、杂填土、湿陷性黄土
	砂桩	由水力振冲或沉桩机成孔,填砂料,并振密使之置换部分软黏土,并使土中水分逐渐排出而固结,以提高地基承载力	软弱黏性土
	钢渣桩	用振动打桩成孔工艺成孔,将废钢渣分批投入并振密直至成桩,与原地基土形成复合地基,提高地基承载力	软弱黏性土
改善地基应力条件法	冻结法	通过人工冷却,使地基温度低到空隙水的冰点以下,使空隙水冻结,从而获得理想的截水性和较高的承载能力	饱和的砂土或黏性土层中的临时性措施
	烧结法	在软弱黏土地基的钻孔中加热,通过焙热使周围地基土减少含水量,提高强度,提高地基承载力	软黏土、湿陷性黄土
	反压护道法	在路堤的两侧(或一侧)填筑适当高度与宽度的护道,路堤填土在护道荷重的作用下所形成的反向力矩平衡其滑动力矩,因而保证路堤的稳定	砂土、黏性土
	土工材料加固法	将土工材料铺设在加固软土地基与路堤之间,通过土工材料将上部填料的垂直变形向水平方向扩散,使上部材料的抗剪变形能力得到充分发挥,以达到提高承载能力的目的	砂土、黏性土、软土

续表

分类	处理方法	加固原理	适应范围
动力挤密法	强夯法	将一定质量的夯锤从适当高度自由落下，反复夯击地面，地基土在强夯的冲击力与振动力共同作用下得到振实挤密，从而提高地基的承载能力降低其压缩性	杂填土、非饱和性黏土及湿陷性黄土
	重锤夯实法	利用起重机械将重锤提到一定高度，然后自由下落，反复夯击地基后，在地基表面形成一层较密实的土层，从而提高地基表面土层的强度	地下水位以上稍湿的黏性土、湿陷性黄土、杂填土和分层填土
	爆破法	利用钻孔等方法将一根根管子按一定的间距打设在需要加固的土层的位置，在管内填入炸药，按预定方式引爆，土体在冲击波的作用下被挤实，使地基强度得到提高	适应于饱和净砂土地基
	机械碾压法	利用压路机、推土机等机械设备来回开动压实地基土，分层填土分层压实	处理浅层非饱和软弱地基、湿陷性黄土地基、膨胀土地基，以及杂填土
	挤密砂桩（碎石桩、石灰庄、土桩）	利用挤密或振动使深层土密实，并在挤密和振动过程中回填砂、碎石、石灰、灰土等材料形成砂桩、碎石桩等，与桩间挤密土体形成复合地基，提高地基承载力，减少沉降量，消除或部分消除土的湿陷性或液化性	一般适用于杂填土、松散砂土，石灰桩适用于软弱黏性土

工期条件等，恰到好处地选择处理方案，体现经济、可靠、高效的指导原则，是软土地基处理的重点和关键。

1. 方案选择应考虑的因素

在方案分析和选择时，不能仅仅只考虑荷载和变形因素，而是要综合施工期的地表状况、结构物密度、填土高度、施工进度、施工季节、气候条件、施工环境、设备情况、材料供应等因素统筹考虑，使所选择的处理方案技术上可靠、经济上合理、条件上允许、时间上满足，同时还应考虑到环境保护、节约能源、生态平衡等方面因素。

2. 方案选择应收集的资料

在选择确定具体的处理方法前，必须收集、调研有关的资料，主要包括：详细的工程地质和水文地质勘察资料，场地的环境条件，施工进度与气候条件，本地区其他同类工程软基处理经验，材料、设备来源情况，道路性质、形状、位置条件等方面的资料，其中，最重要的是工程和水文地质资料，这是选择和确定软基具体处理方案的重要依据。

3. 方案选择确定的具体步骤

软土地基处理方案的确定，可按下列步骤进行：

(1) 收集详细的工程地质、水文地质及地基基础的设计资料。如地形、地质成因、地层状况；软土层厚度、不均匀性和分布范围；持力层位置及状况；地下水情况及地基土的物理力学性质。

(2) 根据地基处理的预定目标（解决路堤变形问题或沉降问题）、使用要求（工后沉降量及差异沉降量要求）、结构类型和荷载大小等，并结合地形地貌、地层结构、地下水特征、周围环境和相邻建筑物等因素，初步选定几种可供参考的地基处理方案，以供方案比较和进一步选择。

(3) 对初步选定的几种地基处理方案，分别从处理效果、材料来源、机具条件、施工进度、投资成本和环境影响等方面，进行认真地技术比较、经济比较，并根据安全可靠、施工方便、经济合理、有利环保的原则，从中选择最佳处理方案，也可综合完善初选方案。

(4) 对基本确定的地基处理方案，根据道路等级和施工现场复杂程度，可在有代表性的场地上进行相应的现场试验，通过试验检验设计参数和处理效果。如果达不到设计要求时，应查明原因，采取相应措施或修改设计。试验工程的修筑也可为大范围正式施工积累经验，提供设计依据，控制施工质量。

2.1.2 表层处理法

表层处理法用于地表面非常软弱的情况。该法是通过排水、敷设或增添材料等办法，提高地表强度，防止地基局部剪切变形，保证施工机械作业，同时尽可能把填土荷载均匀地分布于地基上。属于这类处理方法的有表层排水法、砂垫层法、敷设材料法、添加剂法等。

1. 表层排水法

表层排水法是在路基填筑前，在地面开挖排水沟，以排除地表水，同时降低地基表层的含水量，确保施工机械的作业条件。为了使开挖水沟在施工过程中起到盲沟作用，常用透水性良好的砂砾石回填。水沟布设应全面考虑地形与土质条件，使排水顺畅。水沟断面尺寸一般可取 0.5m 宽，0.5～1.0m 深。路堤填筑前宜用砂砾回填成盲沟，若埋设排水管，必须用良好的过滤材料保护。

2. 砂垫层法

此法适用于路堤高度小于 2 倍极限高度，软土表面无透水性的硬壳；软土层不很厚，或虽稍厚，但具备双面排水条件；场地有砂，运距不太远；施工期限不太紧迫等情况。

其基本原理是，通过在软土层顶面铺设排水砂层，以增加排水面，使软土地基在填土荷载的作用下加速排水固结，提高其强度，满足稳定要求。

施工要点：

(1) 控制砂垫层厚度。依据路堤高度、软土层的厚度及压缩性而定，一般为 0.6～1.0m。

(2) 控制路堤填筑的速度。施工中应做到使加荷的速率与地基承载力增加的速率相适应来安排路堤填筑速度，以保证地基在路堤填筑过程中不发生破坏。具体控制方法可利用埋设在路堤中线的地面沉降板以及布置在路堤坡脚外的位移边桩进行施工观测，随时掌握地基在路堤填筑过程中的变形情况和发展趋势，借以判定地基是否稳定，控制填土速度。根据经验，水平位移控制在每天不超过 1.0cm，垂直位移量每天不超过 1.5cm，地基便可保持稳定。

(3) 控制材料。砂垫层宜采用中砂及粗砂，严格控制不许掺有细砂和粉砂，含泥量不得多于 5%。

砂垫层断面形式如图 2.2 所示。

3. 敷设材料法

该方法最常用的是土工织物法。

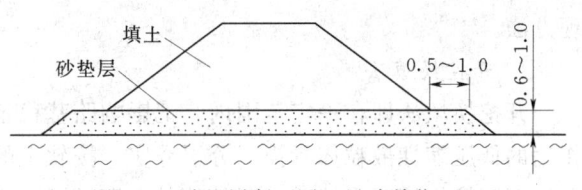

图 2.2 砂垫层断面图（尺寸单位：m）

土工织物作为补强材料加固地基，是在路堤基地的软土基层顶面铺设砂垫层，然后再铺设土工织物的软基处理方法。土工织物可根据需要铺设单层或多层，靠近路基边沿部分的土工布端部要折铺一段锚固。铺设两层以上时，中间要夹 0.1～0.2m 厚的砂层，如图 2.3 所示。

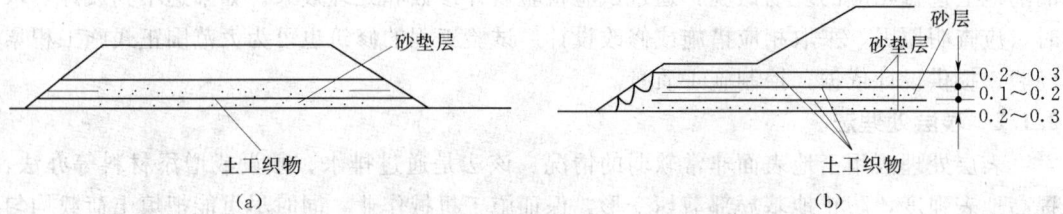

图 2.3　土工织物加固
(a) 土工织物加固示意图；(b) 土工织物锚固端部构造（尺寸单位：m）

土工织物法加固的原理是由于土工织物承受拉力，可增加一个抗滑力矩。滑动圆弧穿过土工织物，从而使路堤的稳定性得到提高。

4. 添加剂法

对于表层为黏性土时，在表层黏性土内渗入添加剂，改善地基的压缩性能和强度特性，以保施工机械的行驶。同时也可达到提高填土稳定及固结的效果。

添加材料通常使用的是生石灰、熟石灰和水泥。石灰类添加材料通过现场拌和或厂拌，除了降低土壤含水量、产生团粒效果外，对被固结的土随着时间的推移会发生化学性固结，使黏土成分发生质的变化，从而促进土体稳定。

2.1.3　换填土层法

当软弱土地基的承载力和变形满足不了设计要求，而软弱土层的厚度又不是很大时，将基础以下处理范围内的软弱土层部分或全部挖去，然后分层置换强度较大、性能稳定、无侵蚀性的材料，如砂、碎石、素土、灰土、炉渣或粉煤灰等，并压（夯、振）实至要求的密实度为止，这种处理方法称为换填土层法。一般全部挖除换填的软土层厚度限于 3m 且局部分布又无硬壳层的地段，而对于厚度大于 3m 的表层软土，则通常采用部分挖除置换处理。

换填土层法的加固原理是根据土中附加应力分布规律，让垫层承受上部较大的应力，软弱层承受较小的应力，甚至不增加软基的附加应力以满足设计对地基的要求。

换填土层法适用于淤泥、淤泥质土、湿陷性黄土、素填土、杂填土地基及暗沟、暗塘等的浅层处理。换填土层法原理简单、明晰，施工技术难度小，安全可靠，是浅层地基处理常用的方法之一。它包括开挖换填、抛石挤淤、爆破挤淤、轻型材料置换等多种具体处理方法。

1. 开挖换填法

开挖换填法即在一定范围内，把影响路基稳定性的软土用人工或机械挖除，用无侵蚀作用的低压缩性散粒体置换，分层夯实。按软土的分布形态和开挖部位，有全面开挖换填和局部开挖换填两种情况。开挖边坡一般为 1∶1 左右，开挖深度一般在 2m 以内，为防止边坡塌落,应随挖随填。

开挖换填所用填料一般为灰土、砂卵石、碎石及工业废渣等。

换填灰土一般用于不透水路基,土料就地取用黏性土,打碎过筛,其粒径不大于15mm,消解生石灰粒径不大于5mm;灰、土体积配合比为2:8或3:7,拌和时根据气候和土的湿度适量洒水,拌至颜色均匀为止。含水量宜用手紧握成团,两指轻捏即碎为宜。铺设前,应将基底碾压数遍,铺土应分段分层进行并夯实,每层铺土厚度可根据不同夯压方式确定,一般压路机松铺厚度为20~30cm,蛙式打夯机松铺厚度为10~25cm。夯实(碾压)遍数根据设计要求确定,一般不少于4遍,铺上的灰土当日即应压实,换填完毕,不能暴露太久,应连续进行路堤的填筑施工。

换填灰土的质量检查,可用环刀取样,测定干密度,对于轻亚黏土最小干密度为1.68g/cm³,亚黏土为1.5~1.55g/cm³,黏土为1.45~1.5g/cm³。

换填的砂、卵石材料宜用级配良好的坚硬的中砂、粗砂和卵石、碎石,不含草根等杂物,含泥量不超过3%,石子粒径最大不宜超过5cm。人工级配的砂石,应将砂石拌和均匀后铺填压实。

换填碎石和矿渣是目前应用较多的一种地基加固方法。碎石和矿渣具有足够的强度和模量值,稳定性好,地基固结快。换填的砂、卵石、碎石或工业废渣材料,其质量检查可采用灌砂法检查其干密度。

2. 抛石挤淤法

抛石挤淤法即在路基底部抛投一定数量的片石,将淤泥挤出基底范围,强制置换饱和软土的地基处理方法。

抛石挤淤法施工简单、迅速、方便,一般适用于石料丰富、运距较短、厚度不超过4m,且表面无硬壳,片石能下沉至底部,排水较困难的积水洼地中的具有触变性的流塑状饱和淤泥和泥炭土的处理。

抛石挤淤法按挤淤方式可分为整体压载挤淤和散式挤淤两种。

散抛的片石大小,视泥炭或淤泥的稠度而定,对于容易流动的泥炭或淤泥,片石可小些,但一般不易小于30cm,且小于30cm粒径含量不得超过20%。当软土层平坦时,抛投的顺序应先从路中线向前抛投,再渐次向两侧扩展,以使淤泥向两旁挤出。当软土或泥沼底面的横坡陡于1:10时,抛石应从高的一侧向低的一侧扩展,并在低的一侧边部多抛填一些,使低的一侧边部约有2m宽的平台面。片石抛掷出水面后,宜用重型压路机振动碾压密实,然后在其上铺设反滤层,再进行填土。

但由于散抛石挤淤时,片石沉降不一致,从而在路基下面留有部分软土,完工后会引起不利的不均匀沉降。相对而言,整体压载挤淤法采用接底式处理时,就可避免上述现象。

3. 爆破挤淤法

爆破挤淤法是将炸药放在软土或泥沼中引爆,利用爆炸时的张力作用,把淤泥和泥炭扬弃,然后回填以强度较高的透水性土。其特点是换填深度大、功效较高,软土、泥沼均可使用。但爆破对周围环境影响大,一般只限于爆破对附近构筑物或设施没有不良影响,且淤泥或泥炭层较厚(超过5m),稠度较大,路堤填土高度较高,施工期急迫等情况。

爆破挤淤法根据爆破与填土的关系分为两种，一是先部分填筑，进行底部爆破，再填筑；二是先爆破后填筑。第一种方法可有效防止软土或淤泥回淤，适用于稠度较大、较软、回淤较快的软土或泥沼；第二种方法适用于稠度较小、回淤较慢的软土。

2.1.4 重压法

重压法亦称为动力固结法，主要包括强夯法、重锤击实法、碾压法等。本节主要介绍强夯法。

强夯法是以8～20t的重锤，8～40m的落距，对土基进行强力夯击，利用冲击波和动应力达到加固软土层的目的。强夯法对土体的作用效果可概括为加密作用、液化作用、固结作用和时效作用。

强夯法具有施工简单、加固效果好、使用经济、适用面广等优点。可以广泛用于杂填土、碎石土、砂土、黏性土、湿陷性黄土及泥炭和沼泽土。缺点是噪音和震动较大，不宜在人口密集或附近防震要求较高的地点使用。

强夯法的主要设备包括夯锤、起重机、脱钩装置等三部分。强夯法施工程序如下：

(1) 平整场地。预估强夯后的变形平均高度，依此确定地面高程，然后用推土机整平。

(2) 铺垫层。当遇到地表面为细粒土，且地下水位高的情况，有时需在表面铺0.5～2m左右厚的砂、砂砾或碎石，其目的是为了在地表形成硬层，既可支撑起重设备，确保机械通行施工，又可加大地下水距地表面的距离，加速超静水压力的消散，防止夯击效率降低。

(3) 夯点放线定位。宜用石灰或打小桩的方法，偏差不得大于5cm。夯点可按等边三角形、等腰三角形或正方形布置。夯点间距取要加固深度或取夯锤直径的2.5～3.5倍。

(4) 强夯施工。夯击遍数对砂性土一般点夯1～3遍，黏性土点夯2～4遍，最后再以低能量满夯两遍。相邻两遍夯击的时间间隔应根据空隙水压力消散的情况而定，对饱和黏性土一般需3～4周，而对于渗透性好的地基可连续施工。每夯击一遍，场地平整度偏差较大时，可用推土机推平或用粗砂将夯坑填平。

(5) 现场记录。强夯施工时应对每一夯实点的夯击能量、夯击次数和每次夯击量等做好详细的现场记录。

(6) 隔震要求。强夯施工时所产生的冲击波，会对周围环境造成震动和破坏，因此，强夯施工时前要根据周围环境保护要求，在适当位置挖设减震沟，减震沟深一般距地表面2.0m左右。

2.1.5 深层拌和法

深层拌和法包括石灰桩法、水泥搅拌桩法、高压旋喷桩法等，其原理是在钻机钻进时，利用压缩空气或加压泵将生石灰、水泥干粉或水泥浆等胶凝材料，与软土强制搅拌，使胶凝材料与软土产生物理、化学作用，从而形成复合地基，以达到提高地基承载力、减小沉降的目的。这里介绍水泥搅拌桩法。

水泥搅拌桩法适宜于加固各种成因的饱和软黏土、新吹填的黏土、泥炭土、粉土和淤泥质土等。水泥搅拌桩分为喷浆型（湿法）和喷粉型（干法）两种。

喷浆型（湿法）施工工艺流程为：钻机就位→预搅下沉→制备水泥浆→喷浆搅拌提升→重复搅拌下沉和提升→清洗→移位→重复以上步骤（图2.4）。

2.1 软土地基的处理

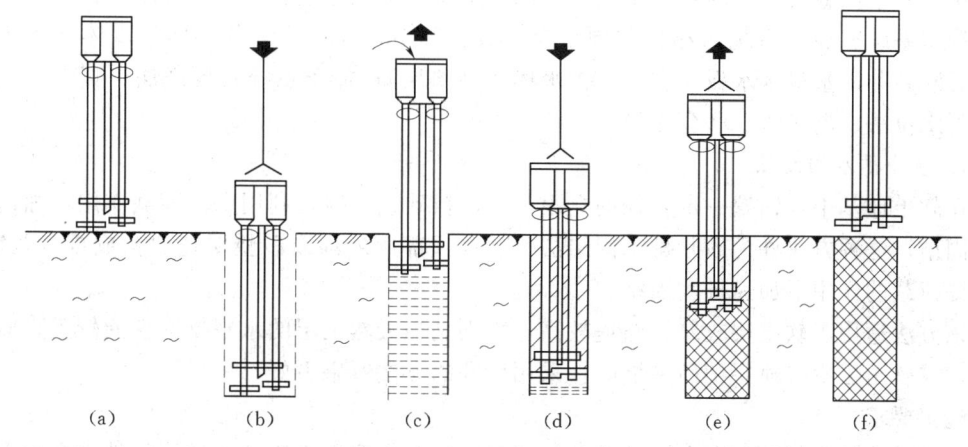

图 2.4 喷浆型深层搅拌施工
(a) 定位;(b) 预搅下沉;(c) 喷浆搅拌上升;(d) 重复搅拌下沉;(e) 重复搅拌上升;(f) 完毕;

喷粉型(干法)施工工艺流程为:钻机就位→正转钻进→反转提升、喷粉→成桩→移位→重复以上步骤(图 2.5)。

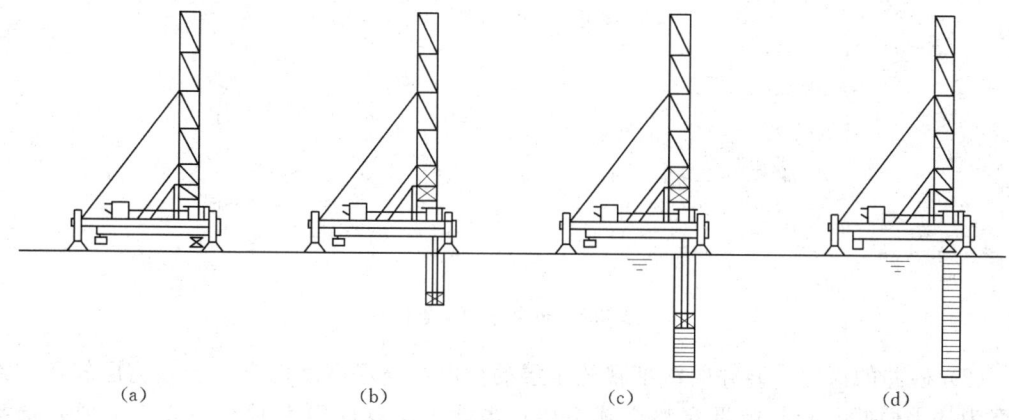

图 2.5 喷粉深层搅拌施工流程
(a) 就位;(b) 钻进;(c) 提升;(d) 成桩

施工质量控制:要求搅拌桩基本垂直于地面,布桩位置与设计误差不得大于 2cm,成桩桩径偏差不应超过 5cm;对喷浆搅拌工艺所用水泥浆要严格按设计的配合比拌制,不得有离析现象,不宜停置时间过长,停置超过 2h 应降低等级使用;对喷粉搅拌所用的水泥粉要严控入储灰罐前的含水量,严禁受潮结块,不同水泥不得混用;严格按设计参数控制水泥粉(浆)的喷出量和搅拌提升速度,确保搅拌桩施工的均匀性。

2.1.6 排水固结法

排水固结法是对天然地基,或先在地基中设置砂井(袋装砂井或塑料排水带)等竖向排水体,然后利用建筑物本身重量分级逐渐加载;或在建造前在场地上现行加载预压,使土体中的空隙水排出,逐渐固结,地基发生沉降,同时强度逐步提高的方法。

排水固结法适用于处理各类淤泥、淤泥质土及冲填土等饱和黏性土地基。排水固结法是由排水系统和加压系统两部分共同组合而成。其中，排水系统分竖向排水体（普通砂井、袋装砂井、塑料排水板）和水平排水体（砂垫层）；加压系统有堆载法、真空法、降低地下水位法、电渗法、联合法等。

1. 砂井排水固结法

在软土地基中，钻挖一定直径的孔眼，灌以粗砂或中砂，利用上部荷载作用，加速软土的固结，这种方法称为砂井排水固结法。砂井顶部用砂沟或砂垫层连通构成排水系统，在路堤荷载的作用下加速排水固结。

该方法适用于软土层较厚、路堤较高，特别是当天然土层的水平排水性能较垂直向为大时，或软土层中有薄层细砂夹层时，采用砂井的方法效果更好。

施工要求：

（1）砂井的直径和间距布置。砂井的直径和间距主要取决于软土的固结特性和预压期限的要求，工程上常用的砂井直径为20～30cm。砂井的间距为相邻两砂井的中心距，这是影响固结速率最主要的因素之一，井距愈小固结愈快；反之，则固结愈慢。井距一般为井径的8～10倍，常用范围为2～4m。砂井在平面上可布置成三角（梅花）形或正方形，以三角（梅花）形排列较紧凑、有效，如图2.6所示。

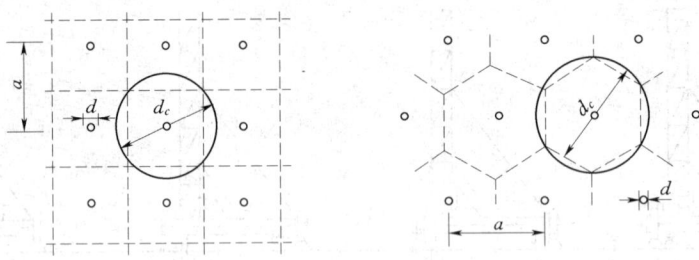

图2.6 砂井平面布置图

（2）砂井的深度。砂井的深度视软土层的情况和路堤高度而定，当软土层较薄，或底层为透水层时，砂井应贯穿整个软土层；当软土层厚度很大时，一般不需要打穿整个受压层。通常可先选定某一砂井深度、砂井直径和间距，通过沉降和固结度计算，确定最佳组合尺寸。当用于控制路堤的稳定性时，砂井的深度以超过最危险滑动面的深度为好。

（3）砂沟或砂垫层布置。为了把砂井中的水排到路堤坡脚以外，在路堤底部应铺设砂垫层，也可采用砂沟式垫层，即横向每排砂井顶部设置砂沟一条，再在纵向设置数条砂沟把其连接起来，如图2.7所示。纵向砂沟采用中间密、两旁疏的形式布置。沙沟的宽度可为砂井直径的两倍，高度为0.4～0.5m。

2. 袋装砂井排水法

袋装砂井排水法是将风干砂装入透水性好的长条编织袋中，用专门的机械，将砂袋打入软土地基内，代替大直径砂井的软土地基处理方法。

袋装砂井排水法与砂井排水固结法的适用范围、理论分析计算相同。但袋装砂井具有

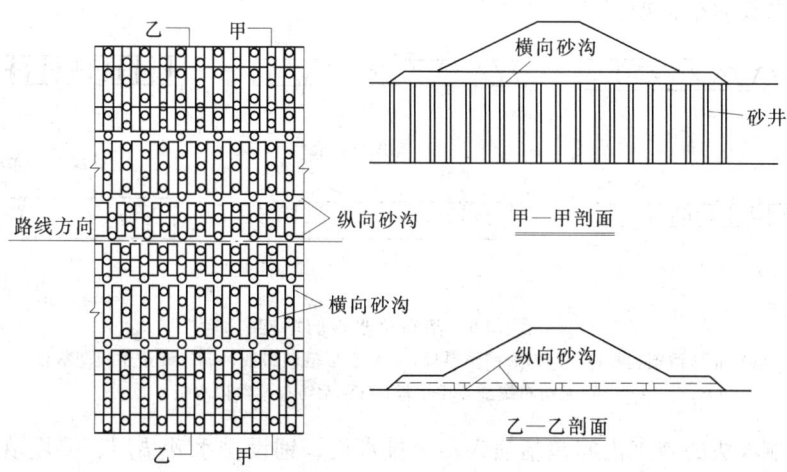

图 2.7 砂沟布置图

砂井直径小、工程造价低、施工速度快、设备轻便的特点,当地基水平位移较大时,袋装砂井更有优势。

袋装砂井直径根据所承担的排水量和施工要求确定,一般采用 7～12cm 的直径,井距 1～2m,井径比约为 13～30。

袋装砂井施工要求:

(1) 砂井定位要准确,垂直度要好。
(2) 砂料含泥量要求小于 3%,并使用风干砂。
(3) 采用聚丙烯编织袋,具有良好的透水性,并避免长时间曝晒。
(4) 施工中,应避免砂袋被挂破漏砂。
(5) 确保袋装砂井与排水垫层之间的连接。

3. 塑料板排水法

塑料板排水法是把用滤膜包裹的塑料芯板用机械打入软土地基,利用滤膜的透水性和塑料板的沟槽构造把水汇集起来排到地面砂垫层内的软基加固方法。塑料芯板是由聚丙烯和聚乙烯塑料加工而成的两面带有间隔沟槽的板条,滤膜一般采用不低于 60 号、耐腐蚀的涤纶衬布,且含胶量不小于 35%。

塑料板排水法的原理是将塑料板换算成相当直径的砂井,其作用和适用范围等同于砂井排水法。其换算公式为:

$$D = a \times 2(b+\delta)/\pi \tag{2.1}$$

式中 a——换算系数,由试验求得;
b——塑料板宽度;
δ——塑料板厚度。

从现场资料得到,施工长度在 10m 左右,挠度在 10% 以下的排水板,a 为 0.6～0.9;对标准型,即 $b=100mm$,$\delta=3～4mm$,取 $a=0.75$。换算直径 $D=50mm$,相当于直径为 50mm 的砂井。井径比采用 15～30。对于理想的塑料板井,排水井内部的水头损失可忽略不计,a 取 1.0 时,$D=66mm$。

塑料排水板的结构如图 2.8 所示。

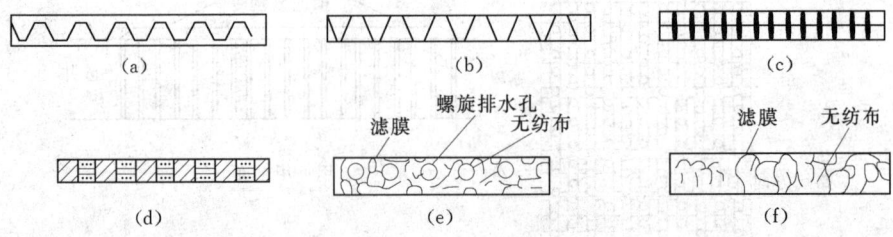

图 2.8 塑料排水板的结构

(a) Ⅱ形槽塑料板；(b) 梯形槽塑料板；(c) △形槽塑料板；(d) 硬透水膜塑料板；
(e) 无纺布螺旋孔排水板；(f) 无纺布柔性排水板

塑料板排水法的施工内容包括插入塑料排水板、铺设排水砂垫层、路堤填筑加载三部分。其中，塑料排水板的插入是决定该方法施工效果的关键工序。

(1) 施工工艺。平整场地、挖排水沟→铺下层砂垫层→稳压→放样→机具就位→塑料排水板穿靴→插入套管→拔出套管→割断排水板→检查并记录板位等情况→机具移位→铺设上层砂垫层。

(2) 施工控制要求：

1) 塑料排水板插入过程中，防止淤泥进入板芯，堵塞疏水通道，影响排水效果。

2) 塑料板与桩尖连接要牢靠，避免提管时脱开，将塑料板带出，如图2.9 所示。

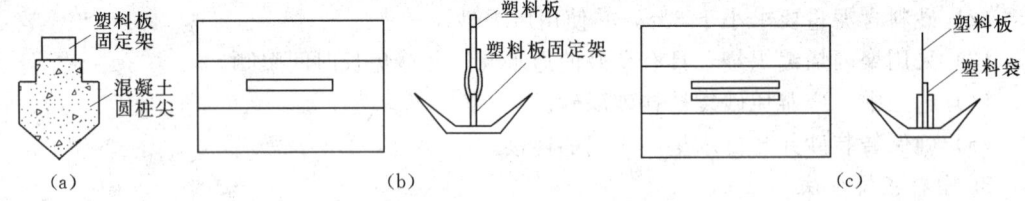

图 2.9 塑料排水板与桩尖连接方式
(a) 混凝土圆桩尖示意图；(b) 倒梯形桩尖；(c) 楔形固定桩尖

3) 导管与桩尖配合适当，避免错缝，防止淤泥进入，增大塑料板与导管壁的摩擦力，造成塑料板带出。

4) 严格控制间距与深度，凡塑料板带出 2m 以上的，应作废并重新补打。

5) 塑料板接长时，应采用滤水膜内平搭接的方法，保证输水畅通并有足够的搭接长度，搭接长度不小于 20cm。

6) 塑料板插板机是塑料板排水法的基本施工机械，可与袋装砂井打井机械通用，只是将圆形导管改为矩形导管。机械的锤击振力大小，可根据每次打设根数、导管断面大小、入土长度及地基的均匀性而定。一般对均匀软土，振动锤击振力可参考表 2.4 选用。

表 2.4 振动锤击力参考表

长度 (m)	导管直径 (cm)	振动锤击力 (kN)	
		单管	双管
>10	130~146	40	80
10~20	130~146	80	120~160
>20	130~146	120	160~220

2.1.7 化学加固法

利用化学溶液或胶结剂,采用压力灌注或搅拌混合等措施,使土颗粒胶结起来,达到对软基加固的目的,称为化学加固法,又称为胶结法。

目前化学溶液主要有:①以水玻璃为主的浆液,常用的是水玻璃浆液和氯化钙浆液配合使用;②以丙烯酸氨为主的浆液;③水泥浆,是由高标号的硅酸盐水泥,配以速凝剂而组成的浆液;④以纸浆溶液为主的浆液,但有毒性且污染地下水源。以上四类,目前以水泥浆液使用较多。

化学加固的施工工艺有注浆法、旋喷法和深层搅拌法。

旋喷法是用钻机钻孔至预定深度,用高脉冲泵,通过安装在钻杆下端的特殊喷射装置,向土中喷射化学浆液。在喷射的同时,钻杆以一定速度旋转并逐渐往上提升,高压射流使一定范围内的土体结构破坏,强制破坏的土体与化学浆液混合,胶结硬化后在土层中形成直径较均匀的圆柱体。

旋喷法的施工工艺流程如下:

(1) 钻机定位。是钻机头对准孔位的中心,保证钻机的垂直度。

(2) 钻孔。一般选用旋转振动钻机或地质钻机。

(3) 插注浆管。选用旋转振动钻机时,钻孔和插注浆管两工艺合二为一;选用地质钻机时,在钻至预定深度后,先抽出岩心管,再插入注浆管。

(4) 旋喷作业。当喷浆管插至预定深度后,由下而上进行旋喷作业。在操作中要注意几点:①旋喷前要检查高压设备和管路系统,其压力和流量必须满足设计要求;②喷射过程中,要防止喷嘴堵塞;③喷射时,要做好压力、流量、冒浆量的测量工作,并应按要求逐项记录;④深层旋喷时,应先喷浆后旋钻和提升,以防注浆管折断;⑤搅拌水泥浆时,水灰比要符合设计规定,不得随意更改,旋喷过程中要防止水泥浆沉淀,浓度降低。

(5) 冲洗。当喷射提升至设计标高时,旋喷即告结束,此时应将注浆管等设备冲洗干净。

(6) 移动机具到新孔上,重复以上操作。

高压喷射的注浆方式,除旋转喷射外,还有定向喷射和摆动喷射等,如图 2.10 所示。

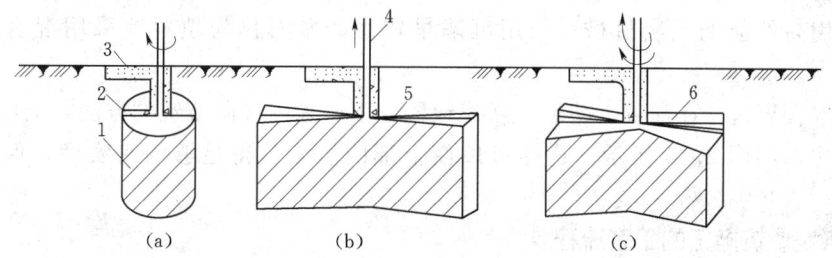

图 2.10 高压喷射注浆的三种方式
(a) 旋喷;(b) 定喷;(c) 摆喷
1—桩;2—射流;3—冒浆;4—喷射注浆;5—板;6—墙

2.2 土质路基的填筑

道路填方路堤的施工是道路工程施工中非常重要的环节，它不仅关系到道路的施工质量和基本使用功能，而且也关系到道路的使用寿命和使用安全。因此需要精心设计、精细化组织管理和精心施工，确保工程质量。

填方路堤的主要特点是：①工程量大；②涉及面积广，分布不均匀，工程情况复杂；③工期长，耗费劳动力多，机械台班占用多。

填方路堤的施工要求，除必须要符合设计的断面尺寸外，还应满足：①具有足够的整体稳定性；②具有足够的强度和刚度；③具有足够的水一温稳定性。路堤的强度和稳定性是保证路面稳定的基本条件。

2.2.1 路堤填筑类型的确定

1. 路堤的横断面形式

路堤的横断面形式应根据公路等级、技术标准，结合当地地形、地质、水文、挖填条件等情况确定。常用的横断面形式，按其填土高度可划分为矮路堤、高路堤和一般路堤。填土高度小于 1.0m 者，属于矮路堤，填土高度大于 18m（土质）或 20m（石质）者，属于高路堤，介于两者之间的属于一般路堤。随其所处条件和加固类型的不同，还有浸水路堤、护脚路堤、护肩路堤、挡土墙路堤、挖沟填筑路堤等，如图 2.11 所示。

2. 路堤填筑的类型

（1）水平分层填筑。填筑时按照横断面全宽分成水平层次，逐层向上填筑，每填筑一层，经压实检查合格后再填筑上一层。如果原地面不平，应从最低处分层填起。水平分层填筑法施工操作方便、安全，压实质量易于保证，如图 2.12 所示。

（2）纵坡分层填筑。用推土机从路堑取土填筑运距较短的路堤，并以纵坡方向分层，逐层向上填筑，逐层压实。这种施工方法适用于原地面坡度小于 20°的地段，如图 2.13 所示。

（3）竖向填筑。又称为横向全高填筑，即从路基一端按横断面的全部高度，逐步推进填筑，这种填筑方法适用于无法自下而上填土的陡坡、断岩或泥沼地区，如图 2.14 所示。但此方法所填土料不易压实，并且还有沉陷不均匀的缺点。为此，应采用必要的技术措施，如采用高效能的压实机械；采用沉陷量较小的砂石作为填料或采用混合填筑的方法等。

（4）混合填筑。在深谷、陡坡、断岩地段，下层采用竖向填筑的方法，上层采用水平填筑的方法，如图 2.15 所示，这样可以使上部的填土获得足够的密实度，保证路基的质量。

2.2.2 路堤填筑施工的工艺流程

路堤填筑施工的一般程序为：施工前的准备工作、修建小型人工构造物、路基基础处理、路基土石方工程施工、路基工程的检查与验收等。具体来讲，路堤填筑施工的主要工序包括料场选择、基底处理、填筑和压实。路堤填筑施工的工艺流程如图 2.16 所示。

2.2 土质路基的填筑

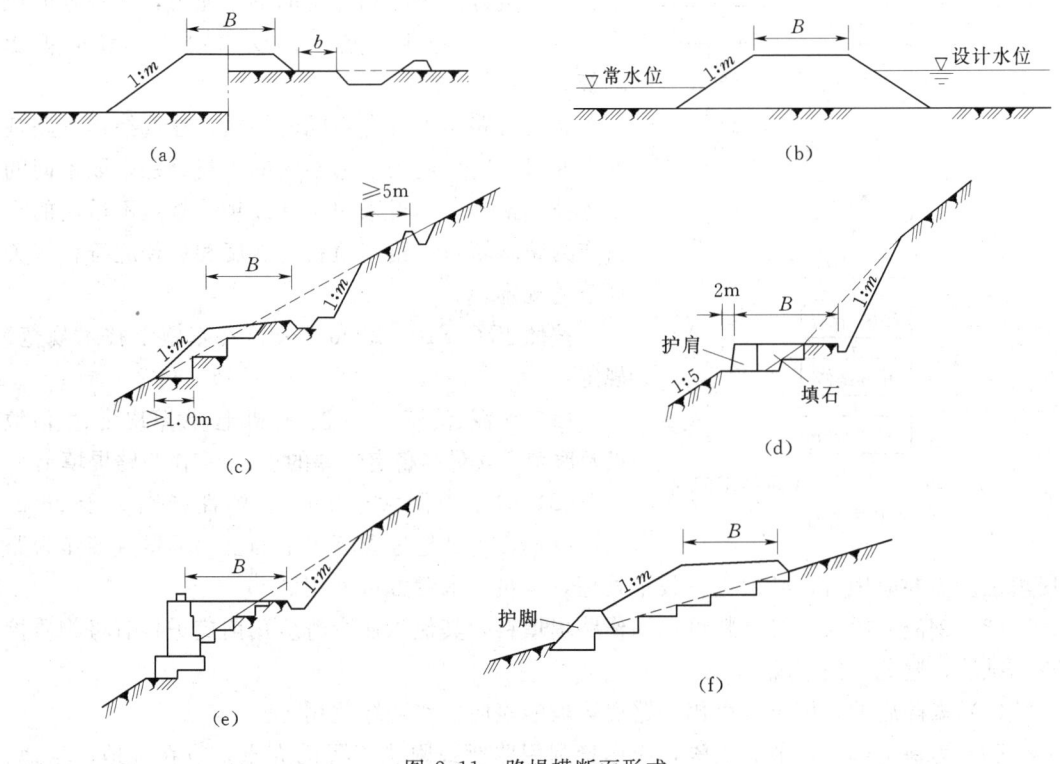

图 2.11 路堤横断面形式

(a)—一般路堤；(b) 浸水路堤；(c) 半挖半填路堤；(d) 护肩路堤；(e) 挡土墙路堤；(f) 护脚路堤

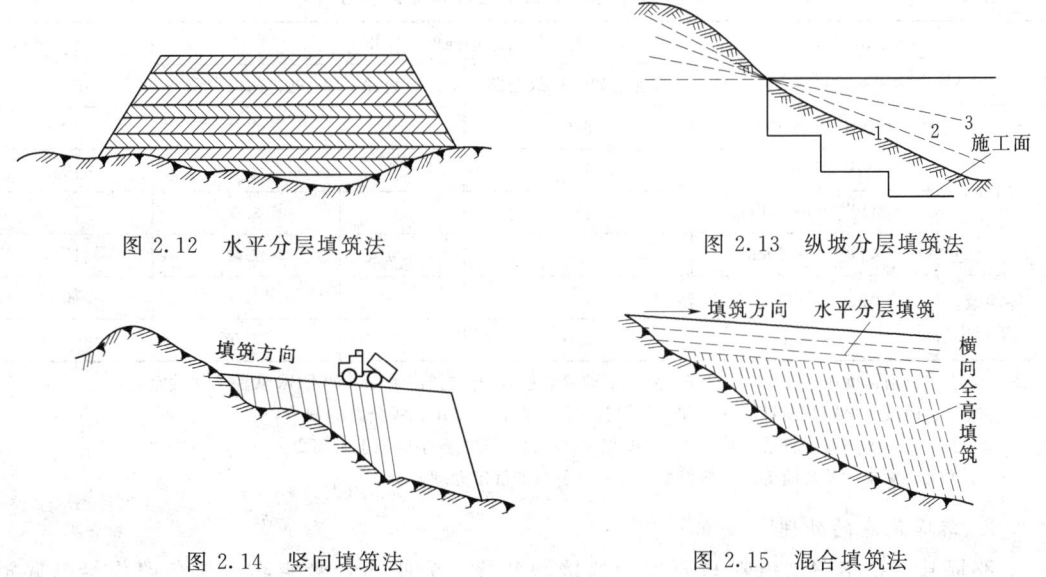

图 2.12 水平分层填筑法　　　　图 2.13 纵坡分层填筑法

图 2.14 竖向填筑法　　　　图 2.15 混合填筑法

2.2.3 路堤填筑施工的主要工序

1. 填料的选择

用于路堤填筑的土料，原则上应就地取材或利用路堑挖方的土壤，对填料总的要求

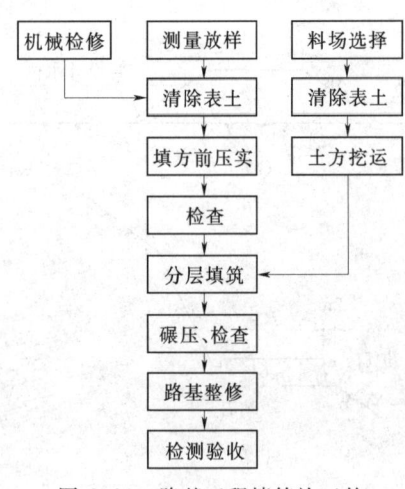

图 2.16 路基工程填筑施工的工艺流程

是：具有良好的级配和一定的黏结能力，在一定的压力下易于压实稳定，基本不受水浸软化和冻害影响等。

各类公路用土具有不同的性质，在选择作为路基的填筑材料时，应当根据不同的土类分别采取不同的工程技术措施。不得采用设计或规范规定不适用的土料作为路基填料，路基填料的强度和粒径应符合有关规范的规定。

按照 JTG F10—2006《公路路基施工技术规范》规定：

(1) 淤泥、沼泽土、冻土、有机土、含草皮土、生活垃圾及腐殖质含量高稳定性差的土，不宜作为路堤填土。

(2) 对于液限大于 50%、塑性指数大于 26 的土，以及含水量超过规范规定的土，不得直接作为路堤填土。需要应用时，必须进行技术处理，满足要求后方可使用。

(3) 钢渣、粉煤灰等材料可以用作路堤填料，其他工业废渣应用前应进行有害物质检查、试验，避免污染环境。

(4) 捣碎后的种植土，可用于路堤边坡的表层，作为绿化用土。

(5) 为保护耕地、节约投资，应尽量利用路堑或附属工程的弃土，或在荒地、空地、劣地上取土。在一般情况下，路堤填料应符合表 2.5 中的要求。

表 2.5 路基填方材料的最小强度和最大粒径

项目分类 (路面底面以下深度)		填料最小强度（CBR）(%)			填料最大粒径 (cm)
		高速公路、一级公路	二级公路	三、四级公路	
路堤	上路床（0～30cm）	8.0	6.0	5.0	10
	下路床（30～80cm）	5.0	4.0	3.0	10
	上路堤（80～150cm）	4.0	3.0	3.0	15
	下路堤（>150cm）	3.0	2.0	2.0	15
零填及路堑路床	0～30cm	8.0	6.0	5.0	10
	30～80cm	5.0	4.0	3.0	—

注 1. 表中所列强度按 JTJ 050—93《公路土工试验规程》，对试样浸水 96h 的 CBR 实验方法确定。
  2. 三、四级公路铺筑沥青混凝土和水泥混凝土路面时，应采用二级公路的规定。
  3. 表中上、下路堤填料最大粒径 15cm 的规定，不适用于填石路堤和土石路堤。
  4. 黄土、膨胀土及盐渍土的填料强度，分别按各自的规定办理。

2. 路堤基底的处理

路堤基底是指路基填料与原地面的接触部分。为使两者紧密结合避免路堤沿基底滑动，需要根据基底的土质、水文、坡度、植被情况和路堤填筑高度采取相应的处理措施。尤其是对于一些特殊的地基，如软土、冻土、膨胀土等，应采用特殊的路基处理技术专门处理。

一般路堤基底的处理通常包括：

(1) 伐树、除根、清草作业。

(2) 腐殖土清除、换填、压实，厚度一般不小于30cm。

(3) 对耕地路段，正式填筑前，要清除有机土、种植土并压实；在深耕地段，必要时还应将松土翻挖、土块打碎，然后回填、整平、压实。

(4) 对水田、池塘或洼地，应根据具体情况采取排水疏干、挖除淤泥、打砂桩、抛石挤淤或石灰（水泥）处理土等措施。对水田由于表面往往有一层松软薄层，机械通行差，底部不易压实，因此填土要综合考虑机械通行要求和填土压实要求。

(5) 坡面基底，在坡度不陡于1∶10时，经碾压符合要求后，可直接在地面上修筑路堤；在坡度介于1∶10～1∶5稳定的斜坡上，基底应清除草皮；在坡度较大时（横坡陡于1∶5）应做成台阶形，台阶一般宽不小于1.0m，高度最小为0.5m，而且台阶顶面应做成向堤向倾斜3‰～5‰的坡度。如果地面横坡陡于1∶2.5时，应进行抗滑和稳定验算，当不能满足时，应对外坡脚进行特殊处理（如修护墙和护脚）。

(6) 当路基稳定受到地下水影响时，应予拦截或排除，引地下水至路堤基础之外，然后再进行填方的压实。

(7) 在路堤填筑范围内，原地面的坑、洞、墓穴等，应用原地的土或砂性土回填、压实。

3. 填筑要求

(1) 对于不同性质的土进行混合填筑时，应视土的透水能力的大小，进行分层填筑压实，并采取有利于排水和路基稳定的方式。一般应遵守以下原则。

1) 以透水性较小的土填筑路堤下层时，其顶面应做成坡度为4%的双向横坡；如用以填筑上层时，除干旱地区外，不应覆盖在透水性大的土所填的下层边坡上。

2) 不同性质的土料应分层填筑，不得混填，每种填料层累计总厚度不宜小于0.5m。

3) 凡不因潮湿及冻融而变更其体积的优良土料，应填筑在上层，强度较小的土料应填筑在下层。

不同性质土料填筑路堤的方式，可参见图2.17和图2.18。其中，图2.17中所示填筑方式是正确的，而图2.18中所示填筑方式是错误的。

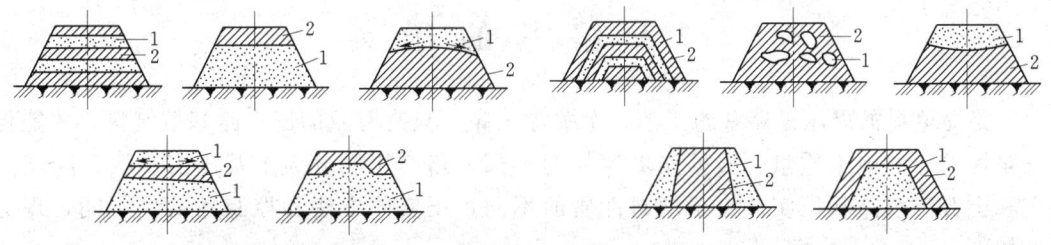

图2.17 路堤内不同土壤的正确填筑方式　　图2.18 路堤内不同土壤的错误填筑方式
1—透水性较大土质；2—透水性较小土质　　　　1—透水性较大土质；2—透水性较小土质

(2) 旧路堤加宽改造时，所用填土应与原路堤填料尽量一致或为透水性好的土，为使新旧路基结合，沿旧路边坡须挖成向内倾斜的阶梯形，分层进行填筑，层层夯实至规定的密实度，台阶宽不应小于1m，台阶高约0.5m，如图2.19所示。

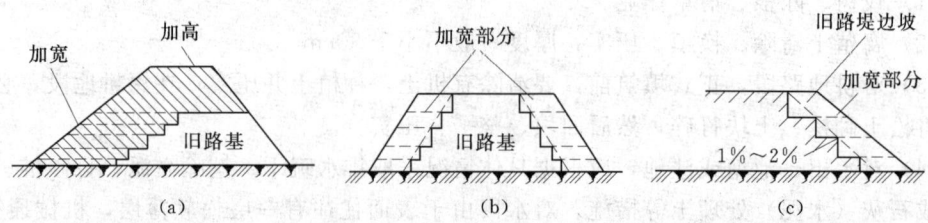

图 2.19 旧路改建工程路基填筑方法
(a) 旧路单面加宽；(b) 旧路双面加宽；(c) 旧路加高加宽

(3) 填石路堤的填筑。石料的强度应不小于15MPa，用于护坡的石料强度应不小于20MPa。石料的最大粒径不宜超过层厚的2/3。每层松铺的厚度，高等级公路不宜大于0.5m，其他公路不宜大于1.0m。

高等级公路填石路堤路床顶面以下50cm范围内，应填筑符合路床要求的土并分层压实，填土最大粒径不大于10cm。其他公路填石路堤路床顶面以下30cm范围内，应填筑符合路床要求的土并分层压实，填土最大粒径不大于15cm。

(4) 土石混合料路堤的填筑。土石混合料中石料强度大于20MPa时，石块的最大粒径不宜超过层厚的2/3，否则应当将其剔除；当石料的强度小于15MPa时，石块的最大粒径不宜超过压实层厚度，超过者应将其打碎。土石路堤必须分层填筑，分层压实。每层铺填的厚度，应根据压实机械的规格和类型确定，但最大不应超过40cm。

土石混合料中石料含量的多少，将严重影响压实效果，因此，当石料含量大于70%时，应先铺大块石料，且大面向下安放平稳，再用小块石料、石屑等进行嵌缝找平，最后碾压密实；当石料含量小于70%时，土石可以混合填筑，但应消除硬质石块过于集中的现象。

土石混填高等级公路路堤路床顶面以下30~50cm范围内，也应填筑符合路床要求的土并分层压实，填料最大粒径不得大于10cm。其他公路路堤路床顶面以下填筑30cm的砂类土，填料最大粒径不得大于15cm。

2.3 路基的压实

路堤填料的碾压是路基施工的一个关键工序，只有有效的压实路基填筑料，才能保证路堤工程的施工质量。根据路堤填料的不同，路基压实分为土基压实、填石路基压实和土石混填路基压实。由于填料性质的不同，压实的方法和控制标准也不同，现分述如下。

2.3.1 土基的压实

1. 路基压实的原理

路基填土经过开挖、运输、铺装等过程，已变得十分松散，压实的目的就是：通过碾压做功，使土壤颗粒重新组合，彼此挤压，空隙缩小，形成密实整体，从而使土体的强度增加、稳定性提高，塑性变形、渗透系数、毛细水作用及隔温性能均有明显改善。因此，路堤填料的碾压是公路施工的一个关键工序，也是提高路基强度和稳定性的根本技术措施。

路基土体压实按压实机械作用种类不同分为静压原理、冲击作用原理、振动作用原理。其中，静压原理是依靠机械自重对土体进行密实的方法；冲击作用原理是将一定质量的物体提升一定高度，然后自由下落，产生冲击，对土体进行冲击压实；振动作用原理是用振动压路机采用快速、连续的冲击作用，形成持续不断的冲击波，使土粒运动，达到密实土体的目的。

2. 影响压实的因素

影响压实效果的因素有内因和外因两个方面。内因是指土体本身的土质和含水量，外因是指压实功能（如机械性能、压实时间、压实遍数、压实速度和铺土厚度）及压实时外界自然和人为的其他因素等。归纳起来，影响压实效果的主要因素有土的含水量、土的性质、压实功能、铺土厚度、地基或下承层强度、碾压机具和方法等。

（1）含水量对压实效果的影响。通过击实试验表明，任何有一定黏结力的土，在不同的含水量条件下，用同样的压实功进行压实，获得的密实度和强度不同，所得的关系曲线如图2.20所示。从图中可以看出，在同等条件下，土体在达到一定含水量之前，干密度随含水量的增加而提高，其主要原因是水在土体压实过程中起着润滑作用，土粒间的摩阻力减小，当施加外力后，水随土粒的空隙减少而被排出，土的干密度得到提高。当干密度达到最大值后，如果含水量继续增大，土粒间的空隙被水所占据，而且此时水一般情况下不会被压缩或挤出，造成水分互相转移，土的干密度反而下降。

在通常一定压实条件下，所得到土体干密度的最大值，称为最大干密度，相应的含水量称为最佳含水量。由此可知，只有在最佳含水量时，土体被压实的空隙才最小，才可以使压实后的土体在遇水饱和后，其密实度和强度下降才最小，从而获得理想的工程效果。因此，在土体压实过程中，如果能控制土的最佳含水量，就可以得到最佳的压实效果，耗费的压实功能也最经济。

不同土的最大干密度和最佳含水量的变化范围见表2.6。

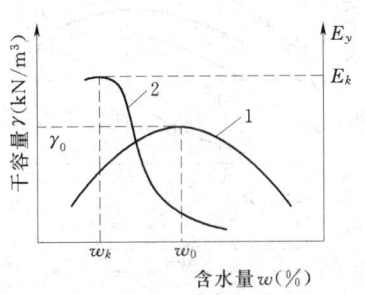

图 2.20 土的变形模量、干容重与含水量的关系
1—干容重与含水量的关系；
2—变形模量与含水量的关系

（2）土的性质对压实效果的影响。由于不同土质有着不同的最佳含水量及最大干密度，因此土质不同压实性能差别较大。一般来讲，分散性较低的土（如砂性土）压实效果较好，而且含水量较小，最大干密度较大，特别在振动力作用下，很容易被压实。但对黏性土、粉质土等分散性较高的土，压实效果较差，主要是这些细分散的土颗粒比表面积大、黏聚力大、土粒表面水膜需水量大、最佳含水量偏高，而最大干密度反而偏小。

（3）压实功能对土料压实的影响。压实功能主要指压实工具的种类、机械性能、碾压遍数、锤落高度和作用时间等，压实功能是除土料含水量之外，对压实效果起着重要影响

表 2.6　　　　　　　　　不同土的最大干密度和最佳含水量的变化范围

土类名称	塑性指数	重型		轻型	
		最大干密度 (g/cm³)	最佳含水量 (%)	最大干密度 (g/cm³)	最佳含水量 (%)
S、SF	<1	1.94～2.02	7～11	1.80～1.89	8～12
SM	1～7	1.99～2.28	8～12	1.85～2.08	9～15
ML	1～7	1.77～1.97	15～19	1.61～1.80	16～22
SC、CLS	7～17	1.83～2.16	9～15	1.67～1.95	12～20
SCH、CHS、CH	>17	1.75～1.90	16～20	1.58～1.70	19～23

的因素。其与压实效果的关系曲线如图 2.21 所示。曲线表明：同一种土的最佳含水量随压实功能的增大而减小，最大干容重则随压实功能的增大而提高；在相同含水量条件下，压实功能越高，土基的密实度越高。因此，在工程实践中，我们可以通过增加压实功能（如选用重碾、增加碾压遍数、延长作用时间等）措施，以提高路基强度和降低最佳含水量。但是，我们从图中也可以看出，当压实功能增加到一定程度后，压实效果的提高非常缓慢，在经济效益和施工组织上，既不经济也不科学。而且，当压实功能过大，不仅会破坏土基的结构，还会影响到土基的水稳定性。相比之下，严格控制土料的最佳含水量，要比单纯增加压实功能有更大的收效。

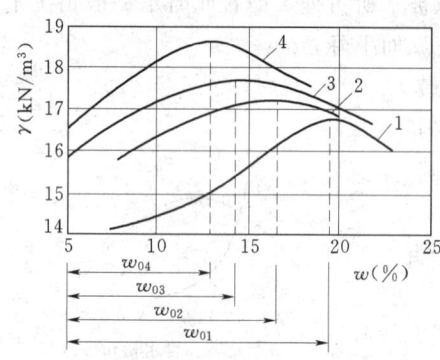

图 2.21　不同压实功能的压实曲线对照
1—600kN·m；2—1150kN·m；
3—2300kN·m；4—3400kN·m

（4）铺土厚度对压实效果的影响。压实厚度对压实效果具有明显的影响，在土质、湿度与压实功能相同的条件下，实测土层不同深度的密实度随深度递减，表层 5cm 最高。工程实践证明：不同压实工具的有效压实厚度有所差异，有效压实厚度与土质、含水量、压实机械的构造特征等因素有关。在一般情况下，夯实机械压实每层铺土厚度不宜超过 20cm；12～15t 的光面压路机，每层铺土厚度不宜超过 25cm；振动压路机或夯击机，每层铺土厚度不宜超过 50cm；在实际施工控制中，每层铺土厚度应通过现场试验确定。

（5）地基或下承层强度对压实效果的影响。在填压路堤时，如果地基没有足够的强度，则第一层路堤铺土很难达到较高的压实度，即使采用重型压路机械或增加碾压遍数，不但无法达到预期的效果，甚至会使碾压土层变成"弹簧土"。因此，对于地基或下承层强度不足的情况，通常采取以下措施：①在填筑路堤之前，先将地基碾压几遍，使其达到规定的密实度；②如果在地基中有软土层，则应按有关方法处理后方可铺土碾压；③对于路堑处路槽的碾压，应先铲除 30～40cm 原状土并碾压地基后，再分层填筑压实。

（6）碾压机具和方法对压实效果的影响。压实机具的不同，或采用的压实方法不同，均能严重影响土体的压实效果。

2.3 路基的压实

1) 压实机具类型不同,其压力传递的影响深度也不同。一般情况下,夯击式机具压力传递的影响深度最大,振动式机具次之,碾压式机具最浅。

2) 当压实机具的质量较小时,碾压的遍数越多,土的密实度越高。但密实度的增长是有限度的,超过一定的密实度,继续增加碾压遍数,则只能引起弹性变形。工程实践证明:一般碾压 6 遍之前,土体密实度增大明显,6~10 遍增长比较缓慢,10 遍以后稍有增长,20 遍后基本不增长。

3) 当压实机具的质量较大时,随着压实遍数的增加,土体的密实度迅速增加,但当超过某一极限后,土的变形急剧增加而达到破坏。

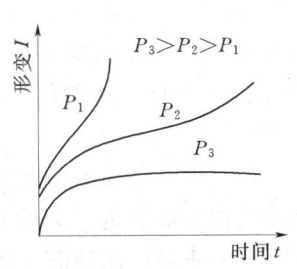

图 2.22 不同荷载下土的变形与时间关系

压实机具的质量、作用遍数对土的压实影响如图 2.22 所示。

3. 路基压实的一般规定

(1) 路堤、路堑和路基均应压实。土质路堤(含土石路堤)的压实强度不应低于表 2.7 和表 2.8 的规定。

表 2.7　　　　　　　路基压实度表(重型)

填挖类型		路面底面以下深度 (cm)	压实度 (%)	
			高速公路、一级公路	其他公路
路堤	上路床	0~30	≥95	≥93
	下路床	30~80	≥95	≥93
	上路堤	80~150	≥93	≥90
	下路堤	>150	≥90	≥90
零填及路堑路床		0~30	≥95	≥93

注　1. 其他等级公路修建高级路面时,其压实标准应采用高速公路、一级公路的规定值。
　　2. 特殊干旱地区的压实度标准可降低 2%~3%。

表 2.8　　　　　　　路基压实度表(轻型)

填挖类型		路面底面以下深度 (cm)	压实度 (%)	
			高速公路、一级公路	其他公路
路堤	上路床	0~30	—	≥95
	下路床	30~80	≥98	≥95
	上路堤	80~150	≥95	≥90
	下路堤	>150	≥90	≥90
零填及路堑路床		0~30		≥95

注　对于铺筑中级或低级路面的三级、四级公路路基,允许采用本表压实标准。

(2) 路基土压实的最佳含水量及最大干密度以及其他指标,应在路基修筑半个月前,在取土地点取具有代表性的土样进行击实试验确定。

(3) 土质路基的压实度检验方法可采用灌砂法、环刀法、蜡封法、灌水法（水袋法）或核子密度湿度仪（核子仪）法。

(4) 每一压实层均应检验压实度，合格后才可填筑上一层。否则应查明原因，采取措施补压。检验频率为每 1000m² 检验 2 点，当不足 1000m² 时，应检验 2 点。检验的标准：必须每个点的压实度都符合表 2.7 和表 2.8 的规定，必要时可根据需要增加检验点。

(5) 填石路堤的紧密程度在规定深度范围内，以通过 12t 以上振动压路机进行试验，当压实层顶面稳定，不再下沉（无轮迹），可判为密实状态。

(6) 土质路床顶面压实完成后，应进行弯沉检验。检验汽车的轮重（或轴重）及弯沉允许值，按照设计规定执行。检验频率应为每幅双车道每 50m 检验 4 点，左、右两后轮隙下各 1 点。

(7) 对填石及土石混填路堤如果设计规定需在路床顶面进行强度实验时，应按照设计规定办理。

(8) 土质路床顶面检验的压实度和弯沉值均应满足要求。如果仅有一项满足要求时，应找出不满足的原因，予以适当处理。

4. 填土路堤压实施工要点

路基必须分层填筑压实，每层表面平整，路拱合适，排水良好。填土路堤压实施工要点如下：

(1) 加强土的含水量检查，填土路堤应严格控制碾压最佳含水量。对透水性不良的土料，应控制其含水量在最佳含水量±2%之内。必要时可洒水或晾晒。

(2) 严格控制松铺厚度。采用机械压实时，高速公路和一级公路的分层最大松铺厚度不应超过 30cm；其他公路，按土质类别、压实机具功能、压实遍数等，经现场试验确定，但最大松铺厚度不得超过 50cm。填筑至路床顶面最后一层的最小厚度，不应小于 8cm。

(3) 严格控制路堤几何尺寸和坡度。路堤填土宽度每侧比设计宽度宽出 30cm，压实宽度不得小于设计宽度，压实合格后，最后削坡。

(4) 若填方分几个作业段施工，两段交接处不在同一时间施工，则先填路段应按 1:1 坡度分层留台阶；若两个地段同时填筑，则应分层相互交叠衔接，其搭接长度不得小于 2m。

(5) 压实作业时，应先边后中，以便形成路拱；先轻后重，以适应逐渐增长的土基强度；先慢后快，以免松土被机械推动。同时应在碾压前，先行整平，可自路中线向路堤两边整成 2%～4%的横坡。在弯道部分碾压时，应由低的一侧边沿向高的一侧边沿碾压，以便形成单向超高横坡。前后两次轮迹（或夯击）需重叠 15～20cm。碾压时应特别注意控制均匀压实，以免引起不均匀沉陷。

(6) 各种压实机具碾压不同土类的适宜铺土厚度和所需压实遍数，与填土的实际含水量及所要求的压实度大小有关，碾压的技术参数应根据要求的压实度，按照所做实验路段的实验结果确定。如果控制压实遍数超过 10 遍，应当考虑适当减少填土厚度。

(7) 高速公路和一级公路填土的压实，宜采用振动压路机或 35～50t 轮胎压路机进

2.3 路基的压实

行。采用振动压路机进行碾压时,第一遍应只静压、不振动,然后先慢后快,由弱振至强振,千万不可采用同样振动,更不能先强后弱。

(8) 各种压路机的碾压行驶速度开始时宜用慢速,最大行驶速度不宜超过 4km/h;碾压时直线路段由两边向中间,小半径曲线段由内侧向外侧,纵向进退式进行;横向接头对振动压路机一般重叠 0.4~0.5m,对于三轮压路机一般重叠后轮宽度的 1/2,前后相邻两区段宜纵向重叠 1.0~1.5m。碾压施工中,应无漏压、无死角,确保碾压均匀。

(9) 使用夯锤压实时,第一遍夯位应紧靠排列,如果有间隙,则不得大于 15cm;第二遍夯位应在第一遍夯位的缝隙上,如此连续夯实直至达到规定的压实度。

(10) 每层土均须经压实度检验合格后,方可转入下一道工序。不合格处应进行补压后再进行检验,一直达到合格为止。

2.3.2 填石路基、土石混填路基的压实

1. 填石路基压实施工要点

(1) 填石路堤基底处理同填土路堤。

(2) 填料和填筑要求。膨胀性岩石、易溶性岩石、崩解性岩石和盐化岩石等均不应用于路堤填筑。填石路堤的石料强度不应小于 15MPa,石料最大粒径不宜超过层厚的 2/3。填石路堤填料的岩性相差较大时,应将不同岩性的石料分层或分段填筑。填筑时应将石块逐层水平填筑,分层厚度,高速公路和一级公路应不宜大于 50cm;其他公路填筑厚度不宜大于 1.0m。石料大面向下排放平稳,紧密靠拢,所有缝隙用小石块或石屑填塞密实。当石块级配较差、粒径较大、填层较厚、石块间的空隙较大时,可于每层表面的空隙里扫入石碴、石屑、中粗砂,再以压力水将砂冲入下部,反复数次,使空隙填满。人工铺填粒径 25cm 以下石料时,可直接分层摊铺,分层碾压。

(3) 填石路堤在压实之前,应当用大型推土机将路堤表面摊铺平整,对于个别不平整处,应当用人工配合以细石屑找平。

(4) 填石路堤均应压实并选用工作质量 12t 以上的重型压路机、工作质量 2.5t 以上的夯锤或 25t 以上的轮胎压路机压(夯)实。当缺乏以上机具时,可采用重型静载光轮压路机压实,并减少每层填筑厚度和减小石料粒径。

(5) 压实操作要求:应先压两侧再压中间,压实路线对于轮碾应纵向互相平行,反复碾压。对于夯锤应成弧形,当夯击密实程度达到设计要求后,再向后移动一夯锤位置。行与行之间应重叠 40~50cm;前后相邻区段应重叠 100~150cm。

(6) 填石路堤压实所需的碾压或夯击遍数应经过试验确定。当采用重型压路机时,可按压实层顶面稳定、不再下沉且无轮迹、石块紧密、表面平整为准;当采用重锤夯实时,可依重锤下落时不下沉而发生弹跳现象进行压实度检验。

(7) 填石路堤使用各种压实机具时的注意事项与压实填土路基相同。

(8) 填石路堤顶面至路床顶面下,高速公路和一级公路应填筑 50cm 厚符合路床要求的土,其他公路填筑厚度为 30cm。

2. 土石混填路基压实施工要点

(1) 土石混填路基的基底处理同填土路堤。

(2) 填料和填筑质量控制。天然土石混合材料中所含石料强度大于 20MPa 时,石块

的最大粒径不得超过压实厚度的 2/3，超过的应予以清除；当所含石料为强度小于 15MPa 的软质岩时，石块的最大粒径不得超过压实厚度，超过的应打碎。土石混合材料在填筑时，不得采用倾填方法，应分层填筑、分层压实，松铺厚度宜为 30～40cm，或经试验确定。压实后渗透性差异较大的土石混合材料应分层分段填筑，不宜纵向分幅填筑；如确需纵向分幅填筑，应将压实后渗透性良好的土石混合材料填筑于路堤两侧。当石料含量大于 70% 时，应先铺大块石料，且大面向下安放平稳，然后铺小块石料、石屑等进行嵌缝找平，最后再碾压密实；当石料含量小于 70% 时，土石可以混合填筑，但应消除硬质石块过于集中的现象。土石混合料高等级公路路堤路床顶面以下 30～50cm 范围内，也应填筑符合路床要求的土并分层压实，填料最大粒径不得大于 10cm。其他公路路堤路床顶面以下填筑 30cm 的砂类土，填料最大粒径不得大于 15cm。

（3）土石路堤的压实方法与技术要求，应根据混合料中巨粒土（石粒）含量的多少确定。当混合填料中巨粒土（石粒）含量多于 70% 时，其压实作业接近填石路堤，应按填石路堤的压实方法和有关规定进行；当混合填料中巨粒土（石粒）含量小于 50% 时，其压实作业接近填土路堤，应按填土路堤的压实方法和有关规定进行。

（4）土石路堤的压实度可采用灌砂法或水袋法检验。其标准干容重应根据每一种填料的不同含石量的最大干容重作出干密度曲线，然后根据试坑挖取试样的含石量，从标准干密度曲线上查出对应的标准干密度。若几种填料混合填筑，则应从试坑挖取的试样中计算各种填料的比例，利用混合填料中几种填料的干容重曲线查得对应的标准干容重，用加权平均的计算方法，计算所挖试样的标准干容重。

（5）当采用灌砂法或水袋法检验有困难时，可以根据填石路堤的有关规定检验，即以通过 12t 以上振动压路机进行压实试验，当压实层顶面稳定，不再下沉（无轮迹）时，可判为密实状态。

2.4 施工机械的选择与配套

公路施工机械是现代化公路施工中重要的关键性设备。恰当的选择、采用适当的施工机械是保证工程质量、提高施工效率、降低劳动强度、提高工期保障的一项至关重要的工作。

常用的路基土方施工机械有推土机、松土机、平地机、铲运机、挖掘机（配合汽车运土）、各类压实机械等。这些机械既可以单机作业，也可以适当综合配套联合作业，以取得较大的生产效率。

2.4.1 施工机械的性能及适用性

2.4.1.1 推土机

推土机是路基土石方工程施工中最常用的土方机械，也是一种多用途的自行式施工机械。它具有灵活机动、所需作业面小、移动方便、干湿地均可作业的特点。它可以担负着切削、推运、开挖、堆积、回填、平整、疏松和压实等多种土石方作业。有时根据作业要求，推土机还可以配置多种附属装置用于松土、除树根等。

目前工程中使用的主要有履带式推土机和轮胎式推土机（图 2.23）；推土机按工作装

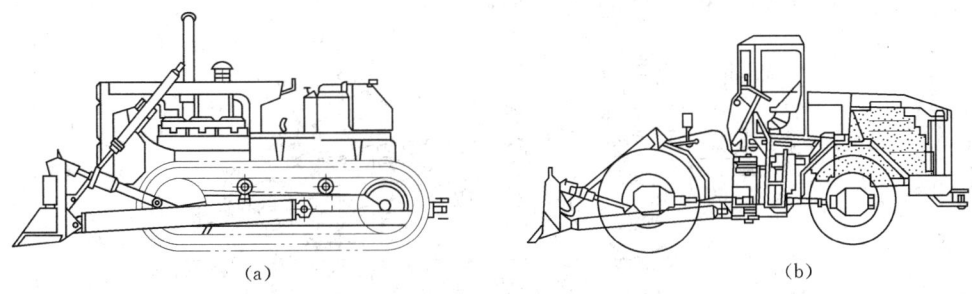

图 2.23 推土机示意图
(a) 履带式推土机；(b) 轮胎式推土机

置不同，可分为直铲推土机和斜铲推土机两种。

1. 推土机的适用范围

一般适用于季节性较强、工程量集中、施工条件较差的工作环境，主要用于路堤填筑、路堑开挖、基坑开挖、堆积散料、平整场地和沟渠的回填及其他辅助作业。其经济运距一般不超过100m，而在30～50m范围内效率较高，经济效益也较好。运距过大或过小均会降低生产率，试验表明，当运距超过75m时，其生产效率显著降低。

2. 推土机的作业方式

推土机的基本作业流程为铲土、运土、卸土和回空四个步骤。其常用的作业方式有：

(1) 波浪推土。推土机铲土时将铲刀最大限度的切入土中，直到发动机稍有超负荷现象时，将铲刀提起以使发动机恢复正常，再降下铲刀切土，再切土，这样反复多次，直到铲刀前堆满土将其推至指定地点。

(2) 多刀推土。也称为接力推土，这是一种分次铲土、叠堆推送的推土方式。多刀推土是在较宽的作业面上，推土机分段将所切土推运至各切土终点，等作业面上聚集一个个土堆后，再由远而近用以土拥土的方法叠送至卸土处。

(3) 并列推土。是以两台以上同类的推土机同步推进前进的方法，这样可以减少两侧铲刀在运土过程中的土方损失。两台推土机的间距一般以15～20cm为宜，不宜过大或过小。作业时要求行进速度和方向保持一致，避免互相影响。

(4) 下坡推土。是一种利用下坡时推土机重力的分力，增大铲土的深度和运土量，提高推土机的生产效率，缩短推土时间的施工方法。下坡的坡度不宜过大（小于20°）。如果坡度大于20°，虽然有利于铲土，但也会造成空车回程爬坡困难，反而使作业效率降低。

2.4.1.2 铲运机

铲运机是一种能综合完成全部土方施工工序的机械，主要用于中距离（100～2000m）大规模土方转移工程的施工，它能独立完成铲土、装土、运土、卸土、平土和压土六个工序，并能控制铺土厚度、进行平土作业和对卸土进行局部碾压。因其生产效率高，机动性能好，在公路工程中是一种适用范围很广的土方施工机械。

铲运机按行走方式分为自行式铲运机和拖式铲运机两种；按装载方式分为升运式和普通式两种；按卸土方式分为自由卸土式、半强制卸土式和强制卸土式三种。自行式铲运机如图 2.24 所示，拖式铲运机如图 2.25 所示。

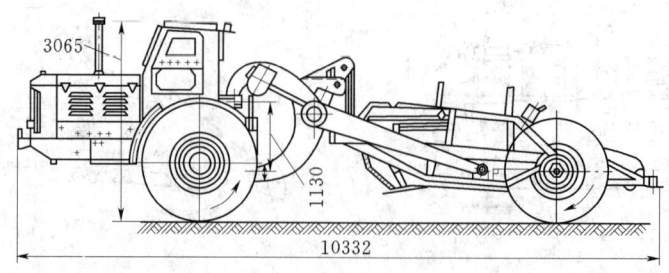

图 2.24　自行式铲运机（尺寸单位：mm）

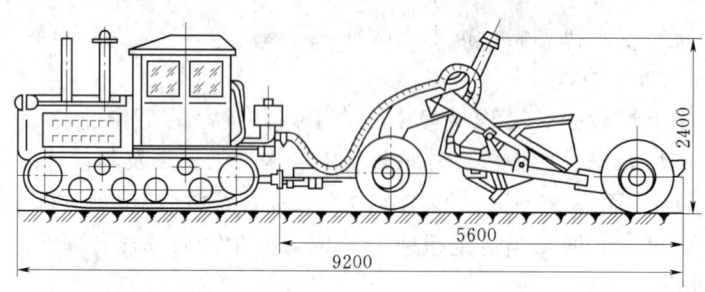

图 2.25　拖式铲运机（尺寸单位：mm）

1. 铲运机的适用范围

铲运机的适用范围主要取决于土质特征、运距、机械本身的性能和道路状况。在路基土方工程中一般用来开挖路堑、填筑路堤、平整场地、浮土剥离及开挖路床等。铲运机最适宜于Ⅰ、Ⅱ级土壤的施工，遇到Ⅲ、Ⅳ级土壤时，必须事前进行翻松；当场地湿度过大或是在泥沼地带以及松砂上和含有大石块、圆石、树桩的土上原则一般不宜使用。

铲运机的经济运距和铲运机的斗容量大小有关，在一般情况下，斗容量小于 6m³ 时，铲运机的最短运距不小于 100m，最大运距不超过 350m，经济运距以 200～300m 为宜；斗容量大于 10～30m³ 时，自行式铲运机最短运距不小于 800m，最大运距可达 1500m。详见表 2.9。

表 2.9　　　　　　　　　各种铲运机的适用范围

类别			斗容量（m³）		经济运距（m）		道路坡度（%）
			一般	最大	一般	最佳	
拖式铲运机			2.5～18	24	100～500	200～300	15～25
自行式铲运机	单发动机	一般铲装	10～30	50	200～2000	200～1500	5～8
		链式装载	10～30	35	200～1000	200～600	5～8
	双发动机	一般铲装	10～30	50	200～2000	200～1500	10～15
		链式装载	10～16	34	200～1000	200～600	10～15

2. 铲运机的作业方式

根据施工现场的地形条件和土壤类别，铲运机常用的作业方式有：

(1) 一次铲土法。在铲土开始，铲刀即以最大深度（0.3m）铲入土中，随着拖拉机的行驶，阻力不断增大，逐渐减小切土厚度，直至铲斗装满为止。这种铲土法适用于在Ⅰ、Ⅱ级土壤中施工。

(2) 波浪铲土法。适用于较硬的土质，铲运机铲土开始即以最大深度（0.3m）铲入土中，随着铲运机负载逐渐增加，发动机转速下降时，相应地减小切土深度，如此反复若干次，直到铲斗装满为止。

(3) 跨铲法，又称为交替铲装法。是以减小铲刀切土宽度和形状缩短铲土时间的作业方法。由于铲运机在最后铲土阶段的阻力最大，采用交替铲装法，在最后铲土阶段减小切土宽度，切土阻力会相应降低，可以较快地装满铲斗，提高铲装效率。

(4) 下坡铲土法。是利用铲运机下坡时的重力分力使牵引力增加，从而提高铲土效率的方法。铲土下坡角一般为7°～8°，最大不超过15°。适用于铲挖较硬土质。

(5) 顶推助铲法。使用一台推土机从铲运机的后面推顶，使铲运机增加铲掘能力，缩短装土时间，同时使铲运机在运土时，牵引力能得以充分发挥，明显提高作业效率。适用于坚硬的土壤、软土和沼泽等的土方施工。

2.4.1.3 平地机

平地机是一种装有铲道、刮刀为主，配备其他多种可换作业装置，进行刮平和整形连续作业的公路工程专用机械之一。它能同时完成铲土、运土和卸土几个施工过程，是土方工程中进行修刷和整平路基、路面及场地作业的主要机械，如图2.26所示。

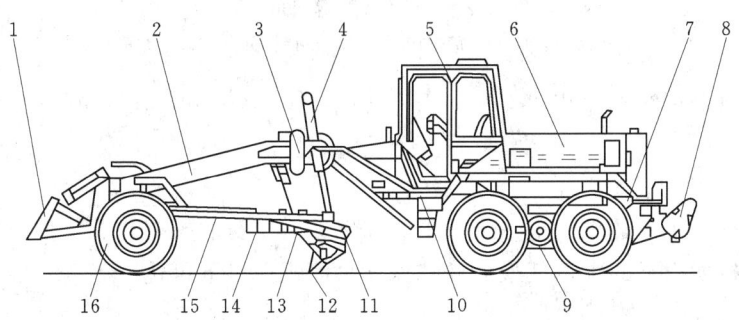

图2.26 PY180型平地机
1—前推土板；2—前机架；3—摆架；4—刮刀升降油缸；5—驾驶室；
6—发动机罩；7—后机架；8—后松土器；9—后桥；10—铰接转向油缸；
11—松土耙；12—刮刀；13—铲土角变换油缸；14—转盘齿圈；
15—牵引架；16—转向轮

平地机的用途比较广泛，主要包括：进行路基基底的处理，完成草皮和表层的剥离；从路线两侧取土，填筑不高于1m的路堤；修整路基的表面和路拱及修刷边坡；可以开挖路槽和边沟；可以在路基上拌和、摊铺路面基层材料；可以用于整修和养护土路，清除路面积雪；可以开挖0.5～0.6m深的路堑以及半填半挖路基等。

平地机除具有作业范围广外，还具有操纵比较灵活、控制精度高、作业效率高等特点。

平地机的主要工作装置是刮刀,它可以调整成四种作业动作,即刮刀平面回转、刮刀左右端升降、刮刀左右引伸和刮刀机外倾斜,分别做刮刀刀角铲土侧移以开挖边沟、刮刀刮土侧移以填筑路基及回填沟渠、刮刀刮土直移以平整路基顶面、刮刀机外倾斜以清刷路基边坡等作业。

2.4.1.4 挖掘机

挖掘机主要用于挖土和装土,必须配备运土机械与之共同作业,适用于工程量大而集中的土石方挖掘。

挖掘机按行走方式分为履带式和轮胎式;按传动方式分为机械传动和液压传动;按挖掘斗数分为单斗和多斗。实际施工中,常用单斗履带式挖掘机。单斗履带式挖掘机又根据其工作装置不同分为正铲挖掘机、反铲挖掘机、拉铲挖掘机和抓铲挖掘机。单斗履带式挖掘机的类型如图 2.27 所示。

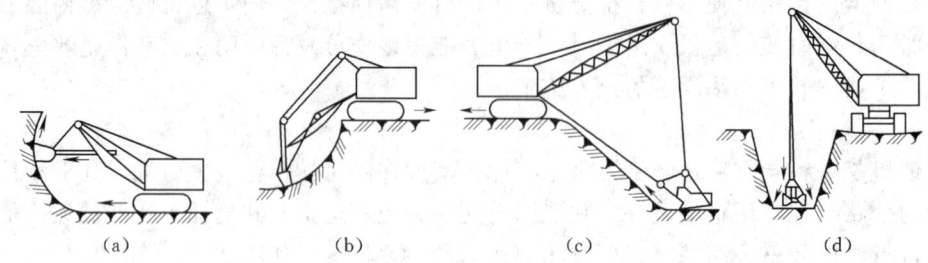

图 2.27 单斗式挖掘机的类型
(a) 正铲挖掘机;(b) 反铲挖掘机;(c) 拉铲挖掘机;(d) 抓铲挖掘机

单斗挖掘机的铲斗容量由 0.1m³、0.2m³、0.4m³、0.5m³、0.8m³、1.0m³ 和 2.0m³ 多种。

1. 挖掘机的适用范围

(1) 反铲挖掘机。适用于Ⅰ~Ⅲ级土壤和爆破后岩石的挖掘装载,但不适宜于开挖冻土。只能挖停机面以下的土,其最大开挖深度自停机面以下可达 4~8m,经济合理开挖深度为 1.5~3.0m。

(2) 正铲挖掘机。适用于挖掘装载Ⅰ~Ⅳ级土壤和爆破后岩石,冻结厚度小于 25cm 的冻土。只能挖停机面以上的土,采用正铲挖掘机施工时,其作业面高度不能过高,以免出现塌方造成事故。最大作业面高度不超过作业面最小高度的两倍,最小作业面高度见表 2.10。

表 2.10 正铲挖掘机最小工作面高度

土壤类别	工作面高度 (m)						
	1.5	2.0	2.5	3.0	3.5	4.0	5.0
Ⅰ~Ⅱ	0.5	1.0	1.5	2.0	2.5	3.0	—
Ⅲ	—	0.5	1.0	1.5	2.0	2.5	3.0
Ⅳ	—	—	0.5	1.0	1.5	2.0	2.5

2. 挖掘机的作业方式

（1）正铲挖掘机的基本作业方式分为侧向开挖和正向开挖两种。侧向开挖时，车辆的运行线路位于挖掘机开挖线路的侧面，可左线行驶。正向开挖时，车辆停在挖掘机后方，主要用于挖掘进出口，如图 2.28 所示。

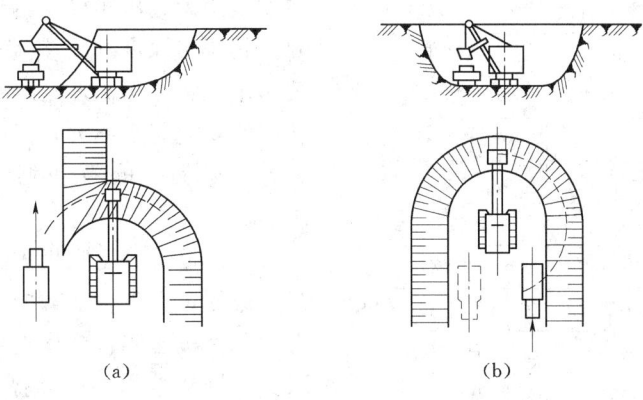

图 2.28　正铲挖掘机的基本作业方式
(a) 侧向开挖法；(b) 正向开挖法

（2）反铲挖掘机的基本作业方式分为沟端开挖法和沟侧开挖法两种。沟端开挖时挖掘机从沟的一端开始，沿沟的中线倒退开挖，运输车辆停在沟侧，此时动臂只需回转 40°～50°即可卸料。若所挖沟渠较宽，可分段挖掘。沟侧开挖时，挖掘机停在沟侧，运输车辆停在沟端，动臂回转小于 90°即可卸料，如图 2.29 所示。

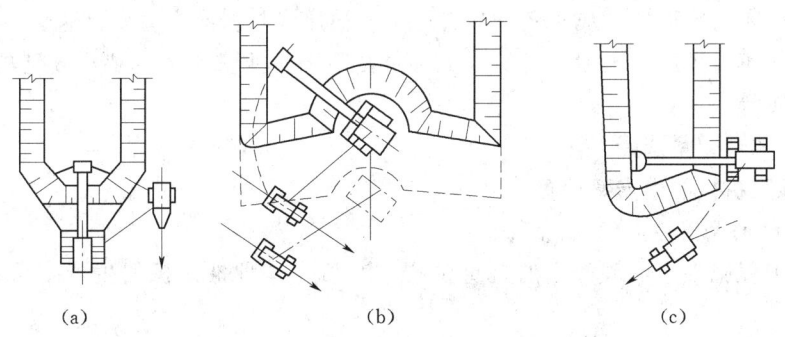

图 2.29　反铲挖掘机的基本作业方式
(a) 沟端开挖法；(b) 沟端分段开挖法；(c) 沟侧开挖法

2.4.1.5　压实机械

压实机械是一种利用机械自身重量、振动和冲击（夯击）的方法，对被压实材料重复加载，排除其内部的空气和水分，使之达到一定密实度和平整度的作业机械。公路工程中所用的压实机械种类较多，不同的压实机械，其压实功能和适用范围也不相同。按压实原理分，常用的压实机械有静力式压实机械、振动式压实机械和夯实式压实机械三种。压实机械的分类和型号见表 2.11。

表 2.11 压实机械的分类和型号

类别	种别	型式	代号
压实机械	光轮压路机	拖式	Y
		两轮自行式	Y 2YY
		三轮自行式	3Y 3YY
	羊角压路机	拖式	YJT
		自行式	YJ
	轮胎压路机	拖式	YLT
		自行式	YL
	振动压路机	拖式	YZT YZZ
		自行式	YZ
		手扶式	YZB YZJ YZF YZS
	振动夯实机	振动式	HZ HZR
	夯实机	蛙式	HW
		爆炸式	HB
		多头式	HD

(1) 静力式压实机械。静力式压实机械是利用机械自身重力产生的静滚压力作用，迫使被压实材料产生永久变形而达到压实的目的。随着碾压次数的增多，土料的密实度增加。静力式压实机械由于受机械自重的限制，其压实深度和密实度受到一定的限制。其作用的特点是循环延续时间长，材料应力状态的变化速度不大，但应力较大。适用于土方、砾石、碎石和沥青混凝土路面的压实。

(2) 振动式压实机械。振动式压实机械是利用固定在滚轮上的振动器所产生的激振力，迫使被压实材料作垂直强迫振动，急剧减少土壤颗粒间的内摩擦力，使颗粒靠近，密实度增加，从而达到压实的目的。其特点是表面应力不大，过程时间短，加载频率大，同时还可以根据不同的铺筑材料和铺层厚度，合理选择振动频率和振幅，以提高压实效果，减少碾压遍数。适用于黏性小的砂土、土石填方、沥青混合料和水泥混凝土混合料等的压实。

(3) 夯实式压实机械。夯实式压实机械是利用具有一定质量的物体，从一定高度落下，冲击被压实材料而使之被压实。其特点是使被压实材料的应力变化速度很大。特别适用于对黏性土壤、砂质黏土和灰土的压实。主要用于作业量不大及狭小场地的压实作业，如路肩的压实等。

2.4.2 生产率及配套选择

2.4.2.1 施工机械的生产率计算

1. 推土机的生产率

在道路工程施工中，最常用的是直铲式推土机，这种推土机的生产率可由式（2.2）计算：

$$Q = 60qK_B K_Y / T \tag{2.2}$$

$$q = bh^2 K / 2\tan\varphi \tag{2.3}$$

$$T = L_1/v_1 + L_2/v_2 + (L_1+L_2)/v_3 + t_0 + t_1 \tag{2.4}$$

式中 Q——直铲式推土机作业生产率，m^3/h；

q——推土机一次推移土料的近似体积，可由式（2.3）计算；

K_B——时间利用系数，一般为 0.80～0.85；

K_Y——坡度影响系数，平地时为 1.0；上坡坡度为 5%～10%时，为 0.50～0.70；下坡坡度为 5%～15%时，为 1.3～2.3；

T——每完成一个工作循环所需要的时间，min，可按式（2.4）计算；

b——推土机推土板的宽度，m；

h——推土机推土板的高度，m；

K——推土板中土的充满系数，见表 2.12；

φ——铲土刀前土壤的自然角度，（°）；

L_1——推土机铲土的运距，一般为 6～10m；

v_1——推土机铲土时行驶速度，m/min；

L_2——推土机运送土料的运距，m；

v_2——推土机运土时行驶速度，m/min；

v_3——推土机空驶时行驶速度，m/min；

t_0——换挡所需时间，min；

t_1——放铲刀所需时间，min。

表 2.12　　　　　　　　　推土机推土板中土的充满系数

难易程度	推 土 作 业 标 准	K 值
容易	对于完全松散（软）的土壤，如低含水率不密实的砂性土、一般土壤，推土机推土板一下子就可以装满	0.9～1.1
普通	松散土壤如含有砾石的砂、细碎的岩石，推土机推土板装不满	0.7～0.9
较难	高含水率的黏性土，含有大卵石的砂，干燥而坚硬的黏土，自然地面	0.6～0.7
很难	爆破的岩石或大块石料	0.4～0.6

2. 铲运机的生产率

铲运机的生产率可由式（2.5）计算：

$$Q = 60VK_hK_b/TK_s \tag{2.5}$$

式中　Q——铲运机的生产率，m³/h；

V——铲运机铲斗的几何容量，m³；

K_h——铲斗的充满系数，见表 2.13；

K_b——时间利用系数，一般取 0.75～0.80；

T——每一个工作循环所用时间，min，可由公式（2.6）计算；

K_s——土壤的松散系数，见表 2.14。

$$T = L_1/V_1 + L_2/V_2 + L_3/V_3 + L_4/V_4 + t_1 + t_2 \tag{2.6}$$

式中　L_1、L_2、L_3、L_4——铲土、运土、卸土和回驶的距离，m；

V_1、V_2、V_3、V_4——铲土、运土、卸土和回驶的速度，m/min；

t_1——铲运机换挡所需时间，min；

t_2——铲运机转向的时间，min。

表 2.13　　　　　　　　　铲运机铲斗的充满系数 K_h

土 壤 类 别	K_h	土 壤 类 别	K_h
干砂	0.6～0.7	砂土与黏性土（含水量为 4%～6%）	0.6～0.7
湿砂（含水量为 12%～15%）	0.7～0.9	干黏土	0.7～0.9

表 2.14　　　　　　　　　土壤的松散系数 K_s

土壤种类和等级		K_s		土壤种类和等级		K_s	
		标准值	平均值			标准值	平均值
Ⅰ	植物性以外的土	1.08～1.17	1.10	Ⅳ	砂砾质土	1.24～1.30	1.25
Ⅱ	植物土、泥炭黑土	1.20～1.30	1.25	Ⅴ	除软石灰石外	1.26～1.32	1.30
Ⅲ	砂黏土、黏土	1.14～1.28	1.20	Ⅵ	软石灰石	1.33～1.37	1.35

3. 平地机的生产率

平地机的生产率，根据施工对象不同，计算方法也不同。在修整路形时，按单位时间完成的工程量计算；在平整场地时，按单位时间完成的面积计算。

(1) 平地机修整路形时的生产率：

$$Q = 1000LAK_b/[2L/(n_1/v_1 + n_2/v_2 + n_3/v_3) + 2t_1(n_1 + n_2 + n_3)] \tag{2.7}$$

式中　　Q——平地机修整路形的生产率，m^3/h；

　　　　L——修整路形的路段长度，km；

　　　　A——两侧取土坑的断面面积，m^2；

　　　　K_b——时间利用系数，一般取 0.85～0.90；

　　　　t_1——平地机每次调头所用时间，min；

n_1、n_2、n_3——平地机铲土、运土和整平的行程数；

v_1、v_2、v_3——平地机铲土、运土和整平三个过程的速度，km/h。

(2) 平地机平整场地时的生产率：

$$Q = 60L(l\sin\alpha - 0.5)K_b/n(L/v + t_1) \tag{2.8}$$

式中　Q——平地机平整场地时的生产率，m^2/h；

　　　L——平整路段长度，m；

　　　l——平地机刮刀的宽度，m；

　　　α——平地机的平面角，(°)；

　　　K_b——时间利用系数，一般取 0.85～0.95；

　　　n——平整好一路段所需要的行程数；

　　　v——平整时的行驶速度，m/h；

　　　t_1——平地机调头的时间。

4. 挖掘机的生产率

$$Q = qnK_HK_b/K_s \tag{2.9}$$

式中　Q——挖掘机的生产率，m^3/h；

　　　q——挖掘机铲斗的额定容量，m^3；

　　　n——挖掘机每小时循环挖土的次数，可参考表 2.15；

　　　K_H——挖掘机铲斗充满系数，见表 2.16；

　　　K_b——时间利用系数，见表 2.17；

　　　K_s——土壤的松散系数，见表 2.18。

2.4 施工机械的选择与配套

表 2.15　单斗挖掘机每小时循环挖土的次数 n

铲斗类型	斗容量（m³）				铲斗类型	斗容量（m³）			
	0.25	0.5	1.0	2.0		0.25	0.5	1.0	2.0
正铲	215	200	180	160	拉铲	175	155	145	125
反铲	175	155	145	—	抓铲	160	150	135	—

表 2.16　挖掘机铲斗充满系数 K_H

铲斗类型	轻质松软土（Ⅰ）	轻质软黏土（Ⅱ）	普通土（Ⅲ）	重质土（Ⅳ）	爆破岩石（Ⅴ、Ⅵ）
正铲	1.0~1.2	1.15~1.4	0.75~0.95	0.55~0.7	0.3~0.5
拉铲	1.0~1.15	1.2~1.4	0.8~0.9	0.5~0.65	0.3~0.5
抓铲	0.8~1.0	0.9~1.1	0.5~0.7	0.4~0.45	0.2~0.2

表 2.17　时间利用系数 K_b

施工条件	工程管理水平				施工条件	工程管理水平			
	优	良	一般	较差		优	良	一般	较差
优	0.84	0.81	0.76	0.70	一般	0.72	0.69	0.65	0.60
良	0.78	0.75	0.71	0.65	较差	0.63	0.61	0.57	0.52

表 2.18　土壤的松散系数 K_s

铲斗容量（m³）	轻质松软土（Ⅰ）	轻质软黏土（Ⅱ）	普通土（Ⅲ）	重质土（Ⅳ）	爆破好的岩石（Ⅴ）	爆破不好的岩石（Ⅵ）
0.25~0.75	1.12	1.22	1.27	1.56	1.46	1.50
1.00~2.00	1.10	1.20	1.25	1.32	1.44	1.48
3.00~15.00	1.08	1.17	1.22	1.28	1.41	1.45

2.4.2.2　施工机械的配套选择原则

公路工程施工机械的种类、型号、规格很多，各自又有独特的技术性能和适宜的作业范围。为了保证公路建设的施工质量，保障施工的连续性，按时完成施工任务，获得最佳的技术经济效益和社会效益，根据公路建设项目要求和具体施工条件，对公路工程施工机械进行合理选择和组合，使其发挥最大效能是公路工程采用机械化施工时必须首先妥善处理的重要问题。

1. 合理选择施工机械的主要依据

合理选择施工机械的主要依据是公路建设项目的工程量和施工进度。一般情况下，为了保证公路工程的施工质量、施工进度和提高技术经济效益，公路建设项目工程量大时应采用大型机械和先进设备，而工程量小时则应采用中小型机械和现有设备。但这不是绝对的，因为影响公路建设机械化施工的因素是多方面的。例如，某大型公路建设项目由于受道路、桥梁等条件的限制，大型施工机械不能通过，若为了解决运输问题而另修道路，显然因耗资很大而不经济，因此使用中小型施工机械则较为合理。

2. 合理选择施工机械的一般原则

公路建设采用机械化施工，目的是为了优质、高效、安全、低耗地完成工程建设任务，在提高劳动生产率的同时减轻施工人员的劳动强度，这是公路建设机械化施工应遵循的基本原则。因此，在公路建设采用机械化施工时，选择施工机械应遵循以下原则：

(1) 适应性。施工机械与公路建设项目的具体实际相适应，即施工机械要适应公路建设项目的施工条件和作业内容。例如，路基工程的施工范围广、施工条件变化大，选用的施工机械一方面应适应公路工程所在地的气候、地形、土质、场地大小、运输距离、施工断面形状与尺寸、工程质量要求等；另一方面施工机械的工作容量、生产率等要与公路工程进度及工程量相符合，尽量避免因施工机械的作业能力不足而延误工期，或因作业能力过大而使施工机械利用率降低。在条件许可的情况下，尽量选择最适合公路建设项目内容的施工机械。

(2) 先进性。先进的公路工程施工机械具有高效低耗、性能优越稳定、工作安全可靠、施工质量优良等优点，更能保质保量地完成公路工程施工任务。此外，采用先进的施工机械，由于其性能优异、安全可靠、故障率低，可以取得较好的技术经济效益。

(3) 经济性。公路工程施工机械经济性选择的基础是施工单价，它主要与施工机械的固定资产消耗及运行费用等因素有关。采用先进的大型的施工机械进行公路工程施工，虽然一次性投资较大，但它可以分摊到较大的工程量当中，对公路建设项目的成本影响较小。因此在选择公路工程施工机械时，必须权衡工程量与机械费用的关系。

(4) 安全性。在选择合适的施工机械、保证公路建设项目工程质量和施工进度的同时，应充分考虑施工机械的安全可靠性，如行驶稳定、有翻车或落体保护装置等。此外，在保证施工人员、设备安全的同时，应注意保护自然环境及已有的建筑设施，不致因所采用的施工机械及其作业而受到破坏。

(5) 通用性和专用性。选择合适的施工机械时应充分考虑施工机械的通用性和专用性。通用施工机械可以一机多用，用一种机械代替一系列机械，简化工序，减少作业场地，扩大机械使用范围，提高机械利用率，方便管理和修理。专用施工机械生产率高、作业质量好，因此某些作业量较大或有特殊施工要求的公路建设项目，选择专用性强的施工机械较为合理。

3. 公路工程施工机械的合理配套组合

施工机械合理配套组合也是公路建设中选择施工机械时应遵循的原则之一。施工机械的合理组合分为技术性能组合和类型、数量组合。

(1) 施工机械技术性能的合理组合。施工机械技术性能配套组合包括以下四个方面：

1) 流水施工各关键工序中施工机械的配套组合。流水施工的关键是保证各流水段之间施工节拍相等，这就要求各流水段施工所配备施工机械的数量、生产率和劳动强度必须满足要求。

2) 主要机械与配套机械的组合。配套机械的工作容量、生产率和数量应稍大一点，以便充分发挥主要机械的作业效率。例如，自卸运输车的车厢容积应是挖掘机铲斗工作容量的 3~5 倍，但不要大于 7~8 倍。

3) 主要机械与辅助机械的组合。辅助机械的生产率应略大一些，以便充分发挥主要机械的生产率。

4) 牵引车与其他机具的组合。两者要互相适应，不能出现"大马拉小车或小马拉大车"现象，以便获得最佳的"联合作业"效益。

(2) 施工机械类型与其数量的合理配套组合。

2.4 施工机械的选择与配套

1)施工机械类型及数量宜少不宜多。根据公路建设项目的作业内容,尽可能地选用大工作容量、高作业效率的相同类型的施工机械。一般来说,组合的施工机械台数适当减少,有利于提高协同作业的效率。施工机械品种、规格单一时,便于施工过程中的调度、管理和维护。

2)并列组合。只依靠一套施工机械组合作业,当主要施工机械发生故障时,就会造成公路建设项目全线停工。若选用两套或多套施工机械并列作业,则可避免或减少全线停工现象的发生。

4. 土方施工机械的选择条件

按施工条件进行土方施工机械选择时可参考表2.19。

表 2.19　　　　　　　　土方施工机械的选择条件

路基形式及施工方法	填挖高度(m)	土方移运水平直距(m)	主要施工机械名称	辅助机械	机械施工运距(m)	最小工作段长度(m)
一、路堤						
路侧取土	<0.75	<15	自动平地机		—	300~500
路侧取土	<3.00	<40	58.9kW 推土机		—	—
路侧取土	<3.00	<60	73.6~103kW 推土机		10~60	—
路侧取土	≥6.00	20~100	6m³ 拖式铲运机		80~250	50~80
路侧取土	≥6.00	50~200	6m³ 拖式铲运机	58.9kW 推土机	250~500	80~100
远运取土	不限	<500	6m³ 拖式铲运机		<700	>50~80
远运取土	不限	500~700	9~12m³ 拖式铲运机		<1000	>50~80
远运取土	不限	>500	9m³ 拖式铲运机		>500	>50~80
远运取土	不限	>500	自卸汽车		>500	(5000m³)
二、路堑						
路侧弃土	<0.6	<15	自动平地机			300~500
路侧弃土	<3.00	<40	58.9kW 推土机		10~40	—
路侧下坡弃土	<4.00	<70	73.6~103kW 推土机		10~70	—
路侧弃土	<6.00	30~100	6m³ 拖式铲运机		100~300	50~80
路侧弃土	<15.0	50~200	6m³ 拖式铲运机		300~600	>100
路侧弃土	<15.0	>100	9~12m³ 拖式铲运机		<1000	>200
纵向利用	不限	20~70	58.9kW 推土机	58.9kW 推土机	20~70	—
纵向利用	不限	<100	73.6~103kW 推土机		<100	—
纵向利用	不限	40~600	6m³ 拖式铲运机		80~700	>100
纵向利用	不限	<80	9~12m³ 拖式铲运机		<1000	>100
纵向利用	不限	>500	9~12m³ 拖式铲运机		>500	>100
纵向利用	不限	>500	自卸汽车		>500	(5000m³)
三、半挖半填路基						
横向利用	不限	<60	73.6~103kW 推土机		10~60	—

注　本表适用于Ⅰ、Ⅱ类土,如土质坚硬应先用推土机翻松。

机械化施工是公路工程施工现代化的重要标志,其主要优点是施工效率高、进度快、施工质量容易保障。因此,我们应不断提高机械化程度和施工管理水平,根据工程实际情况合理选用各种机械,并用先进、科学的管理方法将各种机械有效的组织起来,优化施工组织设计,充分发挥各施工机械的生产效能。

思 考 题

2.1 何为软土?有哪些类型?软土地基会带来哪些工程问题?

2.2 关于软土地基处理的一般规定有哪些?

2.3 说明排水固结法、复合地基法、动力加密法等的地基加固原理,试比较它们之间的差别。

2.4 试述换土垫层法的施工工艺及其要求。

2.5 路堤填筑对填料和基底处理有哪些要求?

2.6 路堤填筑的方法有哪些?各适用于哪些情况?

2.7 说明路堤填筑的要求和规定有哪些方面?

2.8 影响压实效果的因素有哪些?

2.9 说明土质路堤压实的施工要点。

2.10 说明土质路堤、填石路堤和土石混填路堤压实质量控制的方法。

2.11 土质路堤质量控制的实测指标有哪些?

2.12 常用的土石方工程机械有哪些种类?各自的适用条件如何?

2.13 说明施工机械选择和配套的一般原则。

第 3 章 路 堑 开 挖

教学要求：本章主要讲述了土石方路堑开挖的有关注意事项、施工方法以及土质、石质路堑开挖的施工技术要求。掌握土石方路堑开挖的施工方法及适用条件，理解土石方路堑开挖的施工技术要求、石质路堑爆破设计参数、常用爆破方法和适用条件、爆破作业施工程序，了解爆破药品的管理要求。

3.1 路堑开挖的注意事项

3.1.1 土质路堑开挖应注意的问题

1. 土方开挖要求

土方开挖施工中应注意下列各点。

（1）路基开挖前应对沿线土质进行检测试验。对适用于种植草皮和其他用途的表土应储存于指定地点；对于开挖出的适用材料，应用于路基填筑，以减少挖方弃土和弃土堆面积，也可以减少填方借土和取土坑面积。但各类材料不应混杂，混杂材料均匀性较差，难以保证路基的压实质量。对不适用的材料可以作弃土处理。

（2）土质路堑地段的边坡稳定极为重要。开挖时，不论开挖工程量和开挖深度大小，均应自上而下进行，不得乱挖超挖。一方面，要注意施工方法，如果采用不加控制的爆破法施工，容易造成路堑边坡失去稳定性易于坍方；掏洞取土易造成土坍塌伤人，因而严禁掏洞取土。在不影响边坡稳定的情况下采用爆破施工时，也应经过设计审批。另一方面，要注意施工顺序，防止因开挖顺序不当而引起边坡失稳崩塌。通常应按原有自然坡面自上而下挖至坡脚，不可逆顺序施工；否则极易引起滑坡体滑坍。

（3）施工中，如遇土质变化需修改施工方案时，应该及时报批；如因冬季或雨季影响，使得挖出的土方不能及时用于填筑路堤时，应按路基季节性施工的有关方法进行处理；如路堑路床的表土层下为有机土、难以晾干压实的土、CBR 值小于稳定要求的土或不宜做路床的土，均应清除换填，必要时还应设置渗沟，以保证满足路基深度的要求。如果遇到特殊土质（盐渍土、黄土、膨胀土等）以及易于坍塌的土时，应按特殊土的有关要求进行施工。

（4）挖方路基施工标高应考虑压实的下沉值。绝对不能将路基的施工标高与路基的设计标高（路线纵断面图上设计标高）混淆，造成超挖或少挖，产生浪费或返工。

2. 排水设施的开挖

水是造成路堑各种病害的主要原因，所以在路堑开挖前应做好截水沟，并根据土质情况做好防渗工作。施工期间应修建临时排水设施，临时排水设施应与水文性排水设施相结合，水流不得排入农田、耕地、污染自然水源，也不得引起淤积或冲刷。

对排水沟渠的具体要求如下。

（1）排水沟渠的具体位置、横断面尺寸应符合设计图纸的规定。截水沟不应在地面坑洼处通过，必须通过时，应按路堤填筑要求将坑洼处填平压实，然后开挖，并防止不均匀沉陷和变形。

（2）平曲线外边沟沟底纵坡，应与曲线前后的沟底相衔接。曲线内侧不得有积水或外溢现象发生。

（3）路堑和路堤交接处的边沟应缓缓引向路堤两侧的天然沟或排水沟，不得冲刷路基，路基坡脚附近不得积水。

（4）排水沟渠应从下游出口向上游开挖。同时，应保证排水设施沟基稳固，严禁将排水沟挖筑在未加处理的弃土上；沟形整齐，沟坡、沟底平顺，沟内无弃土杂物；沟水排泄不得对路基产生危害；截水沟的弃土应用于路堑与截水沟间筑土台，并分层压（夯）实，台顶设 2% 倾向截水沟的横坡，土台边缘坡脚距路堑顶的距离不应小于设计规定。

3. 边坡开挖

路堑挖土边坡施工的基本要求与填土边坡基本类似，除了边坡坡度符合规范外，也应做好放样、布设标准边坡等工作。但是，与填方边坡相比又有自己的一些特点，路堤边坡由于是填土而成，其工作性质差异不大，而路堑边坡由自然状态土、石开挖而形成，随线路经过地带不同而有较大的变化，工程性质有时差别很大，施工作业难易程度也就有了一定的区别。

对于砂类土边坡，施工时，挖出的斜坡应留有足够的余量，然后打桩、定线，进行坡面修整。具体做法是：先用机械开挖，留有 20～30cm 的余量，以后可以人工修整或者采用平地机修整，也可以采用小型反铲挖掘机作业。如果采用挖掘机修整边坡，要求操作人员应有较高的技术水平；否则极容易造成超挖或欠挖现象。

对于砾类土边坡，由于影响砾类土挖方边坡的因素，主要是土体结合的紧密程度，故其强度应结合土壤、地质、水文等条件确定。

砾类土的潮湿程度及边坡高度，对边坡的稳定有较大的影响，一般湿度大、边坡高时，宜采用较缓的边坡；对于密实度较差的土体，应避免深挖；应注意到边坡缓，则受雨水的作用面积增大，故边坡坡度不应过缓。另外，应根据具体情况采取边坡防护和加固措施，切实做好排水工作，以免影响边坡的稳定性。

位于地质不良地段需设置挡土墙等防护设施的路堑边坡，应采用分段挖掘、分段修筑防护设施的方法，以保证边坡的稳定和安全。

4. 弃土处理

在施工过程中，弃土随便乱堆会影响现有公路和施工便道的车辆行驶，堵塞农田水利设施，造成水流污染，淤塞或挤压桥孔或涵管口，增加水流速度，改变水流方向，冲刷河岸，所有这些都是不允许的。所以要求在开挖路堑弃土地段前，提出弃土的施工方案报有关部门批准后实施，方案改变时，应该报批准单位复查。

弃土堆的边坡坡度不应陡于 1：1.5，顶面向外应设不小于 2% 的横坡，其高度不宜大于 3m。路堑旁的弃土堆，其内侧坡脚与路堑顶之间的距离，对于干燥硬土不应小于 3m；对于软湿土，不应小于路堑深度加 5m。在山坡上侧的弃土堆应连续而不中断，并在弃土堆前设截水沟；山坡下侧的弃土堆应每隔 50～100m 设置宽度不小于 1m 的缺口以利于排水，对于弃土堆坡脚应进行防护加固。

此外，岩溶地区的漏斗处大多已成为地面水的排泄通道，暗河口则成为地下水的出口通道，如将弃土弃置在这些地方，会造成地面水和地下水难以排走，形成水灾，影响路基稳定和安全。若在贴近桥墩、台处弃土，将会造成桥墩、台承受偏压，桥墩、台的安全会受到严重影响。所以，应严禁在岩溶漏斗处、暗河口处、贴近桥墩（台）处弃土。

3.1.2 石质路堑开挖应注意的问题

开挖石方应根据岩石的类别、风化程度和节理发育程度等确定开挖方式，对于软石和强风化岩石，能用机械直接开挖的均应采用机械开挖，也可实施人工开挖。凡是不能采用机械或人工直接开挖的石方，可采用爆破法开挖。用爆破法开挖时，应注意以下问题。

1. 爆破区管线调查

需用爆破法开挖的石方地段，如空中有缆线，应查明其平面位置和高度；还应调查地下有无管线，如果有管线，应查明其平面位置和埋设深度；同时应调查开挖边界线外的建筑物结构类型、完好程度、距开挖边界距离，然后制定爆破方案。任何爆破方案的制订，必须确保空中缆线、地下管线和施工区边界外建筑物的安全。爆破方案确定后，进行炮位、炮孔深度和用药量设计，其设计图纸资料应报送有关部门审批。

2. 爆破方法选择

爆破施工对边坡的稳定性影响很大，为了保证边坡的稳定，一般不选用大爆破，而选用中、小爆破。

（1）当石方风化较严重、节理发育或岩层形状对边坡稳定不利时，需用小型排炮微差爆破，小型排炮药室距设计边坡线的水平距离不应小于炮孔间距的1/2。

（2）当岩层走向与路线走向基本一致，倾角大于15°，且倾向公路，或者开挖边界线外有建筑物，施爆可能对建筑物地基造成影响时，应沿开挖边界线设计地面打预裂孔，其孔深与炮孔深度相同，预裂孔内不装炸药和其他爆破材料，孔的距离不大于炮孔纵向间距的1/2。

（3）开挖层靠边坡的两列炮孔，特别是靠顺层边坡的一列炮孔，应采用减弱松动爆破。

（4）开挖边界外若有必须保证安全的重要建筑物，即使采用减弱松动爆破仍无法保证建筑物安全时，可采用人工开凿或静态爆破。

3. 爆破法开挖程序

石方爆破开挖必须严格按如下程序进行：爆破影响调查与评估→爆破施工组织设计→配备专业施爆人员，培训考核、技术交底→主管部门批准→用机械或人工清除施爆区覆盖层和强风化岩石→炮眼钻孔作业→爆破器材检查与试验→炮孔（或坑道、药室）检查与废渣清除→装药并安装引爆器材→布置安全岗和施爆区安全人员→炮孔堵塞→撤离施爆区和飞石、强地震波影响区内的人、畜等→起爆→清除瞎炮→解除警戒→测定爆破效果（包括飞石、地震波对施爆区内、外构造物造成的损伤及造成的损失）。

4. 施爆及排水

进行爆破作业时，必须由经过专业培训并取得爆破资格证书的专业人员施爆。应注意开挖区的施工排水，在纵向和横向形成坡面开挖面，其坡度应满足排水要求，以确保爆破出的石料不受积水浸泡。

5. 边坡清刷

(1) 石质挖方边坡应顺直、圆滑、大面平整，边坡上不得有松石、危石。突出于设计边坡线的石块，其突出尺寸不应大于 20cm，起爆凹进部分尺寸也不应大于 20cm。对于软质岩石，突出及凹进部分尺寸均不应大于 10cm；否则，应采取清理措施。

(2) 挖方边坡应自开挖面向下分级清刷边坡，下挖 2～3m 时，应对新开挖边坡刷坡。对于软质岩石边坡可用人工或机械清刷，对于坚石和次坚石，可使用炮眼法、裸露药包法爆破清刷边坡，同时清除危石、松石。清刷后的石质路堑边坡不应陡于设计规定。

(3) 石质路堑边坡如因过量超挖而影响上部边坡岩体稳定时，应用浆砌片石补砌超挖的坑槽。如石质路堑边坡为易风化岩石，还应砌筑碎落台。

6. 路床整修

(1) 石质路堑路床底高程应符合设计要求，开挖后的路床基岩标高与设计标高之差应符合规范要求，如过高，应凿平；过低，应用开挖的石屑或者灰土碎石填平并碾压密实。

(2) 石质路堑路床顶面宜使用密集小型排炮施工。炮眼底面标高宜低于设计标高 10～15cm，装药时应在孔底预留 5～10cm 的空眼，装药量按松动爆破计算。

(3) 石质路床超挖大于 100mm 的坑洼有裂隙水时，应采用渗沟连通，渗沟宽度不应小于 100mm，渗沟底略低于坑洼底，坡度不小于 0.6%，使可能的裂隙水或者地表渗水由浅坑洼渗到深坑洼，并与边沟连接。如渗沟底低于边沟底，则应在路肩下设纵向渗沟，沟底应低于深坑洼底至少 100mm，宽度不应小于 800mm；纵向渗沟由填方路段引出。渗沟应填碎石，并与路床同时碾压到规定的密实度。

3.2 路堑开挖方案的选择

路堑开挖施工方案的选择应根据当地的地形条件、工程量大小、施工方法和工期长短进行确定。路堑开挖前，应做好现场伐树除根等清理工作，如果移挖作填时，还需要将表层土壤单独掘弃。

3.2.1 土质路堑开挖方案

土质路堑开挖根据挖方数量大小及施工方法的不同主要有横向全宽挖掘法、纵向挖掘法和混合挖掘法。不论采用何种方法开挖，均应保证施工过程中及竣工后能够顺利排水，随时注意边坡稳定，防止因开挖不当导致塌方；有计划地处理废方，尽可能用于改地造田，保护环境；注意有效扩大工作面，提高生产效率，保证施工安全。

1. 横向全宽挖掘法

(1) 单层横向全宽挖掘法。以路堑整个横断面的宽度和深度，从一端或两端逐渐向纵深挖掘的方式，挖出的土方一般都是向两侧运送，如图 3.1 (a) 所示，此法主要适用于挖掘深度较小且长度较短的路堑。

(2) 多层横向全宽挖掘法。从路堑的一端或两端按横断面分层开挖至路基设计标高，每层都有单独的运土出路和临时排水设施这种方法主要适用于开挖深度较大且长度较短的路堑。土方工程数量较大时，各层应纵向拉开，做到多层、多方向出土，可安排较多的劳

3.2 路堑开挖方案的选择

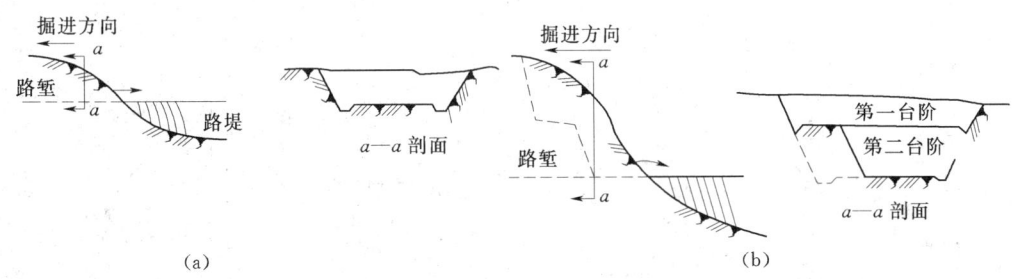

图 3.1 横向全宽挖掘法

动力和施工机械,以加快施工进度。每层挖掘深度应视工作方便和安全而定,一般为 1~2m。如图 3.1 (b) 所示。

2. 纵向挖掘法

(1) 分层纵挖法。沿路堑全宽,以深度不大的纵向分层进行挖掘,如图 3.2 (a) 所示。此法适用于较长的路堑。

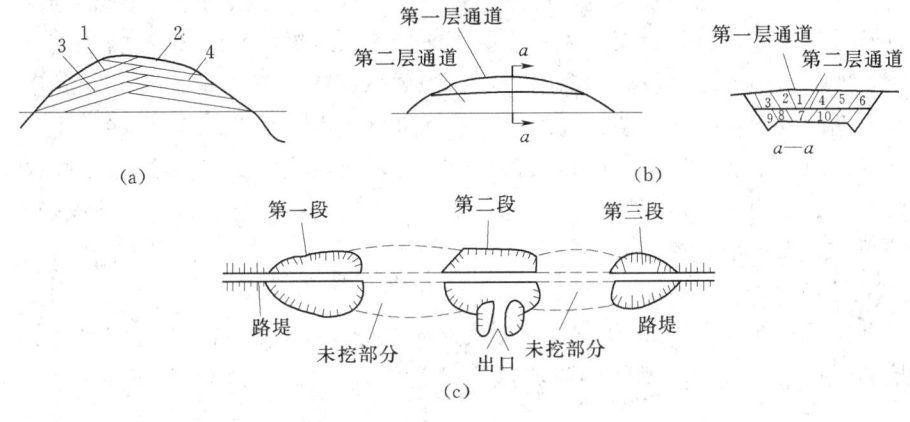

图 3.2 纵向挖掘法
(a) 分层纵挖法;(b) 通道纵挖法;(c) 分段纵挖法
1,2,3,4,5,6,7,8,9,10—开挖顺序

(2) 通道纵挖法。先沿路堑纵向挖掘一通道,然后将通道向两侧拓宽以扩大工作面,并利用此通道作为运土路线及场内排水的出路。如图 3.2 (b) 所示,该层通道拓宽至路堑边坡后,再开挖下层通道,如此向纵深开挖至路基设计标高,这种方法适用于路堑较长、较深、两段路堑纵坡较小的路堑开挖。

(3) 分段纵挖法。沿路堑纵向选择一个或几个适宜处,将较薄一侧堑壁横向挖穿,使路堑分成两段或多段,各段再纵向开挖,如图 3.2 (c) 所示。该法适用于路堑过长、弃土运距过远且一侧堑壁不厚的傍山路堑开挖。

3. 混合式挖掘法

当路线纵向长度和挖掘深度都很大时,为了扩大工作面,可以将多层横挖法和通道纵挖法混合使用,先沿路堑纵向开挖通道,然后沿横向坡面挖掘,以增加开挖坡面,如图 3.3 所示。每一坡面的大小,应能容纳一个施工小组或一台机械作业。

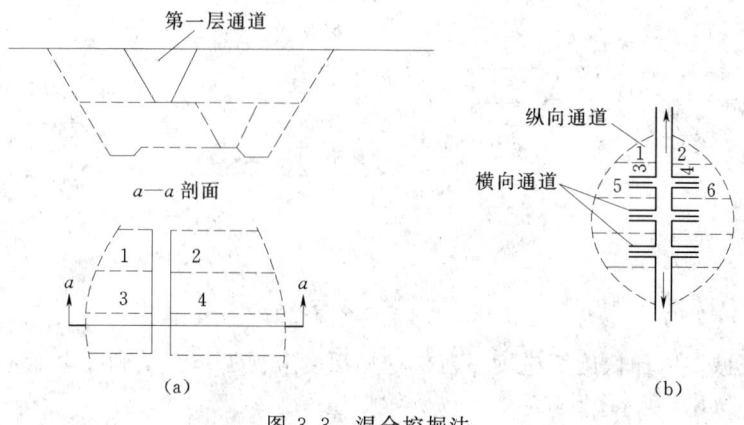

图 3.3 混合挖掘法
1,2,3,4,5,6—开挖顺序

3.2.2 石质路堑开挖方案

较平坦地段的浅路堑（中心高度小于 5m），可不分层开挖；较深路堑应分层开挖（每层高度不应大于 5m）；路堑较长时，可适当开设运碴马口。分层开挖可根据地形和是否利用石方以及选定施工设备等因素，采用逐层顺坡开挖法或纵向台阶开挖法施工。

路堑，尤其是地形起伏较大的深路堑，应当先做好堑顶截水沟、天沟后再开挖路堑。在路堑施工期间及竣工时，注意检查维护，其排水口应引入自然沟或排水建筑。

石方开挖应自上而下进行，严禁掏底开挖，当岩层层理大体与边坡平行时，在岩层的走向、倾角不利于边坡稳定和施工安全之地段，应顺层开挖；当层理与边坡成较大夹角时应采用预裂、光面爆破开挖边坡。

1. 纵向台阶开挖法

路堑开挖平均深度在 10m 以上时，宜从上向下分层依次进行。如图 3.4 所示为路堑分成两层的开挖形式，在路堑两侧边坡都可以进行台阶开挖。特点是工作面多，临空面多，炸出的石碴大多散落在山谷中，较易清除，但工作面狭窄，投入的劳力少，因此进度慢，出碴困难，效率低。如上层的土方数量过大，可沿等高线顺两侧边坡设置开挖工作面，挖除上台阶的土石数量。待上台阶开挖到一定程度，不影响下台阶工作安全时，即可同时进行下台阶的开挖作业，挖除下台阶可挖的石方数量。

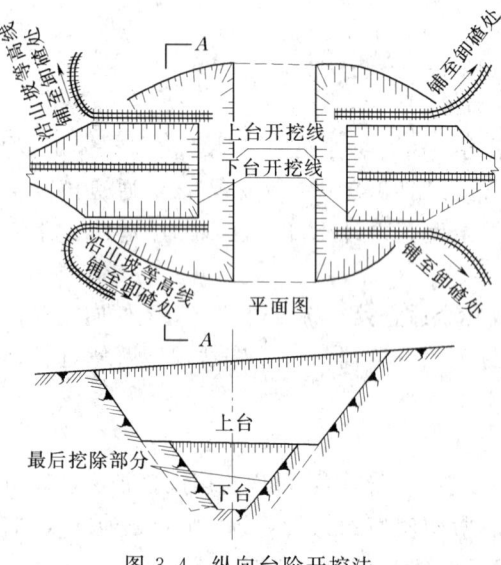

图 3.4 纵向台阶开挖法

2. 纵向分段开挖

路堑过长，运距较远时，采用分层开挖仍不能满足施工期限时，可以采用纵向分段开挖或分层分段相结合的开挖形式。

当傍山路堑一侧堑壁不厚时，可以适当地选择一处或几处将路堑挖穿（俗称马口），把长路堑变成几段进行开挖，增加工作面，如图 3.5 所示。分段开挖的分段长度以不小于 8～10 倍的开挖深度为宜。如果马口开挖数量不大，路堑深度较浅，开挖出碴标高可一次设计在路基标高上；如果马口开挖数量较大，路堑较深，出碴标高分层确定。

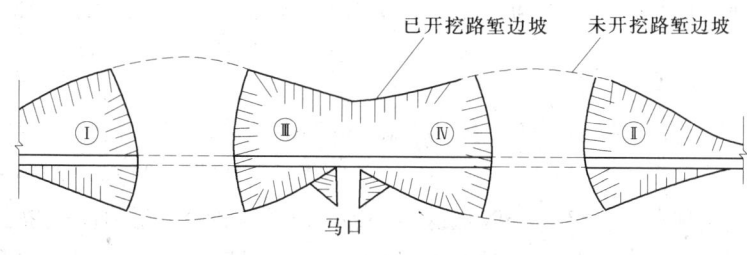

图 3.5 纵向分段开挖

3.3 土质路堑的开挖

路堑开挖是路基施工中工程量最大、最普遍的施工内容，有多种施工机械适宜于使用并能发挥机械的优势。所以，路堑开挖主要采用机械化施工。

3.3.1 土质路堑的横向开挖

土质路堑的横向开挖可采用人工作业，也可以采用机械作业。

用人工按横挖法开挖路堑时，可在不同高度分几个台阶开挖，其深度一般为 1.5～2.0m。无法自两端一次横挖到路基设计标高或分台阶横挖，均应设单独的运土通道及临时排水沟，以免相互干扰，影响工效，造成事故。

用机械按横挖法开挖路堑且弃土（或移挖作填）运距较远时，可以用挖掘机配合自卸车进行。每层台阶高度可增加到 3～4m。其余要求与人工开挖路堑相同。

路堑横挖法也可用推土机进行，若弃土或移挖作填运距超过推土机的经济运距时，可用推土机推土堆积，再用装载机配合自卸车运土。用机械开挖路堑应注意的是，边坡应配合平地机或人工分层修刮平整，以保证边坡的平整与稳定。

3.3.2 土质路堑纵向挖掘

土质路堑纵向挖掘多采用机械化施工。

当采用分层纵挖法挖掘的路堑长度较短（不超过 100m）、地面坡度较陡时，宜采用推土机作业。推土机作业时，每一铲挖掘地段的长度应能满足一次铲切达到满载的要求，一般为 5～10m，铲挖宜在下坡时进行，对于普通土宜为 10%～18%，不得大于 30%；对于松土不宜小于 10%，不得大于 15%；傍山卸土的运行道路应设有向内稍低的横坡，但应同时留有向外排水的通道。

当采用分层纵挖法挖掘的路堑长度较长（超过 100m）时，宜采用铲运机作业，有条件时最好配备一台推土机配合铲运机（或采用铲运推土机）作业。对于拖式铲运或铲运推土机，其铲斗容积为 4～8m³ 的适宜运距为 100～400m，容积为 9～12m³ 的适宜运距为 100～700m。自行式铲运机运距可增加一倍。铲运机的运土道，单道的宽度不应小于 4m，双道的宽度不应小于 8m；其纵坡，重载上坡坡度不宜大于 8%；弯道应尽可能平缓，避免急弯；路基表层应在回驶时刮平，重载弯道处路基应保持平整。铲运机作业面的长度和宽度应能使铲量达到满载。在起伏地形的工地，应充分利用下坡铲装；取土应沿其工作面有计划地均匀进行，不得局部过度取土造成坑洼积水。铲运机卸土场的大小应满足分层铺卸的需要，并留有回转余地。填方卸土应边走边卸，防止成堆，行走路线外侧边缘的距离不小于 20cm。

3.4 石方路堑的开挖

石质路堑是路线通过山区与丘陵地区的一种常见路基形式。由于是开挖建造，结构物整体稳定是路堑设计、施工的中心问题。而地质条件（岩石的性质、地质构造、风化破碎程度及边坡高度等）对路基的稳定有决定性的影响。设计前，应对路线的工程地质条件、岩体特征（结构、产状、破碎程度）及公路等级、边坡高度和施工方法进行综合调查，制定切实可行的设计标准和施工方法。

3.4.1 一般规定

路基边坡的形状一般可以分为直线、折线和台阶形三种。当挖方边坡较高时，可根据不同的土质、岩石性质和稳定要求开挖成折线式或台阶式边坡，边坡外侧应设置碎落台，其宽度不应小于 1.0m；台阶式边坡中部应设置边坡平台，边坡平台的宽度不应小于 2.0m。

边坡坡顶、坡面、坡脚和边坡中部平台应设置地表排水系统，当边坡有积水湿地、地下水渗出和地下水露头时，应根据实际情况设置地下渗沟、边坡渗沟或者仰斜式排水孔，或在上游沿垂直地下水流方向设置拦截地下水的排水隧洞等排导设施。

根据边坡稳定情况和周围环境确定边坡坡面防护形式，边坡防护应采取工程防护与植物防护相结合，稳定性差的边坡应设置综合支挡工程。如果条件许可，应优先采用有利于生态环境保护的防护措施。

3.4.2 工程爆破

爆破石质路堑施工的最有效的施工方法，也可用以爆破松动土，炸除软土、淤泥、扩孔等。山区公路路基石方工程量大，而且相当集中，采用爆破方法施工，不但能大大提高工效、缩短工期、节省劳动力、降低工程成本，而且可以改善线形，提高公路使用质量。

1. 爆破常见参数

(1) 最小抵抗线长度 W。是药包中心至地表的最小距离。

(2) 爆破作用指数 n：

$$n = \frac{r}{W} \tag{3.1}$$

式中 r——爆破漏斗口半径，当地面坡度等于零时，用 r_0 表示。

n 大，则爆破漏斗浅而宽；n 小，则漏斗深而窄。爆破作用指数 n 值是决定破坏范围大小及抛掷距离远近的主要参数，可以根据抛掷率 E 与地面坡角 α 按式（3.2）计算：

$$n = \left(\frac{R}{55} + 0.53\right) \sqrt[3]{f(\alpha)} \tag{3.2}$$

在半路堑抛坍爆破中，$n=1$。

(3) 单位耗药量 K。单位耗药量 K 是在水平边界条件下,形成标准抛掷漏斗时,爆破单位体积介质所需要消耗的炸药用量。它是衡量岩石爆破性能的综合性指标。

(4) 炸药换算系数 e。以标准炸药为准,令其换算系数 $e=1$,若所用炸药不是标准炸药,可按式(3.3)换算:

$$n = \frac{300}{\text{所用炸药的实际爆力}} \quad \text{或} \quad n = \frac{11}{\text{所用炸药的实际猛度}} \tag{3.3}$$

(5) 堵塞系数 d。从导洞到药室的转弯长度小于 1.5m 或堵塞长度小于 1.2m 时,d 在 1.0~1.4 的范围内选用,一般 $d=1$。

(6) 抛掷率 E。抛掷率是指爆破抛出石方体积与爆破漏斗总体积之比。它不但是爆破设计的主要参数,而且也是检查爆破效果的主要指标。抛掷率应根据地形、地质条件,结合工程要求进行确定。

(7) 药包间距。在爆破工程中,为了使爆破能形成所需要的路堑形状,必须采用药包群。如果药包间距太大,爆破后形成一个个互不联系的爆破漏斗,其间残留一部分未爆破的岩埂;药包间距大小,则爆破作用的重复性太大,增加导洞药室开挖工作量,大量浪费炸药,影响边坡稳定性,飞石安全距离也无法保证。因此,必须确定一个合适的药包间距,以保证药包爆破时产生比较理想的相互作用。

(8) 爆破区安全距离。爆破区安全距离是指爆破时的飞石、地震波、空气冲击波可能伤及人、畜、建筑物的距离。在这个距离范围内是危险区,飞石距离、地震安全距离、空气冲击波安全距离的确定可参见相关资料。

2. 常用的爆破方法

岩石路基开挖采用的方法,应根据石方的集中程度、地形、地质条件及路线横断面形状等具体情况而定。一般可分为小炮和大爆破两大类。小炮主要包括裸露药包法、钢钎炮、葫芦炮、猫洞炮等;大爆破则随药包性质、断面形状和地形的变化而不同。用药量在 1000kg 以下为小炮,1000kg 以上为大爆破。常用爆破方法如下:

(1) 裸露药包法。裸露药包法主要用于破碎大孤石或进行大块石的二次爆破。操作时药包最好放置于被炸物体的表面、岩石的凹槽或者缝隙处。也可将药包底部架空成聚能穴,以加强破碎岩石的能力,还可以用厚度大于药包高度的黏土或砂土覆盖,然后进行爆破。但是覆盖物中不得夹杂有石块、砖块等坚硬物块,以防止发生飞石伤害事故。

(2) 钢钎炮(炮眼法)。钢钎炮通常指炮眼直径和深度分别小于 7cm 和 5m 的爆破方法。由于其炮眼直径小,装药量不多,爆破的石方量较少,在工程量分散、石方量较少时(例如整修边坡、开挖边沟、炸除孤石等),仍然是适用的炮型。此外,还常用此法为大爆破创造有利的地形条件。如图 3.6 所示。

通常炮眼深度等于要炸去的台阶高度。可根据岩石的坚硬程度决定炮眼的深度,并按式(3.4)计算:

$$L = CH \tag{3.4}$$

式中 L——炮眼深度,m;

C——系数,坚石为 1.0~1.15,次坚石为 0.85~0.95,软石为 0.7~0.9;

H——爆破岩石的厚度(阶梯高度),m。

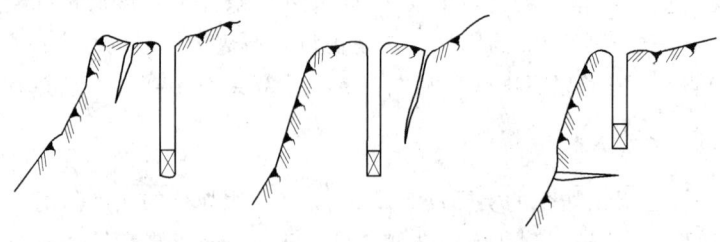

图 3.6　炮眼布置图

用成排炮眼爆破时，同排各炮眼的间距应视岩石的硬度及黏结性参照式（3.5）计算确定：

$$a = bW \tag{3.5}$$

式中　a——炮眼间距，m；
　　　b——系数，采用火花起爆为 1.2～2.0，采用电力起爆 0.8～2.3；
　　　W——最小抵抗线长度，m。

用多排炮眼起爆时，炮眼应按梅花形交错布置，排与排之间的距离约等于同排炮眼之间距离的 0.86 倍。

炮眼的装药深度，一般约为炮眼全长的 1/3～1/2，特殊情况下不得超过 2/3。

（3）药壶炮（葫芦炮）。药壶炮是指在深 1.5～3.0m 以上的炮孔底部用少量炸药经一次或多次爆破（称烘膛或压缩爆破），使炮孔底部扩大成药壶形（葫芦形），最后将炸药集中装入"药壶"进行爆破，如图 3.7 所示。

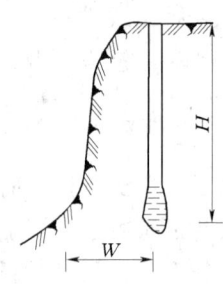

图 3.7　药壶炮

由于炮眼底部容积增大，装药较多，爆破能量集中，从而可提高爆破效果。

此法适用于结构均匀致密的软土、次坚石、坚石。当炮眼深度小于 2.5m，或是节理发育的软石、岩层很薄，渗水或雨季施工时，不宜采用。

选择炮位应与阶梯高度相适应，遇到高阶梯时，宜用分层分排的炮群。炮眼深度一般以 5～7m 为宜。为避免起爆，药壶距边坡应预留一定的间隙。扩大药壶时应不致将附近岩层震垮。药壶法的用药量可由式（3.6）计算确定：

$$Q = KW^3 \tag{3.6}$$

式中　Q——炸药用量，kg；
　　　K——单位岩石的硝铵炸药消耗量，kg/m³，一般采用：软石 0.26～0.28，次坚石 0.28～0.34，坚石 0.34～0.35；
　　　W——最小抵抗线长度，m；一般为阶梯高度的 0.5～0.8 倍。

单排炮群用电雷管起爆时，每排药包间距为 $a=(0.8～1.0)W$；用火雷管起爆时，每排药包间距为 $a=(1.4～2.0)W$。当组织多排炮群时，各排之间的药包间距为 $b=1.5W$。炮眼布置成三角形时，上下层药包间距为 $a=2W_下$（$W_下$ 为下层最小抵抗线长度）。

（4）猫洞炮。猫洞炮是指炮眼直径为 0.2～0.5m，深度为 2～6m，炮眼成水平或略有

3.4 石方路堑的开挖

倾斜,用集中药包进行爆破的方法,如图3.8所示。其特点是充分利用岩体本身的崩坍作用,可用较浅的炮眼爆破较高的岩体。其最佳使用条件是:岩石为Ⅴ~Ⅶ级,阶梯高度至少应大于炮眼深度的两倍,自然地面坡度在70°左右。在有裂缝的软石和坚石中,阶梯高度大于4m,采用此法可获得很好的爆破效果,对独岩包和特大孤石的爆破效果更佳。

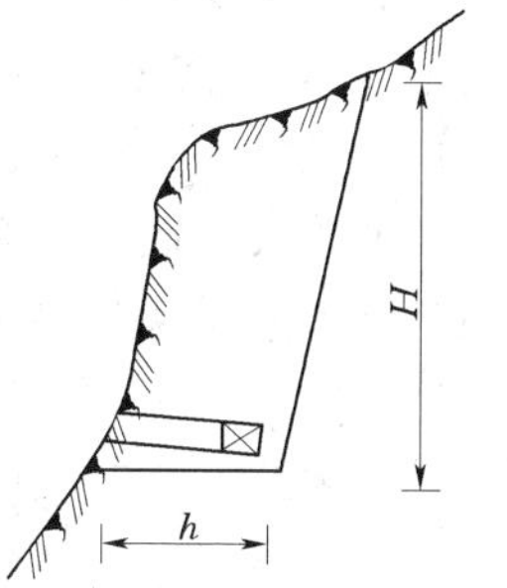

猫洞炮的药量按下述两种情况计算。

当被炸松的岩体能坍滑出路基时:

$$Q = KW^3 f(a)d \tag{3.7}$$

其中

$$f(a) = \frac{26}{a}$$

图3.8 猫洞炮

当被炸松的岩体不坍滑出路基时:

$$Q = 0.35KW^3 d \tag{3.8}$$

式中 K——形成标准抛掷漏斗的单位用药量,kg/m³;
$f(a)$——抛坍系数;
a——地面横坡度;
d——堵塞系数,可近似用 $d=3/h$ 计算,其中 h 为炮眼深度,m。

药包间距 $a=(1.0 \sim 1.2)W$,W 为相邻两药包计算抵抗线长度的平均值。

(5) 微差爆破。微差爆破是指两相邻药包或前后排药包以毫秒的时间间隔(一般为15~75ms)依次起爆,亦称毫秒爆破。多发一次爆破时,最好选用毫秒雷管。其优点是当装药量相等时,可减震1/3~2/3左右;前发药包为后发药包创造了临空面,加强了岩石的破碎效果;降低多排孔一次爆破的堆积高度,有利于挖掘机作业;由于是依次爆破,减少岩石挟制力,可节省炸药20%,并可增大孔距,提高每米钻孔的爆落石方。多排孔微差爆破是浅孔、深孔爆破的发展方向。

(6) 光面爆破和预裂爆破。光面爆破是在开挖限界的周边,适当排列一定间隔的炮孔,在有侧向临空面的情况下,用控制抵抗线和药量的方法进行爆破,使之形成一个光滑平整的边坡。

预裂爆破是在开挖限界处,按适当间隔排列炮孔,在没有侧向临空面和最小抵抗线的情况下,用控制药量的方法预先炸出一条裂缝,使拟爆体与山体分离开,作为隔震、减震带,起到保护开挖限界以外山体或建筑物的作用。

进行光面爆破和预裂爆破时,应严格保持炮孔在同一平面内,炮孔间距和抵抗线长度之比应小于0.8。装药量应控制恰当,并采用合理的药包结构,通常使炮孔直径大于药卷直径1~2倍。或采用间隔药包、间隔钻孔装药。预裂炮的起爆时间在主炮之前,光面炮在主炮之后,其间隔时间可取25~50ms。同一排孔必须同时起爆,最好用传爆线起爆,否则会影响爆破质量。光面爆破和预裂爆破的主要设计参数归纳如下:

光面炮眼间距: $$a_1 = 16d \tag{3.9}$$
预裂炮眼间距: $$a_2 = (8 \sim 12)d \tag{3.10}$$
光面炮眼抵抗线: $$W = 1.33a_1 = 21.5d \tag{3.11}$$

装药密度：
$$q' = 9d^2 \tag{3.12}$$

式中　d——钻孔直径，cm；

　　　q'——每米钻孔装药量，kg/m。

（7）大爆破。大爆破施工是采用导洞和药室装药，用药量在 1000kg 以上的爆破，如图 3.9 所示。采用大爆破施工要慎重，必须在爆破前做好技术设计，爆破后应做好技术总结。

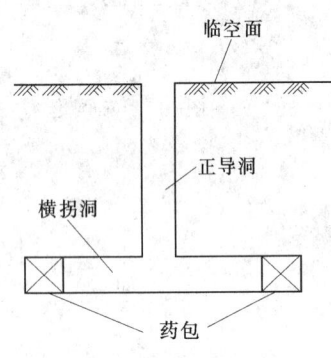

图 3.9　导洞与药室示意图

导洞和药室的开挖约占大爆破施工全部工作时间的 70%。因此，在施工中应该合理组织人力，充分发挥机械生产率，加快施工进度。为使药包集中，药室应做成近似立方体，药室断面应按设计规范开挖。导洞与药室之间以横洞连接，两者保持垂直，药室中心与导洞中心一般不小于 2.5m。

导洞分为竖井和平洞两种，竖井深度不宜大于 16m，如果超过或有地下水时，最好采用平洞，平洞总长度以 30m 为宜。选用竖井或平洞时，还应考虑爆破效果。

大爆破主要用于大量石方比较集中、地势险要或工期紧迫的石方开挖路段。

3. 爆破作业的施工程序

（1）对爆破人员进行技术培训学习和安全教育。

（2）对爆破器材进行检查与检验。

（3）清除岩石表面的覆盖物及松散石层，确定炮型，选择炮位。

（4）钻眼或挖坑道、药室，装药及堵塞。

（5）敷设起爆网络。

（6）设置警戒线。

（7）起爆。

（8）清理现场（处理瞎炮、测定爆破效果）。

3.4.3　爆破作业

1. 炮位选择与钻眼

（1）炮位选择。炮眼位置直接影响着爆破的效果。在选择炮位时，应注意以下事项：

1）必须注意石层、石质、纹理、石穴，应在无裂纹、无水湿处为宜。在铁锤敲击石面发生空响处，应避免打眼。

2）应避免选择在两种岩石硬度相差很大的交界处。

3）炮位选择时，应尽量为下一炮创造更多的临空面。

4）群炮炮眼的间距，应根据地形、岩石类别、炮型及炸药的种类计算确定。

5）炮眼的方向应与岩石侧面平行，并应尽量与岩石走向垂直。一般按岩石外形、纹理、裂隙等实际情况，分别选择正眼、斜眼、平眼和吊眼等方位。

（2）钻眼。钻眼工作分为人工钻眼和机械钻眼两种。人工钻眼操作简便，但是效率低，适用于少量的石方爆破；机械钻眼所需机械设备较多，但是钻眼速度快，工效高，适合大量石方爆破。

人工钻眼使用的工具有钢钎、大锤、注水工具和掏石粉用的小勺。钢钎的长度须较炮眼深度超出 0.5m 为宜，常用直径 22mm 的一字形实心钢钎头，刃口可根据岩石软硬程度做成不同的形状。

机械钻眼的主要设备是凿岩机，有风动式和电动式两种。凿岩机的型号很多，应在施工前根据岩石的类别、钻孔的深度、工作环境与附属设备等实际情况选用。凿岩机的钢钎一般为直径 22～38mm 的中空六角钢，常用碳素工具钢制作，在岩石坚硬时，可用合金工具钢。钎头的形式有一字形（单刃）、十字形和梅花形（星形）等三种。

炮眼打成后，应将炮眼中的石粉、泥浆清理干净。然后用稻草或塞子将孔口塞好，以防止石碴、泥块等杂物落入孔内。

2. 装药、堵塞炮眼与引爆

（1）装药。装药是一项要求细致而危险性很大的工作，应由熟练的炮工担任。装药时，闲杂人员应该撤离危险区。装药与堵塞工作要求连续快速进行，以避免炸药受潮，降低威力。

散装的黑火药，装药时应用木片或竹片（不得使用铁器）将药灌入孔中，现场不得有任何火源。药装好后，将导火索插入药中，用木棍轻轻压实。

黄色炸药可以散装，也可将条状药包直接装入，待药装至一半时，将已插好导火索的雷管放入，再散装另一半药量，最后用木棍轻轻捣实。

（2）堵塞炮眼。炮眼的堵塞材料，一般采用干细砂土、砂、黏土等。最好用一份黏土，三份粗砂，在最佳含水量下混合而成的堵塞料。

在炸药装好后，先用干砂灌入捣实，再用堵塞料堵满炮眼并捣实，在捣实时应注意防止弄断导火索或导爆线，以免影响引爆工作。

在所有炮眼堵塞完毕后，应布置安全警戒，疏散危险区的人员、牲畜，封闭所有与爆破地点相连通的路径，做好点火引爆的准备工作。

（3）点火引爆。火雷管的引爆由指定的点火人员，按规定线路同时点火。点火时应用草绳、香火引燃导火索，防止用明火引爆。

电雷管的引爆用接通电源的方法引爆。

点火引爆后，应仔细记录爆炸的炮数，当爆炸的炮数与装药的炮数相等时，方可解除安全警戒。若炮数不相等时，应在最后一炮响过 30min 后，方可解除警戒。

3. 瞎炮处理

点火后未爆炸的炮称为瞎炮。瞎炮不仅费工费料、影响施工进度，而且给处理工作带来不少困难。在施工中，应注意防止产生瞎炮，一旦出现瞎炮，应立即查明原因，研究采取妥善处理的办法。

产生瞎炮的原因，一般有雷管、导火索受潮失效；导火索与雷管接头脱开；堵塞炮眼时导火索被拉断；炮眼潮湿有水；点火时漏点等。

处理瞎炮时，先找出瞎炮位置，在其附近重新打眼，使瞎炮同新炮一起爆炸。如瞎炮为小炮且为一般炸药时，可用水冲洗处理。

4. 清理碴石

清理碴石可用人工或机械进行，应严格按照操作规程的要求进行，以避免炸松的山石坍塌，造成伤人毁物事件。

炸落的岩石体积过大时，可采用二次爆破进行处理，以便于清理、运输工作的进行。

3.4.4 爆炸药品的管理

爆破施工中为了确保安全，除了遵守有关规定外，对于工地的爆炸物品要妥善保管，其管理要点如下：

(1) 所有爆破器材、雷管、炸药应分别存放在指定地点，相距不得小于1km，距离施工现场不得小于3km，并不得漏天存放，决不允许个人保存。

(2) 存放地点应有牢靠的固定仓库，仓库内通风良好，库址四角应有正式的避雷设施，库址周围应有牢靠的围墙和门扉，并设有排水沟道以保证仓库干燥。

(3) 仓库应有警卫人员日夜负责看守，并设有良好的消防设施。

(4) 存放炸药、雷管的仓库周围500m半径内，不得安装有发电机、变压器、高压线和各类发电、导电、明火操作的电焊机、瓦斯机等机械。

(5) 爆破器材应安排专人负责入库、发出，炸药、雷管的领用制度要严格、健全，库房内只允许使用绝缘手电。

(6) 在雷雨、浓雾和黑夜等特殊天气时，不得办理爆炸物品的收领工作。

思 考 题

3.1 土质路堑开挖应注意哪些问题？

3.2 土质路堑开挖的方法有哪些？各适用于什么情况？并绘图加以说明。

3.3 爆破常用设计参数怎样选用？

3.4 常用爆破方法有哪几种？各适用于什么情况？

3.5 爆破作业应遵循哪些施工程序？各程序应注意哪些问题？

3.6 石质路堑开挖方法有哪些？开挖时应注意哪些问题？

第4章 路基施工质量控制

教学要求：本章结合现行公路规范、标准，主要讲述了土质路基、填石路基和土石混填路基的压实，以及路基施工各项技术指标的质量检验控制方法。通过本章学习，掌握路基压实度、弯沉值、施工参数和沉降差的质量控制方法，以及土质路基分项工程质量等级的评定方法；熟悉重型击实标准，以及路基质量检验内容、项目和检查方法、手段；了解路基均匀性控制技术方法。

4.1 土质路基的压实质量控制

4.1.1 土质路基压实标准
4.1.1.1 土基压实控制指标——压实度

提高路基的密实度，可以增加土基的强度和稳定性，降低土体的压缩性、透水性和膨胀性，控制水分积聚和侵蚀引起的病害。因此对路基提出一定的密实度要求。

所谓土的密实度是指土颗粒排列的紧密程度，其实质是土壤颗粒体积占土体总体积的百分比。通常，路基施工中土的密实度可用它的干密度 ρ_d（g/cm³）来表示：

$$\rho_d = \rho_w /(1 + 0.01\omega) \tag{4.1}$$

式中　ρ_d——土样的实测干密度，g/cm³；
　　　ρ_w——土样的实测湿密度，g/cm³；
　　　ω——土样的含水量，%。

由于不同土的土颗粒密度和颗粒组成往往相差较大，而且土在最佳含水量时达到最大干密度取决于土的类型、性质和压实方式功能，因此土的干密度难以表征不同情况下的土的密实程度。我国目前用压实度来表征土基压实的程度，作为控制土基压实的标准。

所谓土基压实度即土的工地实际压实后测定的干密度 ρ_d 与室内标准击实试验所测得的最大干密度 ρ_c 之比，即

$$K = \rho_d /\rho_c \times 100 \tag{4.2}$$

式中　K——土的压实度，%；
　　　ρ_c——由击实试验得到土的最大干密度，g/cm³。

4.1.1.2 土的击实试验方法
1. 击实标准

土的最大干密度是按照规定的方法对要压实的土选取代表性的试样，在室内进行击实试验而确定的。

按照 JTG E40—2007《公路土工试验规程》的规定，室内标准击实试验分轻型击实和重型击实两种类型，每种类型又分为大试筒和小试筒。小试筒适用粒径不大于 20mm 的土，大试筒适用于粒径不大于 40mm 的土。轻、重型试验方法和设备的主要参数应符合

表 4.1 的规定。

表 4.1　　　　　　　　　　　击实试验方法种类

试验方法	类别	锤底直径 (cm)	锤质量 (kg)	落高 (cm)	试筒尺寸			层数	每层击数	击实功 (kJ/m³)	最大粒径 (mm)
					内径 (cm)	高 (cm)	容积 (cm³)				
轻型 Ⅰ型	Ⅰ.1	5	2.5	30	10	12.7	997	3	27	598.2	20
	Ⅰ.2	5	2.5	30	15.2	12	2177	3	59	598.2	40
重型 Ⅱ型	Ⅱ.1	5	4.5	45	10	12.7	997	5	27	2687.0	20
	Ⅱ.2	5	4.5	45	15.2	12	2177	3	98	2677.2	40

重型击实法的击实功是轻型击实法的 4.5 倍，因此重型击实法测得的最大干密度比轻型击实法高约 5%～14%，最佳含水量降低约 1%～9%。

随着我国交通事业的发展和车辆荷载不断加重，JTG F80/1—2004《公路工程质量检验评定标准》和 JTG F10—2006《公路路基施工技术规范》对于土质路基压实规定用重型击实标准，其试验方法和设备的主要参数按照表 4.1 中的重型Ⅱ型。

2. 击实试验方法

土的最大干密度是控制压实度的关键，必须严格把握击实试验过程，要求具有足够的精度。因此，标准密度应作平行试验，求其平均值作为现场检验的标准值。对于均匀性差的路基土质和路面结构层材料，应根据实际情况增补标准密度试验，求得相应的标准值，以控制和检验施工质量。

击实试验方法主要包括试样准备、试件击实成型、脱模、测试含水量、测试土样湿密度、计算试件干密度、绘制含水量—干密度曲线和结果分析校正等试验过程，其内容要点如下：

(1) 选取试样应具有代表性，至少应取一组。干土法（土不重复使用）按四分法至少准备 5 个试样，分别加入不同水分（按 2%～3% 含水量递增），拌匀后焖料一夜备用。湿土法（土不重复使用），对于高含水量土，保持天然含水量的第一个土样，可立即用于击实试验，其余几个试样，将土分成小土块，分别风干，使含水量按 2%～3% 递减。然后击实成型试件。

(2) 测定成型试件含水量、湿质量，并按式 (4.1) 计算击实后各点的干密度。

(3) 以干密度为纵坐标，含水量为横坐标，绘制干密度与含水量的关系曲线，曲线上峰值点的纵、横坐标分别为最大干密度和最佳含水量，如曲线不能绘出明显的峰值点，应进行补点或重做。

(4) 计算空气体积等于零的等值线，并将这根线绘在含水量与干密度的关系图上，以便比较。空气体积等于零的试样的最大干密度 ρ_d 计算如下：

$$\rho_d = (1 - 0.01 V_a)/(1/G_s + \omega/100) \tag{4.3}$$

式中　V_a——空气体积，%；

　　　G_s——试样比重，对于粗粒土，则为土中粗细颗粒的混合比重；

　　　ω——试样的含水量，%。

通过试验确定土试样的最佳含水量和最大干密度,如图4.1所示。

(5) 当试样中有大于40mm颗粒时,应先取出大于40mm颗粒,并求得其百分率P,把小于40mm部分作击实试验(适用于大于40mm颗粒的含量小于30%时),分别对试验所得的最大干密度和最佳含水量进行校正,最终确定标准干密度。

土的击实标准和击实试验方法参见JTG E40—2007《公路土工试验规程》,土基各压实层次的压实度的标准参见4.3节的规定。

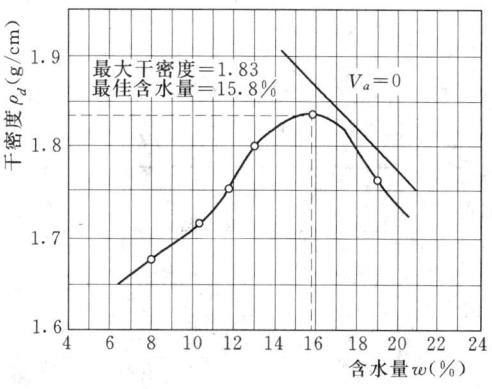

图4.1 含水量与干密度关系曲线

4.1.2 土基压实度的检验和评定

4.1.2.1 压实度的检验

1. 压实度检验方法

根据公路现行施工规范,压实度检测可采用灌砂法、灌水(水袋)法、环刀法、核子密度仪法等。细粒土现场压实度检查可以采用灌砂法或环刀法;粗粒土压实度检查可以采用灌砂法、水袋法。应用核子密度仪时,须经对比试验检验,确认其可靠性。

用灌砂法、灌水(水袋)法检测压实度时,取土样的底面位置为每一压实层底部;用环刀法试验时,环刀中部处于压实层厚的1/2深度;用核子类型,按说明书要求办理。

2. 压实度检测频率

施工过程中,每一压实层均应检验压实度,检测频率为每$1000m^2$至少检验2点,不足$1000m^2$时检验2点,必要时可根据需要增加检验点。

4.1.2.2 土基路基压实度评定方法

土质路基压实度以重型击实标准为准,评定路段内的压实度平均值下置信界限不得小于规定标准。对于特殊干旱、潮湿地区或过湿土,以路基设计施工规范规定的压实度标准进行评定。单个测定值不得小于极值(表列规定值减5个百分点)。小于表列规定值减2个百分点的测点,按其数量占总检查点的百分率计算减分值。

路基压实度以1~3km长的路段为检验评定单元,按要求的检测频率进行现场压实度抽样检查,求算每一测点的压实度K_i值。

1. 检测评定单元的压实度代表值计算

检验评定段的压实度代表值K(算术平均值的下置信界限)为:

$$K = \bar{k} - t_a/\sqrt{n} \cdot S \geqslant K_0 \tag{4.4}$$

其中
$$\bar{k} = \sum K_i / n$$

$$S = \sqrt{\frac{\sum (\bar{k} - K_i)^2}{n-1}}$$

式中 $\bar{k}$——检验评定段内各测点压实度的平均值;

t_a——分布表中随测点数和保证率(或置信度a)而变的系数;t_a见表4.2。采用的保证率高速公路、一级公路路基95%,其他公路路基为90%;

S——检测值的标准差；

n——检测点数；

K_0——压实度标准值。

表 4.2　　　　　　　　　　　$t_a/\sqrt{n}$　值

测点数 n	保证率 99%	95%	90%	测点数 n	保证率 99%	95%	90%
1	22.501	4.465	2.176	21	0.552	0.376	0.289
2	4.021	1.686	1.089	22	0.537	0.367	0.282
3	2.270	1.177	0.819	23	0.523	0.358	0.275
4	1.676	0.953	0.686	24	0.510	0.350	0.269
5	1.374	0.823	0.603	25	0.498	0.342	0.264
6	1.188	0.734	0.544	26	0.487	0.335	0.258
7	1.060	0.670	0.500	27	0.477	0.328	0.253
8	0.966	0.620	0.466	28	0.467	0.322	0.248
9	0.892	0.580	0.437	29	0.458	0.316	0.244
10	0.833	0.546	0.414	30	0.449	0.310	0.239
11	0.785	0.518	0.393	40	0.383	0.266	0.206
12	0.744	0.494	0.376	50	0.340	0.237	0.184
13	0.708	0.473	0.361	60	0.308	0.216	0.167
14	0.678	0.455	0.347	70	0.285	0.199	0.155
15	0.651	0.438	0.335	80	0.266	0.186	0.145
16	0.626	0.423	0.324	90	0.249	0.175	0.136
17	0.605	0.410	0.314	100	0.236	0.166	0.129
18	0.586	0.398	0.305	>100	2.3265	1.6449	1.2815
19	0.568	0.387	0.297				

2. 土基压实度质量评定

路基 $K \geqslant K_0$，且单点压实度 K_i 全部大于等于规定值减 2 个百分点时，评定路段的压实度合格率为 100%；当 $K \geqslant K_0$，且单点压实度全部大于等于规定极值时，按测定值不低于规定值减 2 个百分点的测点数计算合格率。

$K < K_0$ 或某一单点压实度 K_i 小于规定极值时，该评定路段压实度为不合格，相应分项工程评为不合格。

路堤施工段落短时，分层压实度应每个点均符合要求，且样本数不少于 6 个。

【例 4.1】　某一级公路路基填方路段，下路床 0.3～0.8m 压实层按照检测频率进行压实度检验，得到一组压实度实测值 K_i（%）36 个。其值分别为 K（%）：95.8，98.2，98.5，98.7，96.8，95.7，95.3，93.8，96.9，97.2，97.3，96.4，98.4，97.5，97.4，94.3，96.7，96.8，96.4，96.1，97.1，98.6，98.5，98.3，97.3，98.2，99.1，92.8，98.3，95.5，96.2，97.8，97.8，97.6，98.5，96.7。

试对该路基检测单元进行压实度质量评定。

【解】 根据压实度代表值 K（%）：$K = \bar{k} - t_a/\sqrt{n} \cdot S \geqslant K_0$ 有数理统计方法计算如下：

压实度算术平均值：$\bar{k} = K = \sum K_i/n = 3492.5/36 = 97.01$

标准差：$S = \sqrt{\dfrac{\sum(\bar{k}-K_i)^2}{n-1}} = \sqrt{\dfrac{\sum(97.01-K_i)^2}{36-1}} = 1.44$

查表 4.2 并在 0.310~0.266（$n=30\sim40$）之间内差得到 $t_a/\sqrt{n} = 0.284$。

压实度的代表值：$K = \bar{k} - t_a/\sqrt{n} \cdot S = 97.01 - 0.284 \times 1.44 = 96.60 > K_0 = 96$

根据规定标准值 $K_0 = 96$，小于 96 的压实度值有 7 个，且都不低于标准值减 5 个百分点（94），仅有 2 个低于规定值减 2 个百分点，故压实度符合要求。

因此，可以按照规定计算合格率如下：

评定路段压实度合格率为　　　$(36-2)/36 = 94.4\%$

压实度评分值为　　　　　　　$94.4\% \times 100 = 94.4$（分）

4.1.3 土基施工各阶段的压实质量控制

路基施工压实质量控制方法和要求贯穿在施工的各个阶段，施工前原材料和半成品应检验合格，施工中应按照施工技术规范要求的工艺方法进行施工，中间验收和交工验收应按照公路质量检验评定标准方法进行检查评定质量。

施工前准备阶段，应进行填料的试验，如土的含水量、土的类型和颗粒分析、CBR 值、液限塑限等试验，并进行标准击实试验，确定最优含水量和最大干密度。

施工过程阶段，应按照设计内容和要求，根据施工技术规范要求的工艺和技术方法施工，如土基分层填筑压实、施工机械选择、含水量控制等均应符合公路施工技术规范以及其他有关规范标准的要求。路堤分层压实要按照频率检测施工压实度，并留存完备的检测资料。

中间验收及交工验收，压实度要按照公路工程质量检验评定标准要求进行检查控制。其内容包括基本要求、实测项目、外观鉴定和资料等项，并对检查路段的压实度进行评定代表值计算和结果评定。

4.2 填石路基、土石混填路基的压实质量控制

4.2.1 填石路堤压实质量控制

填石路堤的压实质量宜采用施工参数（压实功率、碾压速度、压实遍数、铺筑层厚等）与压实质量检测联合双控控制。压实质量检测可以采用压实沉降差或孔隙率指标，孔隙率的检测应采用水袋法进行。

1. 填石路堤施工参数对压实的影响

填石路堤的施工参数包括压实功率、碾压速度、压实遍数、铺筑厚度等。施工参数对压实效果起到关键作用。

压实沉降差与碾压遍数、填石料的干密度有很好的相关关系，在压实机具不变的情况

下,可以较好地控制实际的压实遍数。压实沉降差还应与施工工艺参数同时进行控制才能有效地保证填石路堤的压实质量。由于沉降差受填料岩性、粒径组成、压实机械吨位、激振力大小、压实遍数、松铺层厚施工因素的影响,因此必须通过试验路段确定。

规范规定:路堤填料粒径应不大于500mm,并不宜超过层厚的2/3,不均匀系数宜为15～20。路床底面以下400mm范围内,填料粒径应小于150mm。路床填料粒径应小于100mm。

目前填石路堤检测压实质量常用干密度、沉降差、面波技术等单一方法进行质量检测,存在一些不足。填石路堤的施工工艺参数结合沉降差对压实质量的控制有好的效果。

2. 压实孔隙率

近年来,在福建福泉高速公路、广东京珠高速公路、广西柳桂高速公路修建的填石路堤试验路,研究了花岗岩、石灰岩、红砂岩等填石材料用孔隙率作为质量控制指标的压实质量标准及相应的施工工艺、质量控制方法,通车运行几年来,路基路面稳定完好。

对于填石材料,采用孔隙率控制质量较为合适。采用孔隙率指标,可以不进行填料最大干密度试验,对填石料的压实质量同样可以进行较好的控制。但是,填石路堤压实质量检测采用压实孔隙率标准检测时,就必须挖大坑(最大粒的1.5～2倍)用水袋法进行,用于施工过程控制难度较大。填料孔隙率计算公式如下:

$$\eta = e/(1-e) = 1 - r_d/G \tag{4.5}$$

式中 η——孔隙率;

e——孔隙比;

r_d——填料干密度,g/cm³;

G——填料视比重,g/cm³。

路堤的压实质量标准见表4.3。

表4.3 上下路堤的压实质量标准

分 区	路面底面以下深度 (m)	硬质石料孔隙率 (%)	中硬石料孔隙率 (%)	软质石料孔隙率 (%)
上路堤	0.8～1.50	≤23	≤22	≤20
下路堤	>1.50	≤25	≤24	≤22

3. 填石路堤压实的沉降差

施工过程中的每一压实层,可用试验路段确定的工艺流程和工艺参数,控制压实过程;用试验路段确定的沉降差指标检测压实质量。

在实际施工中沉降差的测定方法:以每个横断面的测量数据为基本分析单位。在对松铺层初平初压后,在同一横断面上选7～11个点测量初始标高,终压完成后,在对应初始标高的测量点上测量终压标高,将终压标高减去初始标高并综合平均后,作为该断面的沉降差。

JTG F10—2006《公路路基施工技术规范》规定:填石路堤的压实质量检测标准,在试验路修筑时采用孔隙率指标进行检验,确定相应的施工工艺参数与压实沉降差作为路堤施工时的压实质量检测控制指标。正常施工过程中每一压实层的质量检测要求应以快速、方便为主,而沉降差与工艺数相结合的双控检测方法,是合理、准确的施工质量检测方法。同时配合外观检查,填石路堤的压实质量控制就能达到预定的效果。

施工时宜应采用18t以上的重型振动压路机,并按规定碾压参数(强振、4km/h以下速度)碾压后确定沉降差。填石路堤填筑至设计标高并整修完成后,其施工质量应符合表4.6的规定。

4.2.2 土石混填路堤

土石路堤应先修筑试验路,确定在已选用的压实机械类型、功率及组合、压实速度下,对填料的最大粒径、最适宜的填筑厚度,压实到最大干密度时的压实遍数,同时也测出相对应的沉降差。以最大干密度作为检测土石路堤试验路的压实度标准,同时也应确定沉降差和工艺参数作为大规模施工时压实质量的检查控制标准。

4.2.2.1 土石混填路堤的最大干密度检测方法

1. 土石混填路堤的击实试验

土石路堤填料压实质量控制,应根据实际填料的来源配制不同含石量(20%~70%)的试样进行室内大筒重型击实试验,通过试验确定不同含石量(以击实后试样含石量为准)填料的最大干密度和最佳含水量,给出同一种料的不同含石量最大干密度曲线;在采用细料压实度进行质量控制时,应由试验确定细料的最大干密度和最佳含水量,对于坚硬石料的土石混合填料中,细料的最大干密度应按表4.4进行修正。对于中等强度以下石料的土石混合填料,细料的最大干密度不需要进行修正。土石混合填料中细料的压实度要求同土质路堤标准。

表 4.4　　　　　　　　　　细料的最大干密度修正系数

粗料含量(%)	0~25	25~40	40~60	>60
修正系数	1.0	0.97	0.95	0.92

2. 最大干密度检测

土石路堤的压实干密度检测,是一种常规的检测法,也是大家都接受的检测法。由于它需要挖的试坑较大(上路堤600mm×600mm,下路堤800mm×800mm),很费时,不能满足大规模施工的要求,因此,规定只用于试验路检测,并取得合适的工艺参数和沉降差。

4.2.2.2 沉降差与工艺参数双控制方法

在大规模的施工中不使用干密度方法,而采用压实后检测的沉降差和施工中工艺参数进行双控制,较为快捷实用。工艺参数确定和沉降差测试的方法要求与填石路基基本相同。

随着控制技术的不断发展,近年来,在一些地方,通过研究开发出了一些土石混填路基压实度的快速检测技术和相关设备,在实际施工中,可根据需要和试验路段的成果进行判断和选择。

4.3 路基施工的质量控制

现行的 JTG F10—2006《公路路基施工技术规范》、JTG F80—1—2004《公路工程质量检验评定标准》是对公路路基工程质量进行管理、监控和检验评定的法规性技术文件，适用于四级及四级以上公路新建、改建工程。

4.3.1 土质路基质量控制

4.3.1.1 土质路基工程质量检测的内容

在实际工程中，土质路基中期验收和交工阶段检测应按照 JTG F80—1—2004《公路工程质量检验评定标准》的要求进行工作，其内容包括基本要求、实测项目、外观鉴定和质量保证资料四个部分。

1. 基本要求

（1）在路基用地和取土坑范围内，应清除地表植被、杂物、积水、淤泥和表土，处理坑塘，并按规范和设计要求对基底进行压实。

（2）路基填料应符合规范和设计的规定，经认真调查、试验后合理选用。

（3）填方路基须分层填筑压实，每层表面平整，路拱合适，排水良好。

（4）施工临时排水系统应与设计排水系统结合，避免冲刷边坡，勿使路基附近积水。

（5）在设定取土区内合理取土，不得滥开滥挖。完工后应按要求对取土坑和弃土场进行修整，保持合理的几何外形。

2. 实测项目

土方路基的实测项目包括压实度、弯沉、纵断高程、中线偏位、宽度等实测项目，应符合表 4.5 中的要求。

表 4.5　　　　　　　　　　　土方路基实测项目

项次	检查项目		规定或允许偏差			检查方法和频率	权值
			高速公路一级公路	其他公路			
				二级公路	三、四级公路		
1 △	压实度（%）	零填及挖方（m） 0~0.30	—	—	94	按照施工规范要求压实频率检查，按照土基压实度评定方法评定	3
		0~0.80	≥96	≥95	—		
		填方（m） 0~0.80	≥96	≥95	≥94		
		0.80~1.50	≥94	≥94	≥93		
		>1.50	≥93	≥92	≥90		
2 △	弯沉（0.01mm）		不大于设计要求值			按照 JTG F80—1—2004《公路工程质量检验评定标准》附录 I 规定的方法检查	3
3	纵断高程（mm）		+10，-15	+10，-20		水准仪：每 200m 测 4 个断面	2
4	中线偏位（mm）		50	100		经纬仪：每 200m 测 4 个点，弯道加 HY、YH 两点	2
5	宽度（mm）		不小于设计值			米尺：每 200m 测 4 处	2

续表

项次	检查项目	规定或允许偏差			检查方法和频率	权值
		高速公路 一级公路	其他公路			
			二级公路	三、四级公路		
6	平整度（mm）	15	20		3m 直尺：每 200m 测 2 处×10 尺	2
7	横坡（%）	±0.3	±0.5		水准仪：每 200m 测 4 个断面	1
8	边坡坡度	不陡于设计坡度			每 200m 抽查 4 处	1

注 带"△"的检查项目为关键项目。

3. 外观鉴定

(1) 路基表面平整，边线直顺，曲线圆滑。不符合要求时，单向累计长度每 50m 减 1~2 分。

(2) 路基边坡坡面平顺，稳定，不得亏坡，曲线圆滑。不符合要求时，单向累计长度每 50m 减 1~2 分。

(3) 取土坑、弃土堆、护坡道、碎落台的位置适当，外形整齐、美观，防止水土流失。不符合要求时，每处减 1~2 分。

4. 质量保证资料

施工单位应有完整的施工原始记录、试验数据、分项工程自查数据等质量保证资料，并进行分析整理，负责提交齐全、真实和系统的施工资料和图表。工程监理单位负责提交齐全、真实和系统的监理资料。

4.3.1.2 土方路基分项工程质量评定的方法

这里以土方路基分项工程的介绍，来阐述公路工程路基路面的各个分项工程的质量评定方法，后面章节不再对评分方法进行叙述。

分项工程质量检验内容包括基本要求、实测项目、外观鉴定和质量保证资料四个部分。只有在其使用的原材料、半成品、成品及施工工艺符合基本要求的规定，且无严重外观缺陷和质量保证资料真实并基本齐全时，才能对分项工程质量进行检验评定。

土建工程关键项目（在文中以"△"标识）合格率不得低于 90%，且检测值不得超过规定极值，否则必须进行返工处理。

分项工程的评分值满分为 100 分，按实测项目采用加权平均法计算。存在外观缺陷或资料不全时，须予减分。

$$分项工程得分 = \frac{\sum[检查项目得分 \times 权值]}{\sum 检查项目权值}$$

分项工程评分值 = 分项工程得分 − 外观缺陷减分 − 资料不全减分

具体包括以下四个方面。

1. 基本要求检查

分项工程所列基本要求，对施工质量优劣具有关键作用，应按基本要求对工程进行认真检查。经检查不符合基本要求规定时，不得进行工程质量的检验和评定。填土路基分项工程规定了五条基本要求内容。

2. 实测项目计分

检查项目除按数理统计方法评定的项目以外，均应按单点（组）测定值是否符合标准要求进行评定，并按合格率计分。填土路基分项工程实测项目8个，压实度、弯沉2个关键项目用数理统计方法计分，其他6个检测项目均用合格率计分。

$$检查项目合格率(\%) = \frac{检查合格的点（组）数}{该检查项目的全部检查点（组）数}$$

$$检查项目得分 = 检查项目合格率 \times 100$$

3. 外观缺陷减分

对工程外表状况应逐项进行全面检查，如发现外观缺陷，应进行减分。对于较严重的外观缺陷，施工单位须采取措施进行整修处理。土方路基分项工程有三条外观鉴定要求。

4. 资料不全减分

分项工程的施工资料和图表残缺，缺乏最基本的数据，或有伪造涂改者，不予检验和评定。资料不全者应予减分，减分幅度可按标准，视资料不全情况，每款减1～3分。土方路基技术资料主要包括填料的各类试验、地基处理、隐蔽工程施工记录、施工中遇到的非正常情况记录及对工程的影响分析，以及施工压实度检测、弯沉测试、纵断高程测量等表4.5中所列的8个检测指标的检查试验记录等资料。也包括施工中对事故采取处理补救措施后的达到设计要求的认可证明文件。

分项工程评分值不小于75分者为合格；小于75分者为不合格；机电工程、属于工厂加工制造的桥梁金属构件不小于90分者为合格，小于90分者为不合格。评定为不合格的分项工程，经加固、补强或返工、调测，满足设计要求后，可以重新评定其质量等级，但计算分部工程评分值时按其复评分值的90%计算。

【例4.2】 某填土路堤工程的一个评定单元，经质量检验和初步计算，基本情况如下：

基本项目检查符合标准规定；各实测项目的合格率分别为：压实度95.20%，弯沉100%，纵断高程97.20%，中线偏位100%，宽度100%，平整度96%，横坡95%，边坡各检测处均符合要求；经检查取土坑外观不太整齐、美观。提交的检查资料，宽度指标检查记录不完整，其他资料完善齐全。试对该路堤分项工程进行质量等级评定。

【解】 根据题意结合4.3.1中的规定要求，进行计算评定如下：

（1）因为本评定项基本项目检查符合标准规定，可以进行质量等级评定。

（2）实测项目得分。

各分项的得分值计算如下：

压实度得分值： $95.20\% \times 100 = 95.2$（分）

弯沉得分值： $100\% \times 100 = 100$（分）

纵断高程得分值： $97.20\% \times 100 = 97.2$（分）

同样的方法可计算得到其余几个检查项目得分值为：中线偏位100分，宽度100分，平整度96分，横坡95分，边坡100分（各检测处均符合要求合格率100%）。

按照表4.5规定的权值，计算路堤分项工程得分值：

4.3 路基施工的质量控制

分项工程实测得分：$(95.20 \times 3 + 100 \times 3 + 97.20 \times 2$
$+ 100 \times 2 + 100 \times 2 + 96 \times 2 + 95 \times 1 + 100 \times 1)$
$\div (3+3+2+2+2+2+1+1) = 97.94$（分）

(3) 外观缺陷减分：取土坑外观不太整齐、美观，一项减1～2分，根据情况减2分。

(4) 资料不全减分：宽度指标检查记录不完整，根据情况减1分。

路堤土方工程评分值＝分项工程得分－外观缺陷减分－资料不全减分＝$97.94 - 2 - 1$
$= 94.94$（分）。

该分项工程评定质量等级：合格。

4.3.2 填石路基、土石混填路基质量控制

4.3.2.1 填石路基质量控制

1. 基本要求

(1) 石方路堑的开挖宜采用光面爆破法。爆破后应及时清理险石、松石，确保边坡安全、稳定。

(2) 修筑填石路堤时应进行地表清理，逐层水平填筑石块，摆放平稳，码砌边部。填筑层厚度及石块尺寸应符合设计和施工规范规定，填石空隙用石碴、石屑嵌压稳定。上、下路床填料和石料最大尺寸应符合规范规定。采用振动压路机分层碾压，压至填筑层顶面石块稳定，18t以上压路机振压两遍无明显标高差异。

(3) 路基表面应整修平整。

2. 实测项目

填石路堤填筑至设计标高并整修完成后，其施工质量应符合表4.6的规定。

表4.6　　　　　　石方路基实测项目的规定或允许偏差

项次	检查项目		规定值或允许偏差		检查方法和频率	权值
			高速公路一级公路	其他公路		
1	压实		(1) 符合试验路确定的施工工艺；(2) 沉降差不大于试验路确定的沉降差		(1) 检查施工记录；(2) 水准仪：每40m检测1个断面，每个断面检测5～9点	3
2	弯沉（0.01mm）		不大于设计要求值			3
3	纵面高程（mm）		+10，-20	+10，-30	水准仪：每200m测4个断面	2
4	中线偏位（mm）		50	100	经纬仪：每200m测4点，弯道加HY、YH两点	2
5	宽度（mm）		不小于设计要求		米尺：每200m测4处	2
6	平整度（mm）		20	30	3m直尺：每200m测4处×10尺	2
7	横坡（%）		±0.3	±0.5	水准仪：每200m测4个断面	1
8	边坡	坡度	不陡于设计值		每200m抽查4处	1
		平顺度	符合设计要求			

3. 外观鉴定

填石路堤成型后，表面无明显孔洞，大粒径石料不松动，铁锹挖动困难。边坡码砌紧贴、密实，无明显孔洞、松动，砌块间承接面向内倾斜，坡面平顺。

(1) 上边坡不得有松石。不符合要求时，每处减 1～2 分。

(2) 路基边线直顺，曲线圆滑。不符合要求时，单向累计长度每 50m 减 1～2 分。

4.3.2.2 土石混填路基质量控制

(1) 中硬、硬质石料土石混填路堤。其压实作业接近填石路堤，应按填石路堤的压实方法施工，并按填石路堤有关规定进行质量控制。施工过程中的每一压实层，可用试验路段确定的工艺流程和工艺参数，控制压实过程；用试验路段确定的沉降差指标，检测压实质量。路基成型后质量应符合表 4.6 的规定。

(2) 软质石料填筑的土石混填路堤。软质石料填筑的土石路堤，其施工方法和质量控制与土质路堤施工基本相同，应按照土质路堤有关规定以及表 4.5 的实测项目进行质量控制。

(3) 土石路堤的外观质量标准。路基表面无明显孔洞；大粒径填石无松动，铁锹挖动困难；中硬、硬质石料土石路基边坡码砌紧贴、密实，无明显孔洞、松动，砌块间承接面应向内倾斜，坡面平顺。

4.3.3 路基弯沉的控制

路基弯沉值是在标准轴载（BZZ—100）作用下，在最不利季节测定的路基的垂直回弹变形值，是反映路基整体强度和刚度的直观、最简易的指标。路基施工完成后应进行弯沉值的检验和质量评定，以控制路基整体质量。

4.3.3.1 路基弯沉值的确定

路基压实的最终目的是保证路基的整体强度，即要求土基回弹模量或弯沉值应达到铺筑路垫层或底基层的要求。因为测验回弹模量的操作比较复杂，费时较多，故土路基顶面完成后应进行弯沉检验。弯沉值与土基回弹模量之间的相关关系应按路面设计规范规定的公式换算，当无规定时可参照下列回归方程换算：

$$l_0 = 9308 E_0^{-0.938} \tag{4.6}$$

式中　E_0——土基回弹模量，MPa；

　　　l_0——路床顶面实测弯沉值，1/100mm。

设计标准轴载以双轮组单轴 100kN 车测试值为准。这个值就是对土基进行弯沉值检验时的标准值，也即土基应达到的标准值。

若弯沉检验时不是在不利季节，应先将此弯沉值换算的土基回弹模量值乘以季节影响系数，换算为不利季节的土基回弹模量值。

【例 4.3】　某路床土基回弹模量测量值 $E_0=54$MPa，如该地区土基的季节影响系数为 1.2，试计算该路基弯沉值的标准值。

【解】　考虑季节因素对土基回弹模量进行调整，$E_0 = 54 \times 1.2 = 64.8$（MPa），将此值代入式（4.5），得相应的回弹弯沉计算值如下：

$$l_0 = 9308 E_0^{-0.938} = 9308 \times 64.8^{-0.938} = 186 \times 10^{-2} \text{（mm）}$$

采用承载板现场测试土基回弹模量 E_0，可采用下列公式：

$$E_0 = \frac{\pi D}{4} \frac{\sum p_i}{\sum l_i}(1-\mu_0^2) \tag{4.7}$$

式中 E_0——土基回弹模量，MPa；
　　　μ_0——土的泊松比，取 0.35；
　　　D——承载板直径，30cm；
　　　p_i——对应于 l_i 各级压应力，MPa；
　　　l_i——相应于荷载 p_i 时的回弹变形值，cm。

4.3.3.2 路基弯沉值质量检验与评定

1. 弯沉值检测频率

路基弯沉值用贝克曼梁或自动弯沉仪测量。每一双车道评定路段（不超过 1km）检查 80～100 个点，多车道公路必须按车道数与双车道之比，相应增加测点。

2. 弯沉代表值 l_r

弯沉代表值为弯沉测量值的上波动界限，用式（4.8）计算：

$$l_r = \bar{l} + Z_a S \tag{4.8}$$

式中 l_r——弯沉代表值，0.01mm；
　　　$\bar{l}$——实测弯沉的平均值，0.01mm；
　　　S——标准差；
　　　Z_a——与要求保证率有关的系数，高速公路、一级公路取值为 2.0，二、三级公路取值为 1.645。

3. 路基弯沉值质量评定

$l_r \leqslant l_0$，评定路段的弯沉代表值不大于确定的路床顶面弯沉值时，弯沉指标合格，分项工程评定为合格。

当路基的弯沉代表值不符合要求时，可将超出 $\bar{l} \pm (2\sim3)S$ 的弯沉特异值舍弃，重新计算平均值和标准差。对舍弃的弯沉值大于 $\bar{l} + (2\sim3)S$ 的点，应找出其周围界限，进行局部处理。用两台弯沉仪同时进行左右轮弯沉值测定时，应按两个独立测点计，不能采用左右两点的平均值。

当 $l_r > l_0$，即弯沉代表值大于设计要求的弯沉值时相应分项工程为不合格。

若在非不利季节测定时，应考虑季节影响系数。

【例 4.4】 某二级公路路基，在不利季节进行弯沉测试。已知经测试、计算的路基弯沉值标准值为 193×10^{-2}mm。用贝克曼梁杠杆式弯沉仪实测弯沉结果如下（单位为 0.01mm）：193，182，173，186，190，190，175，182，171，185，188，183，183，184，190，181，181，185，190，186（本题对实际评定路段测试结果进行了简化）。试对该路基弯沉指标进行质量评定。

【解】 弯沉值算术平均值 $\bar{l} = \sum l_i / n = 3678/20 = 183.9$，标准差 $S = 5.85$，保证率系数为 1.645

弯沉值的代表值 （0.01mm）：

$$l_r = \bar{l} + Z_a S = 183.9 + 1.645 \times 5.85 = 193.5 < l_0 = 195$$

所以，弯沉值评定等级合格。

4.3.4 路基均匀性控制

控制路基填筑均匀性，是保证路基整体强度和刚度的重要手段。路基填筑不均匀，会降低路基填筑质量，甚至引起路基不均匀沉降。引起路基不均匀的因素很多，如填料粒径及性质的不均匀、压实度不均匀、接茬部位影响、特殊部位处理不当、填土高度不均匀等。

1. 路基填料的均匀性控制

路堤填料应尽可能选择均匀性、级配良好的土料，在实际施工中应注意以下几点：

(1) 含草皮、生活垃圾、树根、腐殖质的土严禁作为填料。

(2) 泥炭、淤泥、冻土、强膨胀土、有机质土及易溶盐超过允许含量的土，不得直接用于填筑路基；确需使用时，必须采取技术措施进行处理，经检验满足设计要求后方可使用。

(3) 路基土指标应按现行 JTG E40—2007《公路土工试验规程》进行测试，试验合格方可使用。

(4) 液限大于 50%、塑性指数大于 26、含水量不适宜直接压实的细粒土，不得直接作为路堤填料；需要使用时，必须采取技术措施进行处理，经检验满足设计要求后方可使用。这类土的透水性很差，干时坚硬，不易挖掘；并具有较大的可塑性、黏性和膨胀性，毛细现象很显著；浸水后能较长时间保持水分，承载力很小，不宜作为路堤填料。如缺乏好的填料时，可采取掺石灰、固化材料等技术措施，对这些黏性土进行砂化处理，以改善土质提高其强度，满足设计要求。

(5) 粉质土不宜直接填筑于路床，不得直接填筑于冰冻地区的路床及浸水部分的路堤。

(6) 膨胀岩石、易溶性岩石不宜直接用于路堤填筑，强风化石料、崩解性岩石和盐化岩石不得直接用于路堤填筑。路堤填料粒径应不大于 500mm，并不宜超过层厚的 2/3，不均匀系数宜为 15～20。路床底面以下 400mm 范围内，填料粒径应小于 150mm。路床填料粒径应小于 100mm。

2. 路基施工工艺过程中的均匀性控制

路堤填筑使用不同的填料应采用适宜的施工工艺，不合理的施工工艺会造成路基出现不均匀沉降、水囊现象和不稳定的滑动面等病害。应注意以下几点：

(1) 水平分层、分段填筑，并分层压实。采用分层并按规定的层厚填筑，可得到均匀的压实度。如填层过厚，则填层底部不易达到要求的压实度。土方顶面如太薄，则易起皮剥离，影响路基质量。每种填料的松铺厚度应通过试验确定。

(2) 适当增加压实宽度。每一填筑层压实后的宽度不得小于设计宽度。土质路基如按设计断面尺寸填筑，路基边缘部分的压实度很难达到规定要求，实际上等于缩小了路基断面，使路基质量受到影响。应采取适当增加碾压宽度等有效措施保证全断面的压实质量。

(3) 挖台阶原地面处理。地面的自然坡度较大时，原地面应按设计挖成台阶，以保证填方土体的稳定。每级台阶高度可取压实机具一层压实厚度的整倍数，如小型夯实机具一层压实厚度为 150mm，台阶高以 300mm 为宜。

(4) 碾压机械。碾压机械通常可分为静碾型、振碾型和夯实型，各有其适用场合。选择施工机械，应考虑工程特点、土石种类及数量、地形、填挖高度、运距、气候条件、工期等因素，经济合理地确定。填方压实应配备专用碾压机具。

(5) 作业段接茬处理。填方分几个作业段施工时，接头部位如不能交替填筑，则先填路段应按 1∶1 坡度分层留台阶；如能交替填筑，则应分层相互交替搭接，搭接长度不小于 2m。

(6) 填石路堤施工。填石路堤施工前，应先修筑试验路段，确定满足孔隙率标准的松铺厚度、压实机械型号及组合、压实速度及压实遍数、沉降差等参数。二级及二级以上公路的填石路堤应分层填筑压实，二级以下砂石路面公路在陡峻山坡地段施工特别困难时，可采用倾填的方式将石料填筑于路堤下部，但在路床底面以下不小于 1.0m 范围内仍应分层填筑压实。岩性相差较大的填料应分层或分段填筑。严禁将软质石料与硬质石料混合使用。压实机械宜选用自重不小于 18t 的振动压路机。

(7) 土石路堤。施工前，应根据土石混合材料的类别分别进行试验路段施工，确定能达到最大压实干密度的松铺厚度、压实机械型号及组合、压实速度及压实遍数、沉降差等参数。土石路堤不得倾填，应分层填筑压实。压实后透水性差异大的土石混合材料，应分层或分段填筑，不宜纵向分幅填筑；如确需纵向分幅填筑，应将压实后渗水良好的土石混合材料填筑于路堤两侧。土石混合材料来自不同料场，其岩性或土石比例相差较大时，宜分层或分段填筑。

3. 避免下列几个常见部位的不均匀问题

(1) 路基横向缺口部位。路基与横向便道相交处留有缺口。由于路基填筑一层一层的提高，而便道没有随着提高，就会形成缺口。等到路基填筑到顶面后，再来补这个缺口，缺口部位的总体压实度肯定偏低，工后沉降就会比相邻部位要大。因此，便道应随着路基填筑的升高而升高。

(2) 路堤与桥台背连接回填处理要求。路堤与桥台背路堤与路堑连接处，二级及二级以上公路应按设计做好过渡段，过渡段路堤压实度应不小于 96%，并应按设计做好纵向和横向防排水系统。二级以下公路的路堤与台背回填的联结部，应按设计要求预留台阶。台背回填部分的路床宜与路堤路床同步填筑。桥台背和锥坡的回填施工宜同步进行，一次填足并保证压实整修后能达到设计宽度要求。

(3) 涵洞回填施工。涵洞的洞身两侧，应对称分层回填压实。两侧及顶面填土时，应采取措施防止压实过程对涵洞产生不利后果。

(4) 半填半挖路基、路堤与路堑过渡段。半填半挖路基、路堤与路堑连接应设置过渡段，施工应注意以下几点：

1) 路基应从最低标高处的台阶开始分层填筑，分层压实。
2) 填筑时，应严格处理横向、纵向、原地面等结合界面，确保路基的整体性。
3) 路基填筑过程中，应及时清理设计边坡外的松土、弃土。
4) 高度小于 800mm 的路堤、零填及挖方路床的加固换填宜选用水稳性较好的材料。

思 考 题

4.1 什么是压实度？施工压实度和土的密实度有什么联系和区别？

4.2 我国现行击实标准是什么?重型击实标准的主要参数有哪些?

4.3 压实沉降差如何确定?填石路堤的试验路段和大规模施工阶段如何进行质量控制?

4.4 试分析土石混填路堤质量控制的过程和方法。

4.5 土质路基质量检验评定的内容是什么?说明其各项实测项目各指标的检验方法。

4.6 试分别说明填石路基、土石混填路基质量检验评定方法。

4.7 分项工程质量等级评定有哪几个方面?如何计算分项工程的评分值?

4.8 土基弯沉的标准值如何确定?如何对土基弯沉值指标进行质量评定?

4.9 如何控制路基填料的均匀性?

4.10 如何控制施工工艺过程的均匀性?

4.11 如何避免路基施工中几个常见部位的填筑不均匀问题?

习 题

4.1 某一级公路路基填方路段,下路床0~0.3m压实层按照检测频率进行压实度检验,得到一组压实度实测值 K_i(%)如下:97.4,94.3,96.7,96.8,96.4,94.1,97.1,98.6,98.5,98.3,97.3,98.2,99.1,92.8,98.3,95.7,96.2,96.5,96.4,97.2,98.8,99.2,97.5,96.3,93.2,92.9,92.5,97.1,97.3,98.2,99.1,98.5,97.6,96.8,99.2,97.2,98.3,98.8,98.5,96.5,97.5,99.0。

试对该路基检测单元进行压实度质量评定。

4.2 某路床土基回弹模量测量值 $E_0=48$MPa,如该地区土基的季节影响系数为1.2,试计算该路基弯沉值的标准值。

4.3 某高速公路路基,在不利季节进行弯沉测试。已知经测试计算的路基弯沉值标准值为 195×10^{-2}mm。用贝克曼梁弯沉仪实测弯沉结果如下(0.01mm):192,194,193,182,173,186,182,185,180,190,190,175,182,171,182,183,184,178,181,181,185,179,183,188,191,180,182,181,180,176,188,187(本题的测试结果进行了简化)。试对该路基弯沉指标进行质量评定。

4.4 某填土路堤工程的一个评定单元,经质量检验和初步计算,基本情况如下:基本项目检查符合标准规定;各实测项目的合格率分别为压实度96.8%,弯沉100%,纵断高程95.5%,中线偏位97.2%,宽度98.2%,平整度93.2%,横坡95%,边坡95.2%;经检查取土坑个别部位外观不整齐。个别指标的检查记录不完整,其他资料完善齐全。试计算该路堤分项工程的得分值,并进行质量等级评定。

第5章 路 基 排 水

教学要求：本章讲述了各类公路路基排水设施的施工技术方法和质量检查控制的方法、标准。通过本章学习，要求掌握地表排水和地下排水各类设施的施工技术要求及质量控制方法；熟悉施工基本要求、质量检查内容和实测项目；了解路基排水的原则、地面排水的有关设施及其施工技术要求。

水是造成路基病害的主要因素之一，路基强度和稳定性同水的关系十分密切。公路路基排水包括地表排水和地下排水两大部分，路基排水施工是路基施工技术的关键之一；路面排水也是高速公路、一级公路路基排水的重要组成部分。路基路面排水设施，通常一种设施兼有两种功能，因此应综合考虑。本章根据 JTG F10—2006《公路路基施工技术规范》和 JTG F80—1—2004《公路工程质量检验评定标准》等内容要求，结合路基排水施工情况，对路基排水施工技术要求和质量检验控制进行了阐述。

5.1 路基排水的原则和要求

5.1.1 路基排水的原则

（1）公路路基排水按照设计应防、排、疏结合，并与路面排水、路基防护、地基处理以及特殊路基地区（段）的其他处治措施相互协调，形成完善的排水系统。

（2）路基排水设计应遵循总体规划、合理布局、少占农田、环境保护的原则，并与当地排灌系统协调。

（3）排水困难地段，可采取降低地下水位、设置隔离层等措施，使路基处于干燥、中湿状态。

（4）施工场地的临时性排水设施，应尽可能与永久性排水设施相结合。各类排水设施的设计应满足使用功能的要求，结构安全可靠，便于施工、检查和养护维修。

（5）排水工程应按设计要求及施工规范的要求施工，依照实际地形，选择合适的位置将地面水和地下水排出路基以外。

5.1.2 路基排水施工基本要求

（1）施工前，应校核全线排水设计是否完善、合理，必要时应提出补充和修改意见，使全线的沟渠、管道、桥涵组合成完整的排水系统。临时排水设施应尽量与永久排水设施相结合，排水方案应因地制宜、经济实用。

（2）施工前宜先完成临时排水设施。施工期间，应经常维护临时排水设施，保证水流畅通。

（3）路堤施工中，各施工作业层面应设 2%～4% 的排水横坡，层面上不得有积水，并采取措施防止水流冲刷边坡。

(4) 路堑施工中,应及时将地表水排走。①防止上边坡方向的水流入;②开挖面积较大,在大雨时积水量很大;③路堑边坡上方,如有泥沼、水塘、沟渠、水田等水源时,应做详细调查,确定其是否有渗水情况,并针对具体情况,采取必要的防渗措施。各地的实际情况相差很大,应引起重视,不同的情况采取不同的措施将地表水排走。

(5) 施工中应对地下水情况进行记录并及时反馈。

5.2 地 表 排 水

公路路基地表排水主要任务是排出路基范围内的地表径流、地表积水、边坡雨水及公路邻近地带影响路基稳定的地表水。路基地表排水设施包括边沟、截水沟、排水沟、跌水与急流槽、蒸发池、油水分离池、排水泵站等,应结合地形和天然水系进行布设,并做好进出口的位置选择和处理,防止出现堵塞、溢流、渗漏、淤积、冲刷和冻结等现象。地表排水沟管排放的水流不得直接排入饮用水水源、养殖池。

5.2.1 地表排水施工技术要求

1. 边沟

边沟分为路堑边沟和路堤边沟,位于土路肩或护坡道外侧,用于汇集和排除路面、路肩及边坡的水。施工技术要求主要有:

(1) 设计没有规定时,边沟深度不得小于400mm,底宽不得小于400mm。
(2) 边沟沟底纵坡应衔接平顺。
(3) 土质地段的边沟纵坡大于3%时应采取加固措施。

2. 截水沟

截水沟根据路基填挖情况和所处位置可以分为路堤截水沟、堑顶截水沟和平台截水沟,根据具体情况截水沟可以设一道或数道。其作用是保护边坡不受来自边坡或山坡上方的地面水冲刷。施工技术要求主要有:

(1) 截水沟应先施工,沟底纵坡不应小于0.5%,与其他排水设施应衔接平顺,以免水流停滞。
(2) 截水沟应按设计要求进行防渗及加固处理。地质不良地段、土质松软路段、透水性大或岩石裂隙较多地段,截水沟沟底、沟壁、出水口都应进行加固处理,防止水流渗漏和冲刷。
(3) 截水沟内的水流应避免流入边沟,而是将水流排入截水沟所在山坡一侧的自然沟或直接引入到桥涵进口处,以防止山坡上任其自流,造成冲刷。加固后的截水沟在山坡上方一侧的砌体与山坡土体连接处,容易产生渗漏水,应严格进行夯实和防渗处理,以防止顺山坡下来的水渗入而影响山坡稳定。

3. 排水沟

排水沟是将边沟、截水沟、取土坑等处积水引排到桥涵或路基以外的排水设施。有时排水沟与边沟也不能截然分开,同一水沟兼有汇水、引排两种功能。施工技术要求如下:

(1) 排水沟线形要平顺,转弯处宜为弧线形。
(2) 排水沟的出水口,应设置跌水和急流槽将水流引出路基或引入排水系统。

5.2 地表排水

4. 急流槽

跌水和急流槽主要用于陡坡地段的排水,达到水流的消能和减缓流速,是山区公路普遍采用的排水结构物。施工技术要求主要有:

(1) 片石砌缝应不大于 40mm,砂浆饱满,槽底表面粗糙。

(2) 急流槽分节长度宜为 5~10m,接头处应用防水材料填缝。混凝土预制块急流槽,分节长度宜为 2.5~5.0m,接头采用榫接。

(3) 如设计没有规定时,可采用断面尺寸为:槽底厚度 200~400mm,槽壁厚度为 300~400mm,槽宽最小为 250mm。

5. 无消能池的跌水

无消能池的跌水,其台阶高度应小于 600mm,每阶高度与长度之比应与原地面坡度相协调。

6. 蒸发池

蒸发池仅适用于我国北方气候干旱、蒸发量大且排水困难的地段。平原地区排水较困难,挖成取土坑后其底部原地面低,排水更困难。以取土坑作为蒸发池,在雨水较少地区是一种较好的经济选择。施工技术要求有以下几点:

(1) 蒸发池与路基之间的距离应满足路基稳定要求。湿陷性黄土地区,蒸发池与路基排水沟外缘的距离应大于湿陷半径。

(2) 不得因设置蒸发池而使附近地基泥沼化或对周围生态环境产生不利影响。

(3) 蒸发池池底宜设 0.5% 的横坡,入口处应与排水沟平顺连接。

(4) 蒸发池四周应进行围护,防止行人落入池中。

7. 油水分离池

(1) 污水进入油水分离池前应先通过格栅和沉砂池处理。

(2) 不得由于设置油水分离池而污染当地生态环境。

(3) 池底、池壁和隔板应采用砌浆片石或现浇混凝土进行加固。

8. 排水泵站

(1) 路基汇水无法自流排出时,可设置排水泵站。排水泵站包括集水池和泵房。

(2) 集水池的容积,应根据汇水量、水泵能力和水泵工作情况等因素确定。

(3) 水泵抽出的水,应排至路界之外。

油水分离池和排水泵站这两种排水设施在已建和在建的公路工程中应用较少,这里只提出施工基本要求。

5.2.2 地表排水工程质量要求与检验评定

地表排水设施的技术要求和质量标准应符合 JTG F80—1—2004《公路工程质量检验评定标准》的规定。其中对于跌水、急流槽、水簸箕等其他排水工程的质量标准可参照土沟或浆砌排水沟要求,不再单列项目。

按照评定标准,公路排水工程质量检验评定的内容包括基本要求、实测项目、外观鉴定和质量保证资料四大部分。地表排水工程各类设施分别进行质量检验和评定。

1. 土沟

土沟包括边沟、排水沟和截水沟。

(1) 基本要求。土沟边坡必须平整、坚实、稳定，严禁贴坡。沟底应平顺整齐，不得有松散土和其他杂物，排水畅通。

(2) 实测项目。土沟实测项目包括沟底纵坡、沟底高程、断面尺寸、边坡坡度和边棱顺直度 5 个检查项目，检查评定方法见表 5.1。

表 5.1　　　　　　　　　　　　土沟实测项目

项次	检查项目	规定值或允许偏差	检查方法和频率	权值
1	沟底纵坡	符合设计要求	水准仪：每 200m 测 8 个点	2
2	沟底高程（mm）	+0，−30	水准仪：每 200m 测 8 处	2
3	断面尺寸	不小于设计要求	尺量：每 200m 测 8 处	2
4	边坡坡度	不陡于设计要求	尺量：每 50m 测 2 处	1
5	边棱顺直度（mm）	50	尺量：20m 拉线，每 200m 测 4 处	1

(3) 外观鉴定。沟底无明显凹凸不平和阻水现象。不符合要求时，每处减 1～2 分。

2. 浆砌排水沟

浆砌排水沟质量检验评定内容，也适用于浆砌边沟、截水沟。

(1) 基本要求。砌体砂浆配合比准确，砌缝内砂浆均匀饱满，勾缝密实；浆砌片（块）石、混凝土预制块的质量和规格应符合设计要求；基础中缩缝应与墙身缩缝对齐；砌体抹面应平整、压光、直顺，不得有裂缝、空鼓现象。

(2) 实测项目。浆砌排水沟实测项目及检查评定方法见表 5.2。

表 5.2　　　　　　　　　　　　浆砌排水沟实测项目

项次	检查项目	规定值或允许偏差	检查方法和频率	权值
1	砂浆强度（MPa）	在合格标准内	同一配合比，每台班 2 组	3
2	轴线偏位（mm）	50	经纬仪：每 200m 测 8 处	1
3	沟底高程（mm）	±15	水准仪：每 200m 测 8 个点	2
4	墙面直顺度（mm）或坡度	30 或符合设计要求	20m 拉线 坡度尺：每 200m 测 4 处	1
5	断面尺寸（mm）	±30	尺量：每 200m 测 4 处	2
6	铺砌厚度（mm）	不小于设计值	尺量：每 200m 测 4 处	1
7	基础垫层宽、厚度（mm）	不小于设计值	尺量：每 200m 测 4 处	1

(3) 外观鉴定。砌体内侧及沟底应平顺，不符合要求时，减 1～2 分；沟底不得有杂物，不符合要求时，减 1～2 分。

3. 排水泵站

(1) 基本要求。地基应具有足够的承载能力，不应扰动基底土壤。井壁混凝土应密实，混凝土强度达到合格标准后方可进行下沉。沉井下沉过程中，应随时注意正位，发现偏位及倾斜时须及时纠正。沉井封底应密实不漏水。水泵、管及管件应安装牢固，位置正确。

(2) 实测项目。排水泵站实测项目及检查评定方法见表 5.3。

5.3 地下排水

表 5.3　　　　　　　　　　排水泵站实测项目

项次	检查项目	规定值或允许偏差	检查方法和频率	权值
1	混凝土强度（MPa）	在合格标准内	同一配合比，每台班2组	2
2	轴线偏位（mm）	1‰井深	经纬仪：纵、横向各3处	1
3	垂直度（mm）	1‰井深	用垂线检查：纵、横向各2处	1
4	底板高程（mm）	±50	水准仪：检查6处	2

（3）外观鉴定。泵站轮廓线条清晰，表面平整。不符合要求时，减1～2分。

5.3 地 下 排 水

路基地下排水主要是排出流向路基的地下水或降低地下水位。排水设施包括暗沟（管）、渗沟、渗井、仰斜式排水孔、检查疏通井等。地下排水设施的类型、位置及尺寸应根据工程地质和水文地质条件确定，并与地表排水设施相协调。

5.3.1 地下排水施工技术要求

5.3.1.1 暗沟（管）

暗沟是设在地面以下引导水流的沟道。暗沟横断面一般为矩形，井壁和沟底、沟壁用浆砌片石或水泥混凝土预制块砌筑，沟顶设置混凝土或石料盖板，盖板顶面上的填土厚度不应小于0.50m。近年来采用暗管的形式也较多。暗沟（管）施工技术要求如下：

（1）沟底必须埋入不透水层内，沟壁最低一排渗水孔应高出沟底至少200mm。

（2）暗沟设在路基旁侧时，宜沿路线方向布置；设在低洼地带或天然沟谷处时，宜顺山坡的沟谷走向布置。沟底纵坡应大于0.5%，出水口处应加大纵坡，并高出地表排水沟常水位200mm以上。

（3）寒冷地区的暗沟应按照设计要求做好防冻保温处理，出口处也应进行防冻保温处理，坡度宜大于5%。

（4）暗沟采用混凝土或浆砌片石砌筑时，在沟壁与含水层接触面以上高度，应设置一排或多排向沟中倾斜的渗水孔，沟壁外侧应填筑粗粒透水性材料或土工合成材料形成反滤层。沿沟槽底每隔10～15m或在软硬岩层分界处应设置沉降缝和伸缩缝。

（5）暗沟顶面必须设置混凝土盖板或石料盖板，板顶上填土厚度应大于500mm。

5.3.1.2 渗沟

根据使用部位、结构形式，将渗沟分为填石渗沟、管式渗沟、洞式渗沟、边坡渗沟、支撑渗沟、无砂混凝土渗沟等，各类渗沟均应设置排水层、反滤层和封闭层。

渗沟宜从下游向上游开挖，开挖作业面应根据土质选用合理的支撑形式，并应随挖随支撑、及时回填，不可暴露太久。支撑渗沟应分段间隔开挖。深而长的暗沟（管）、渗沟，在直线段每隔一定距离及平面转弯、纵坡变坡点等处，宜设置检查、疏通井。检查井内应设检查梯，井口应设井盖，兼起渗井作用的检查井的井壁应设置反滤层。

1. 填石渗沟

（1）石料应洁净、坚硬、不易风化。砂宜采用中砂，含泥量应小于2%，严禁用粉砂、细砂。

(2) 渗水材料的顶面（指封闭层以下）不得低于原地下水位。当用于排除层间水时，渗沟底部应埋置在最下面的不透水层。在冰冻地区，渗沟埋置深度不得小于当地最小冻结深度。

(3) 填石渗沟纵坡不宜小于1%。出水口底面标高应高出渗沟外最高水位200mm。

2. 管式渗沟

为拦截含水层的地下水或降低地下水位，可设置管式渗沟，如图5.1所示。

(1) 管式渗沟长度大于100m时，应在其末端设置疏通井，并设横向泄水管，分段排除地下水。

(2) 泄水孔应在管壁上交错布置，间距不宜大于200mm。渗沟顶标高应高于地下水位。管节宜用承插式柔性接头连接。

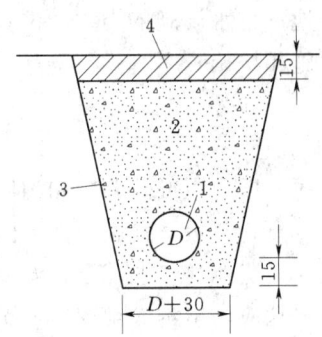 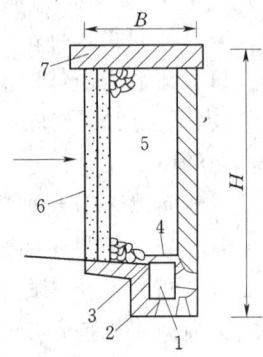

图 5.1 管式渗沟　　　　　　　图 5.2 洞式渗沟
（尺寸单位：cm）　　　　　　1—排水洞；2—浆砌片石；3—混凝土盖板；
1—带槽孔排水管；2—透水性回填料；　4—透水土工织物；5—透水性回填料；
3—反滤织物；4—不透水封层　　　　6—反滤层；7—封闭层

3. 洞式渗沟

在盛产石料地区，也可采用洞式渗沟在路基范围外拦截地下水，如图5.2所示。

(1) 洞式渗沟填料顶面宜高于地下水位。

(2) 洞式渗沟顶部必须设置封闭层，厚度应大于500mm。

4. 边坡渗沟

为疏干潮湿的土质路堑边坡坡体和引排边坡上局部出露的上层滞水或泉水，可采用边坡渗沟，如图5.3所示。

(1) 边坡渗沟的基底应设置在潮湿土层以下的干燥地层内，阶梯式泄水坡坡度宜为2%～4%，基底应铺砌防渗。

(2) 沟壁应设反滤层，其余部分用透水性材料填充。

5. 支撑渗沟

(1) 支撑渗沟的基底宜埋入滑动面以下至少500mm，排水坡度宜为2%～4%。当滑动面较缓时，可做成台阶式支撑渗沟，台阶宽度宜大于2m。

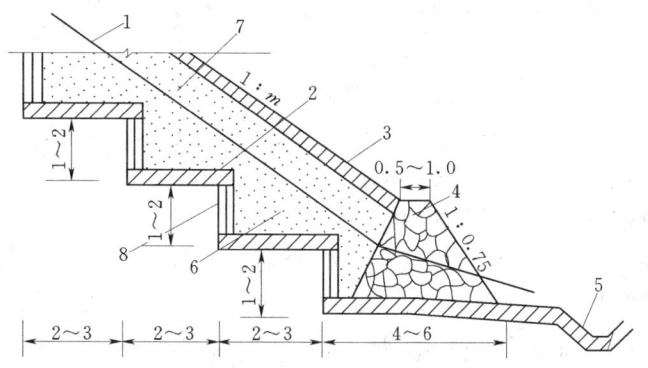

图 5.3 边坡渗沟布置和构造示意（尺寸单位：m）
1—干湿土层分界线；2—浆砌片石铺砌；3—干砌片石覆盖；
4—干砌片石；5—边沟；6—底部回填粗粒料；
7—上部回填细粒料；8—反滤织物或反滤层

（2）渗沟侧壁及顶面宜设反滤层。寒冷地区，渗沟出口应进行防冻处理。

（3）渗沟的出水口宜设置端墙。端墙内的出水口底标高，应高于地表排水沟常水位200mm以上，寒冷地区宜大于500mm。承接渗沟排水的排水沟应进行加固。

6. 反滤层

（1）在渗沟的迎水面设置粒料反滤层时，粒料反滤层应用颗粒大小均匀的碎、砾石，分层填筑。

（2）土工布反滤层采用缝合法施工时，土工布的搭接宽度应大于100mm。铺设时应紧贴保护层，但不宜拉得过紧。土工布破损后应及时修补，修补面积应大于破坏面积的4～5倍。

（3）坑壁土质为黏性土或粉细砂土，采用无砂混凝土板作反滤层时，在无砂混凝土板的外侧，应加设100～150mm厚的中粗砂或渗水土工织物反滤层。

渗沟基底应埋入不透水层，沟壁的一侧应设反滤层汇集水流，另一侧用黏土夯实或浆砌片石拦截水流。如渗沟沟底不能埋入不透水层时，两侧沟壁均应设置反滤层。

无砂混凝土既可作为反滤层，也可作为渗沟，是近几年在公路地下排水设施中应用的新型排水设施，用无砂混凝土作为透水的井壁和沟壁以替代施工较复杂的反滤层和渗水孔设备，并可承受适当的荷载，具有透水性和过滤性好、施工简便、省料等优点，值得推广应用。预制无砂混凝土板块作为反滤层，用在卵砾石、粗中砂含水层中效果良好；如用于细颗粒土地层，应在无砂混凝土板块外侧铺设土工织物作为反滤层，用以防止细颗粒土堵塞无砂混凝土块的孔隙。

7. 封闭层

渗沟顶部应设置封闭层，封闭层宜采用浆砌片石或干砌片石水泥砂浆勾缝，寒冷地区应设保温层，并加大出水口附近纵坡。保温层可采用炉渣、砂砾、碎石或草皮等。

5.3.1.3 渗井

（1）填充料含泥量应小于5%，按单一粒径分层填筑，不得将粗细材料混杂填塞。下层透水层范围内宜填碎石或卵石,上层不透水范围内宜填砂或砾石。井壁与填充料之间应设反滤层。

(2) 渗井顶部四周用黏土填筑围护,井顶应加盖封闭。

(3) 渗井开挖应根据土质选用合理的支撑形式,并应随挖随支撑,及时回填。

5.3.1.4 隔离工程土工合成材料施工的规定

(1) 采用搭接铺设,搭接长度宜为 1000mm。

(2) 土工织物上填料为碎石、砂砾或矿渣时,其最大粒径宜小于 26.5mm,通过 19mm 筛孔的材料不得大于 10%,通过 0.075mm 筛孔的材料塑性指数不得大于 6。

(3) 排水隔离层顶面应高出地下水位 300mm 以上。

5.3.1.5 仰斜式排水孔施工的规定

仰斜式排水孔是采用小直径的排水管在边坡体内排除深层地下水的一种有效方法,它可以快速疏干地下水,提高岩土体抗剪强度,防止边坡失稳,并减少对岩(土)体的开挖,加快工程进度和降低造价,因而在国内外山区公路中得到广泛应用。

(1) 钻孔成孔直径宜为 75~150mm,仰角不小于 6°。孔深应延伸至富水区。

(2) 排水管直径宜为 50~100mm,渗水孔宜梅花形排列,渗水段裹 1~2 层无纺土工布,防止渗水孔堵塞。

5.3.1.6 承压水的排除

(1) 一般地区埋深较浅的承压水,宜采用在承压水出口处抛填片石或混凝土预制块等措施,使承压水消能为无压水流后再采用排水沟、渗沟等方式排走,也可用隔离层把承压水引入排水沟。

(2) 一般地区层间重力水,可根据不同的含水情况和压力情况,采用渗沟、排水沟、渗井和暗沟(管)等措施排除。

(3) 寒冷地区,埋藏于冻土层以下的承压水,宜采用渗沟、排水沟、渗井和暗沟(管)等方法排除;但如果因地形条件所限,排水设施不能埋设于当地冰冻深度以下时,上层填土宜采取保温措施,与排水设施出口处相连接的沟槽应做成保温沟,保温沟的保温覆盖层,其布设范围应在排水设施出口处向外延伸 2~5m,并应加大出水口处排水沟纵坡。

(4) 在寒冷地区,山坡较平缓,含水量和覆盖层又较浅,且涌水量、动水压力不大的情况下,可在覆盖层中挖冻结沟。

5.3.2 地下排水工程质量要求与检验评定

1. 管道基础及管节安装

(1) 基本要求。管材必须逐节检查,不得有裂缝、破损;基础混凝土强度达到 5MPa 以上时,方可进行管节铺设;管节铺设应平顺、稳固,管底坡度不得出现反坡,管节接头处流水面高差不得大于 5mm。管内不得有泥土、砖石、砂浆等杂物;管道内的管口缝,当管径大于 750mm 时,应在管内作整圈勾缝;管口内缝砂浆平整密实,不得有裂缝、空鼓现象。抹带前,管口必须洗刷干净,管口表面应平整密实,无裂缝现象,抹带后应及时覆盖养生。设计中要求防渗漏的排水管须作渗漏试验,渗漏量应符合要求。

(2) 实测项目。管道基础及管节安装实测项目和标准见表 5.4。

5.3 地下排水

表 5.4　　　　　　　　　　　管道基础及管节安装实测项目

项次	检查项目		规定值或允许偏差	检查方法和频率	权值
1	混凝土抗压强度或砂浆强度（MPa）		在合格标准内	同一配合比，每台班2组	3
2	管轴线偏位（mm）		15	经纬仪或拉线：每两井间测5处	2
3	管内底高程（mm）		±10	水准仪：每两井间测4处	2
4	基础厚度（mm）		不小于设计	尺量：两井间测5处	1
5	管座	肩宽（mm）	+10，-5	尺量、挂边线：每两井间测4处	1
		肩高（mm）	±10		
6	抹带	宽度（mm）	不小于设计	尺量：按20%抽查	2
		厚度（mm）	不小于设计		

（3）外观鉴定。管道基础混凝土表面平整密实，侧面蜂窝不得超过该表面积的1%，深度不超过10mm，不符合要求时，减1～3分；管节铺设直顺，管口缝带圈平整密实，无开裂脱皮现象，不符合要求时，每处减1～2分；抹带接口表面应密实光洁，不得有间断和裂缝、空鼓，不符合要求时，每处减1～2分。

2. 检查井、雨水井砌筑

（1）基本要求。井基混凝土强度达到5MPa时，方可砌筑井体；砌筑砂浆配合比准确，井壁砂浆饱满，灰缝平整。圆形检查井内壁应圆顺，抹面密实光洁，踏步安装牢固；井框、井盖安装必须平稳，井口周围不得有积水。

（2）实测项目。检查井、雨水井砌筑实测项目及标准见表5.5。

表 5.5　　　　　　　　　　　检查井、雨水井砌筑实测项目

项次	检查项目		规定值或允许偏差	检查方法和频率	权值
1	砂浆强度（MPa）		符合设计要求	同一配合比，每台班2组	3
2	轴线偏位（mm）		50	经纬仪：每个检查井检查	1
3	圆井井径或方井井宽（mm）		±20	尺量：每个检查井检查	1
4	井底高程（mm）		±15	水准仪：每个检查井检查	1
5	井盖与相邻路面高差（mm）	雨水井	+0，-4	水准仪：每个检查井检查	2
		检查井	+4，-0		

（3）外观鉴定。井内砂浆抹面无裂缝；不符合要求时，减1～2分；井内平整圆滑，收分均匀；不符合要求时，减1～2分。

3. 盲沟

（1）基本要求。盲沟的设置及材料规格、质量等应符合设计要求和施工规范规定；反滤层应用筛选过的中砂、粗砂、砾石等渗水性材料分层填筑；排水层应采用石质坚硬的较大粒料填筑，以保证排水孔隙度。

（2）实测项目。盲沟实测项目及质量标准见表5.6。

（3）外观鉴定。反滤层应层次分明，不符合要求时，减1～2分；进出水口应排水通

表 5.6　　　　　　　　　　　　盲沟实测项目

项次	检 查 项 目	规定值或允许偏差	检查方法和频率	权值
1	沟底高程（mm）	±15	水准仪：每20m测4处	1
2	断面尺寸（mm）	不小于设计	尺量：每20m测2处	1

畅，不符合要求时，减 1~2 分。

4. 土工合成材料

（1）基本要求。土工合成材料质量应符合设计要求，无老化，外观无破损，无污染；土工合成材料应紧贴下承层，按设计和施工要求铺设、张拉、固定；土工合成材料的接缝搭接、黏结强度和长度应符合设计要求，上、下层土工合成材料搭接缝应交替错开。

（2）实测项目。隔离工程土工合成材料施工质量应符合表 5.7 的规定，过滤排水工程土工合成材料施工质量应符合表 5.8 的规定。

表 5.7　　　　　　　　　隔离工程土工合成材料实测项目

项次	检 查 项 目	规定值或允许偏差	检查方法和频率	权值
1	下承层平整度、拱度	符合设计要求	每200m检查8处	1
2	搭接宽度（mm）	+50，-0	抽查5%	2
3	搭接缝错开距离（mm）	符合设计要求	抽查5%	2
4	接缝处透水点	不多于1个	每缝	3

表 5.8　　　　　　　　过滤排水工程土工合成材料实测项目

项次	检 查 项 目	规定值或允许偏差	检查方法和频率	权值
1	下承层平整度、拱度	符合设计要求	每200m检查8处	1
2	搭接宽度（mm）	+50，-0	抽查5%	3
3	搭接缝错开距离（mm）	符合设计要求	抽查5%	3

（3）外观鉴定。土工合成材料重叠、皱折不平顺，每处减 1~2 分；土工合成材料固定处松动，每处减 1~2 分。

5.4 路 面 排 水

路面排水主要包括中央分隔带排水、路肩排水以及有可能进入路界的公路毗邻地带的地表水和由相交道路进入路界内的地表水的排出，以减少地表水对路基和路面的危害以及对行车安全的威胁。本节重点介绍中央分隔带排水和路肩排水施工技术方法等。

在汇水量不大、公路纵坡平缓、填土不高且边坡不会受到冲刷的情况下，中央分隔带可采用双向横坡排水；路面及路肩排水应通过在路堤边坡上横向漫流的方式排水。在一些情况下，如水流流量大、多雨地区，或路堤较高且未作防护、路肩较窄，以及路面低洼处等，则需要设置必要的排水设施进行路面水排除。

5.4 路面排水

5.4.1 中央分隔带排水

1. 中央分隔带小于3m时的排水设施与技术要求

（1）分隔带宽度小于3m且表面采用铺面封闭时，在不设超高路段上，分隔带铺面应采用向两侧外倾的横坡，采用横向漫流的方式排水。

（2）在超高路段上，可在分隔带上侧边缘处设置缘石泄水口，或者在分隔带内设置缝隙式圆形集水管或碟形混凝土浅沟和泄水口，以拦截和排泄上侧半幅路面的表面水，如图5.4所示。缘石过水断面的泄水口可采用开口式、格栅式或组合式；碟形混凝土浅沟的泄水口采用格栅式。

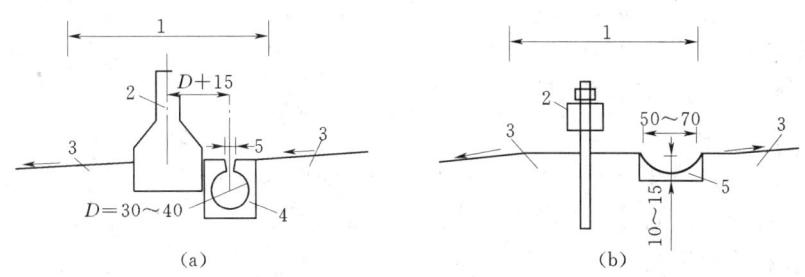

图 5.4　超高路段上设里缝隙式圆形集水管或碟形浅沟（尺寸单位：cm）
(a) 缝隙式圆形集水管；(b) 碟形混凝土浅沟
1—中央分隔带；2—护栏；3—铺面；4—缝隙式圈形集水管；5—碟形混凝土浅沟

（3）缘石泄水口施工要求和质量标准可以参照施工技术规范中路缘石的规定，缝隙式圆形集水管、碟形混凝土浅沟可参照5.2节和5.3节中沟管施工等有关规定。

2. 中央分隔带大于3m时的排水设施及技术要求

（1）分隔带宽度大于3m且未采用铺面封闭时，应通过内倾横向坡度使表面水流向分隔带中央低凹处，并通过纵坡排流到泄水口或横穿路界的桥涵水道中。

（2）当水流速度超过地面土的最大允许流速时，应在过水断面宽度范围内对地面土进行防冲刷处理，做成三角形或U形断面的水沟。防冲刷层可采用石灰或水泥稳定土，或者采用浆砌片石铺砌，层厚10～15cm。

3. 格栅式泄水口

（1）在中央分隔带内的水流流量过大或流速超过允许范围处，或者在分隔带低凹区的流水汇集处，应设置格栅式泄水口，并通过排水管引排到桥涵或路界外。格栅可以同周围地面齐平，也可适当降低，并在其周围一定宽度范围内做成低凹区，如图5.5所示。

（2）格栅式泄水口施工及要求可参照5.3节中雨水井施工等有关规定。

4. 排水渗沟

（1）多雨地区表面无铺面且未采用表面排水措施的中央分隔带，为排除渗入分隔带内的表面水，可设置纵

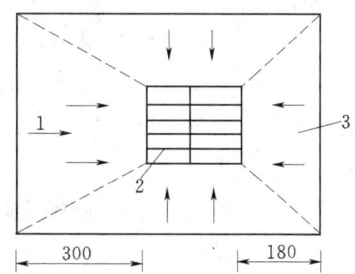

图 5.5　中央分隔带格栅式泄水口
（尺寸单位：cm）
1—上游；2—格栅；3—低凹区

向排水渗沟，并隔一定间距通过横向排水管将渗沟内的水排引出路界。渗沟周围包裹反滤织物（土工布），以免渗入水携带的细粒将渗沟堵塞。渗沟上的回填料与路面结构的交界面处铺设涂双层沥青的土工布隔渗层。排水管可采用直径70～150mm的塑料管，如图5.6所示。

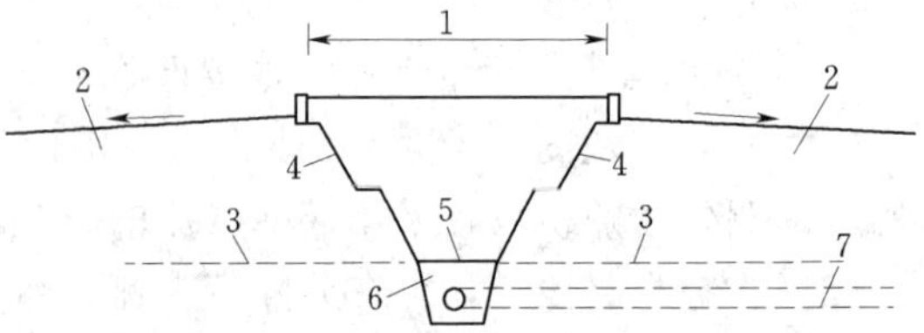

（2）排水渗沟施工及要求可参照5.3节沟管、土工合成材料的相关规定。

图5.6 中央分隔带下设排水渗沟示意
1—中央分隔带；2—路面；3—路床顶面；4—隔层；
5—反滤织物；6—渗沟；7—横向排水管

5.4.2 路肩排水

5.4.2.1 拦水带、泄水口与急流槽

1. 一般要求

在路堤较高、边坡坡面未做防护而易遭受路面表面水流冲刷，或者坡面虽已采取防护措施但仍有可能受到冲刷时，应沿路肩外侧边缘设置拦水带，汇集路面表面水，然后通过泄水口和急流槽排离路堤，如图5.7所示。

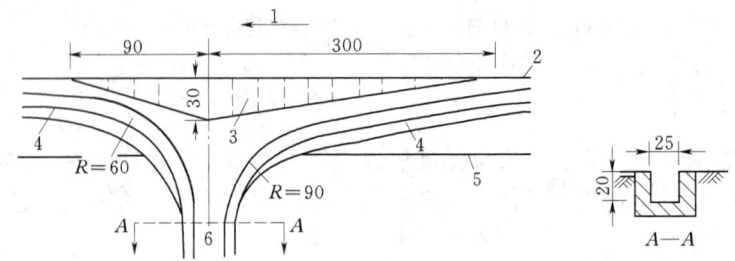

图5.7 纵坡坡段上拦水带不对称泄水口的平面布置示意
（尺寸单位：cm）
1—水流流向；2—硬路肩边缘；3—低凹区；4—拦水带顶；
5—路堤边坡坡顶；6—急流槽

2. 拦水带质量标准

拦水带可由沥青混凝土现场浇筑，或者由水泥混凝土预制块铺砌而成，如图5.8所示。按照检验评定标准规定，拦水带的技术要求和质量标准纳入路缘石部分。

（1）基本要求。预制缘石的质量应符合设计要求；安砌稳固，顶面平整，缝宽均匀，勾缝密实，线条直顺，曲线圆滑美观；槽底基础和后背填料必须夯打密实；现浇路缘石材料应符合设计要求。

（2）实测项目。拦水缘石实测项目见表5.9。

（3）外观鉴定。路肩无阻水现象，不符合要求时，每处减1～2分；路肩边缘直顺，无其他堆积物，不符合要求时，单向累计长度每50m或每处减1～2分。

急流槽可采用由浆砌片石铺砌或者由水泥混凝土预制件铺筑，采用矩形横断面。急流槽、泄水口质量要求和标准参见5.2节土沟、浆砌排水沟相关内容的规定。

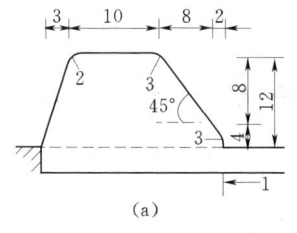
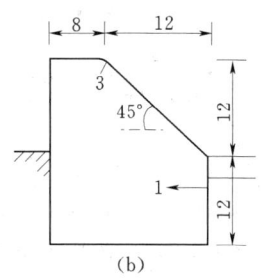

图 5.8 拦水带横断面参考尺寸（尺寸单位：cm）
(a) 沥青混凝土拦水带；(b) 水泥混凝土拦水带
1—硬路肩边缘；2、3—半径

表 5.9 拦水缘石实测项目

项次	检查项目		规定值或允许偏差	检查方法和频率	权值
1	直顺度（mm）		15	20m 拉线；每 200m 测 4 处	3
2	预铺设	相邻两块高差（mm）	3	水平尺；每 200m 测 4 处	2
		相邻两块缝宽（mm）	±3	尺量；每 200m 测 4 处	1
	现浇	宽度（mm）	±5	尺量；每 200m 测 4 处	2
3	顶面高程（mm）		±10	水准仪；每 200m 测 4 点	2

5.4.2.2 路肩边沟

在硬路肩宽度较窄，汇水宽度或汇水量大，使拦水带的过水断面不足时，可沿土路肩设置由 U 形水泥混凝土预制件铺筑的路肩边沟。路肩表面应平整密实，不积水。路肩无阻水现象，肩线应直顺，曲线圆滑。路肩边沟施工技术要求可参照 5.2 节边沟的相关规定，不再赘述。

思 考 题

5.1 路基排水的原则和施工技术要求是什么？
5.2 地表排水设施有哪些类型？各有哪些施工技术要求？
5.3 地表排水设施检验的内容是什么？
5.4 试说明土沟的实测项目及检验方法和频率是什么？
5.5 地下排水设施有哪些？各有哪些施工技术要求？
5.6 渗沟有哪些类型？反滤层、封闭层的施工技术要求有哪些？
5.7 盲沟的质量检验评定实测项目有哪些？检测方法和频率各是什么？
5.8 根据不同的情况，如何设置中央分隔带排水设施？
5.9 路肩排水有哪些设施？拦水缘石质量检验的基本要求和实测项目有哪些内容？

第6章 路基边坡防护与支挡

教学要求：掌握坡面防护的类型、特点及适用范围；掌握骨架防护、圬工防护的施工要点；掌握支挡构筑物的分类及施工要点；了解封面、捶面的施工要点及路基边坡防护项目的质量要求和检查验收标准等。

6.1 路基坡面的防护

坡面防护，主要是保护路基边坡表面免受雨水冲刷，减缓温差及湿度变化影响，防止和延缓软弱岩土表面的风化、碎裂、剥蚀演变过程，从而保证路基稳定，防治路基病害，保证公路运行安全。常用的坡面防护包括植物防护，骨架植物防护，圬工防护，封面、捶面防护等方法。在设计过程中尽量采用边坡自然稳定下的植物防护或不设防护，认真考虑防护与周围环境景观协调，努力做到畅、洁、绿、美的效果。

6.1.1 植物防护

植物防护，可美化路容，协调环境，调节边坡土的湿度，起到固结和稳定边坡的作用。它对于坡高不大、边坡比较平缓的土质坡面，是一种简易有效的防护设施，包括植被防护、三维植被网防护、湿法喷播、客土喷播等。

6.1.1.1 植被防护

1. 种草

种草适用于边坡稳定、坡面冲刷轻微的路堤或路堑边坡。一般要求边坡坡度不陡于 1∶1，边坡地面水径流速度不超过 0.6m/s。长期浸水的边坡不宜采用。

采用种草防护时，草种的选择应根据防护的目的和当地的土质、气候、施工季节，通常选用易成活、生长快、根系发达、叶茎矮或有葡萄茎的多年生草种。最好采用几种草种混合播种，使之生成一个良好的覆盖层。

播种的坡面应平整、密实、湿润。播种方法有撒播法、喷播法和行播法等。采用撒播法时，草籽应均匀撒布在已清理好的土质边坡上，同时做好保护措施。对于不利于草类生长的土质，应在坡面上先铺一层 5~10cm 的种植土。路堑边坡较陡或较高时，可通过试验采用草籽与含肥料的有机质泥浆混合，用喷播法将混合物喷射于坡面。采用行播法时，草籽埋入深度应不小于 5cm，且行距应均匀。

播种应在温度、湿度较大的季节进行。播种前应在路堤的路肩和路堑的堑顶边缘埋入与坡面齐平的宽 20~30cm 的带状草皮，播种后，应适时进行洒水施肥、清除杂草等养护管理，直到植物覆盖坡面。

2. 铺草皮

铺草皮适用于需要快速绿化的项目，且坡面缓于 1∶1 的土质边坡和严重风化的软质岩石边坡。铺草皮一般应在春季或秋季施工，气候干旱地区应在雨季施工。铺草皮的施工

6.1 路基坡面的防护

方式有平铺(平行于坡面)、水平叠置、垂直坡面或与坡面成一半坡角的倾斜叠置。

铺草皮需预先备料,草皮可就近培育,切成整齐块状,然后移铺在坡面上。铺时应自下而上,并用竹木尖桩将草皮钉在坡面上,使之稳定。草皮根部土应随草切割,坡面要预先整平,必要时还应加铺种植土,草皮应随挖随铺,注意相互贴紧,其具体要求及铺设方法见表 6.1 和表 6.2。

表 6.1 铺草皮的具体要求

草皮种类	尺 寸 (cm)	厚 度 (cm)	小桩尺寸 (cm)	钉桩方法	每 1000 根尖木桩需木材数量 (m³)
方块状	20×25 25×40 30×50	6~10	2×2×(20~30)	四角钉桩	0.15(桩长 20cm)
带状	宽 25, 长 200~300	6~10	2×2×(20~30)	梅花状,间距 40cm	0.25(桩长 30cm)

注 用作冲刷防护时,最好使用新伐的柳木等易成活生长的木桩,木桩直径 4~6cm、长 75~100cm,排成梅花状,间距 50~100cm。

表 6.2 铺草皮的方法及适用范围程度

铺 设 方 法		坡 度	冲 刷	图示编号
平铺		边坡<1:1.5	流速<1.2m/s	图 6.1(a)、(b)
竖铺	平铺叠置	边坡>1:1	流速 1.2~1.8m/s	图 6.1(c)
	垂直于坡面	边坡为 1:1~1:1.5	流速 1.2~1.8m/s	图 6.1(d)
	斜交叠铺	边坡<1:1	流速 1.2~1.8m/s	图 6.1(e)
网格式		边坡<1:1.5	—	图 6.1(f)

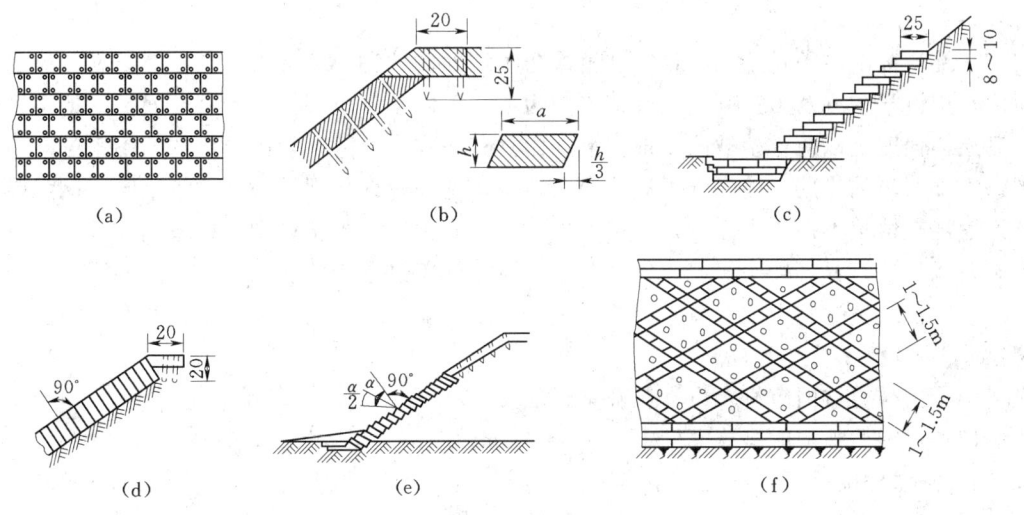

图 6.1 草皮防护示意图(单位:cm)
(a)平铺平面;(b)平铺剖面;(c)水平叠铺;(d)垂直叠铺;(e)斜交叠铺;(f)网格式

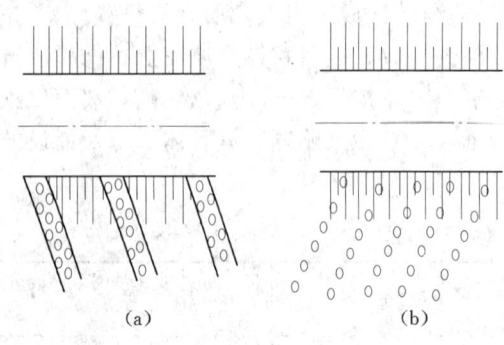

图 6.2 植树防护的形式
(a) 带式植树防护；(b) 连续式植物防护

路堑边坡铺草皮时，应铺过路堑顶部 1m 或铺至截水沟边。为提高防护效果，在铺草皮防护坡面上，尽可能植树造林，以形成一个良好的覆盖层。

3. 植树防护

适用于边坡坡面缓于 1∶1.5 的边坡，或在路基边坡以外的河岸及漫滩上植树，对于加固路基与防护河岸可收到良好的效果。它可以降低水流速度，种在河滩上可促使泥沙淤积，防止水流直接冲刷路堤。在风沙和积雪地区，林带可以防沙防雪，保护路基不受侵蚀。此外还可以美化路容，调节气候，改善高等级公路的景观效果。防护林带的种植方法和种植间距与树的品种、植树目的与所在地区有关，可结合当地植树造林和公路路旁植树绿化情况综合考虑，也可参考图 6.2 及表 6.3 实施。

植树防护宜选用适宜当地土壤与气候条件，生长迅速、根系发达、枝叶茂密的低矮灌木，用于冲刷防护时宜选用生长很快的杨柳类，或不怕水淹的灌木类，高等级公路边坡及公路弯道内侧边坡上严禁种植乔木。在树木未成长前，应防止流速大于 3m/s 的水流侵害。必要时应在树前方设置障碍物，加以保护；植树防护最好与种草结合使用，使坡面形成一个良好的覆盖层，才能更好地起到防护作用。

表 6.3 防护林植树间距参考值

种植方法	树的种类	行距 (m)	株距 (m)
单株种植	杨树类	1.5	0.8
	杨树类	1.0	0.6
	灌木类	0.8	0.5
一窝一窝地种植	乔木类	1.0	1.0
	灌木类	0.8	0.5

6.1.1.2 三维植被网防护

三维植被网防护是土工织物复合植被防护坡面的一种典型形式，它以热塑料树脂为原料，采用科学配方及工艺制成。其结构分为上、下两层：下层为一个经双面拉伸的高模量基础层，强度足以防止植被网变形；上层由具有一定弹性的、规则的、凹凸不平的网包组成。由于网包的作用，能降低雨滴的冲刷能量，并通过网包阻挡坡面雨水，同时网包能很好地固定充填物不被雨水冲走，为植物生长创造条件。三维植被网防护适用于沙性土、土夹石及风化岩石，且坡率缓于 1∶0.75 的边坡。施工过程应注意以下几个问题：

(1) 三维植被网中的回填土应符合设计要求，宜采用客土或土、肥料及腐殖质土的混合物。

(2) 三维植被网应符合设计及有关标准。

(3) 三维植被网的搭接宽度不宜小于 100mm。

6.1.1.3 湿法喷播

湿法喷播是由欧美引进的一种机械化植被建植技术，即将植物种子、肥料、土壤稳定剂和水按一定比例混合均匀，用专门的设备（喷播机）喷射到边坡上，种子在较稳定的时间内萌芽、生长成株、覆盖坡面，达到迅速绿化、稳固边坡的目的。

用这种方法在人力不可及的陡峭高边坡和含石的边坡上种植植被非常优越。播种的时间一般在气候温和、湿度较大的春、秋为宜，不宜在干燥的风季和暴雨季节播种。播种前应在路堤的路肩和路堑顶边缘，埋入与坡面齐平的宽200~300mm、厚50~60mm的带状草皮。播种后适时进行补种、洒水、施肥、清除杂草等养护管理，直至植被成长覆盖坡面。

湿法喷播适用于土质边坡、土夹石边坡、严重风化岩石，且坡率缓于1:0.5的路堑和路堤边坡及中央分隔带、立交区、服务区及弃土堆绿化防护。湿法喷播施工，喷播后应及时养护，成活率应达到90%以上。

6.1.1.4 客土喷播

客土喷播是以日本为典型代表的一种喷播建植技术。客土喷播是将客土（提供植物生育的基盘材料）、纤维（基盘辅助材料）、侵蚀防止剂、缓效肥料和种子按一定比例，加入专门设备中充分混合后，喷射到坡面，使植物获得生长条件，达到快速绿化的目的。客土喷播主要用于风化岩、土壤较少的软质岩石、养分少的土壤、硬质土壤、植物立地条件差的高大陡坡面和受侵蚀显著的坡面，其主要目的是保护边坡的稳定、安全，同时又能最大限度地恢复自然生态。客土喷播技术，一般先打锚杆，挂镀锌钢筋网，然后再喷客土。播种前应施一定基肥，草坪生长期应施以追肥，且适时浇水养护，浇水应使用无油、酸、碱、盐及任何有害于苗木生长的物质的水。当坡率陡于1:1时，宜设置挂网或混凝土框架。

客土喷播施工应符合以下规定：喷播植草混合料的配合比（植生土、土壤稳定剂、保水剂、肥料、混合草籽、水等）应根据边坡坡度、地质情况和当地气候条件确定，混合草籽用量每$1000m^2$不宜少于25kg。当气温低于12℃时不宜喷播作业。

6.1.2 骨架植物防护

1. 浆砌片石或混凝土骨架植草护坡

浆砌片石（混凝土块）骨架植草防护适用于土质和强风化的岩石边坡，防止边坡受雨水侵蚀，避免土质坡面上产生沟槽，其形式多样，主要有拱形骨架、菱形（方格）骨架、人字形骨架、多边形混凝土空心块等。浆砌片石（混凝土块）骨架植草防护既稳定路基边坡，又能节省材料，造价较低，施工方便，造型美观，能与周围环境自然融合，是目前高速公路边坡防护的主要形式之一，值得推广应用。设计、施工时应注意以下问题：

（1）骨架植物防护适用于缓于1:0.75的土质和全风化岩石边坡，当坡面受雨水冲刷严重或潮湿时，坡面应缓于1:1。

（2）应视边坡坡率、土质和当地情况确定骨架形式，并与周围景观相协调。框架内应采用植物或其他辅助防护措施。

（3）降雨量较大且集中的地区，骨架宜做成截水沟型。截水沟断面尺寸由降雨强度计算确定。

（4）骨架内应采用植物或其他辅助防护设施。植草草皮下宜有50~100mm厚的种植土，草皮应与坡面和骨架密贴。

(5) 应及时对草皮进行养护。

2. 多边形水泥混凝土空心块植物防护

(1) 适用于坡度缓于1:0.75的土质边坡和全风化、强风化的岩石路堑边坡,并视需要设置浆砌片石或混凝土骨架。

(2) 多边形空心预制块的混凝土的强度不应低于C20,厚度不应小于150mm。空心预制块内应填充种植土,喷播植草。

施工应注意以下问题:

(1) 预制块铺置应在路堤沉降稳定后方可施工。

(2) 预制块铺置前应将坡面整平。

(3) 预制块经验收合格后方可使用。

(4) 预制块应与坡面紧贴,不得有空隙,并与相邻坡面平顺。

3. 锚杆混凝土框架植物防护

锚杆混凝土框架植草防护是近年来在总结锚杆挂网喷浆(混凝土)防护的经验教训后发展起来的,它既保留了锚杆对风化破碎岩石边坡的主动加固作用,防止岩石边坡经开挖卸荷和爆破松动而产生的局部破坏,又吸收了浆砌片石(混凝土块)骨架植草防护的造型美观、便于绿化的优点。

锚杆混凝土框架植草防护形式有多种组合:锚杆混凝土框架+喷播植草、锚杆混凝土框架+挂三维土工网+喷播植草、锚杆混凝土框架+土工格室+喷播植草、锚杆混凝土框架+混凝土空心砖+喷播植草等。锚杆混凝土框架植草防护适用于土质边坡和坡体中无不良结构面、风化破碎的岩石路堑边坡。施工应注意以下问题:

(1) 锚杆采用非预应力的全长黏结型锚杆,锚杆间距、长度应根据边坡地质情况确定。锚杆保护层厚度不应小于20mm。

(2) 框架应采用钢筋混凝土,混凝土强度不应低于C25,框架几何尺寸应根据边坡高度和地层的情况等确定,框架内宜植草。

6.1.3 圬工防护

圬工防护包括喷护、锚杆挂网喷浆、浆砌片石护坡和护面墙等结构形式,圬工防护存在的主要问题是与周围环境不协调,道路景观差,应尽量少用,尤其是不适宜采用锚杆挂网喷浆。若要采用圬工防护时,应加强其细部处理设计,注意与周围自然环境和当地人文环境的融合,并在边坡碎落台、平台上种植攀藤植物,如爬墙虎,或者采用客土喷播的岩面植生措施,以减少对周围环境的影响。

圬工防护用于路堑边坡防护时,应注意与边坡渗沟或仰斜排水孔等配合使用,防止边坡产生变形破坏;浆砌片石护坡高度较大时,应设置防滑耳墙,保证护坡稳定。

1. 喷护

喷浆(喷射混凝土)防护适用于坡率缓于1:0.5、边坡易风化、裂缝和节理发育、坡面不平整的岩石路堑边坡,且边坡较干燥,无流水侵入。对于高而陡的边坡,当需大面积防护时,采取此类型更为经济。

喷浆防护边坡常用机械喷护施工,将配制好的砂浆(混凝土)使用喷射机(或水泥枪)喷射于坡面上,由于喷射产生一定的压力,提高了保护层与坡面间的黏聚力及保护层的强度。喷射混凝土厚度不宜小于80mm,强度不应低于C15,应根据厚度分2~3层喷射。喷浆厚度不宜小于50mm,砂浆强度不应低于M10。施工作业前应通过试喷,选择合适的水灰比,以保证喷射坡面的质量。喷浆水灰比过小时,灰体表面颜色灰暗,出现干裂,回弹量大,粉尘飞扬;水灰比过大时,灰体表面起皱、拉毛、滑动,甚至流淌;水灰比合适时,灰体呈黏糊状,表面光滑平整,回弹量小。喷浆施工严禁在结冰季节或大雨中进行。

喷浆防护工程施工应注意以下问题:
(1) 喷护前应采取措施对泉水、渗水等进行处治,并按设计要求设置泄水孔,排、防积水。
(2) 喷射顺序应自下而上进行。
(3) 砂浆初凝后,应立即开始养生,养护期一般5~7d。
(4) 应及时对喷浆层顶部进行封闭处理。

喷射混凝土防护施工应注意以下问题:
(1) 作业前应进行试喷,选择合适的水灰比和喷射压力。喷射混凝土宜自下而上进行。
(2) 做好泄水孔和伸缩缝。
(3) 喷射混凝土初凝后,应立即养生,养护期一般为7~10d。
(4) 喷射混凝土防护施工质量应满足设计和规范要求。

2. 锚杆挂网喷浆(混凝土)

当坡面岩体风化破碎严重时,为了加强边坡稳定性,则采用锚杆挂网喷射混凝土(喷浆),锚杆锚固深度及铁丝网孔密度视边坡岩石性质及风化程度而定。锚杆挂网喷射混凝土(喷浆)适用于坡面为碎裂结构的硬质岩石或层状结构的不连续地层以及坡面岩石与基岩分开并有可能下滑的挖方边坡。

锚杆挂网喷浆(混凝土)防护施工应注意以下问题:
(1) 锚杆应嵌入稳固基岩内,锚固深度应根据岩体性质确定。锚杆孔深应大于锚固长度200mm。钢筋网喷射混凝土支护厚度不应小于100mm,亦不应大于250mm。
(2) 钢筋保护层厚度不小于20mm。
(3) 固定锚杆的砂浆应捣固密实,钢筋网应与锚杆连接牢固。
(4) 铺设钢筋网前宜在岩面喷射一层混凝土,钢筋网与岩面的间隙宜为30mm,然后再喷射混凝土至设计厚度。
(5) 喷射混凝土的厚度要均匀,钢筋网及锚杆不得外露。
(6) 做好泄、排水孔和伸缩缝。
(7) 锚杆挂网喷射混凝土(砂浆)防护施工质量应满足设计和规范要求。

3. 护坡

石砌护坡有干砌和浆砌两种,可用于土质或风化岩质路堑或土质路堤边坡的坡面防护,也可用于浸水路堤及排水沟渠,作为冲刷防护。

干砌片石虽有一定的支撑能力,但主要作用是防止水流冲刷边坡,故要求被防护的边坡自身应基本稳定(坡度一般为缓于1:1.25)。对严重潮湿或有冻害的路段,一般不宜使用。干砌片石防护有单层铺砌(图6.3)、双层铺砌(图6.4)和编格内铺石(图6.5)

等几种形式，可根据具体情况选用。用于冲刷防护时，如允许流速大于单层或双层时，则宜采用编格内铺石护坡。

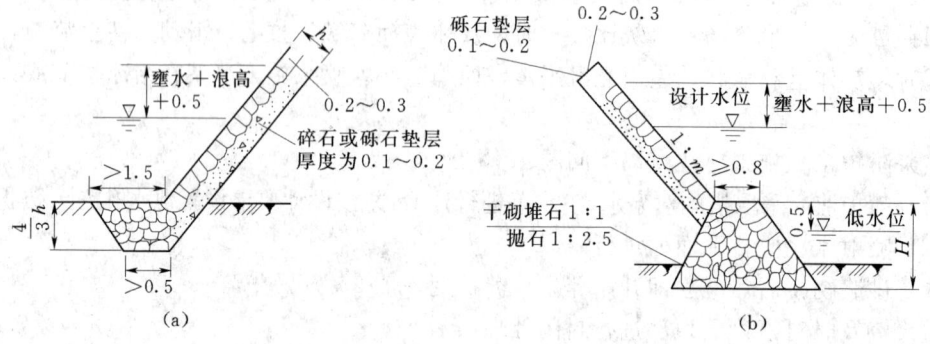

图 6.3 单层铺砌片石护坡（尺寸单位：m）
(a) 墁石铺砌基础；(b) 干砌抛石、堆石垛基础
H—基础高度；h—护坡厚度

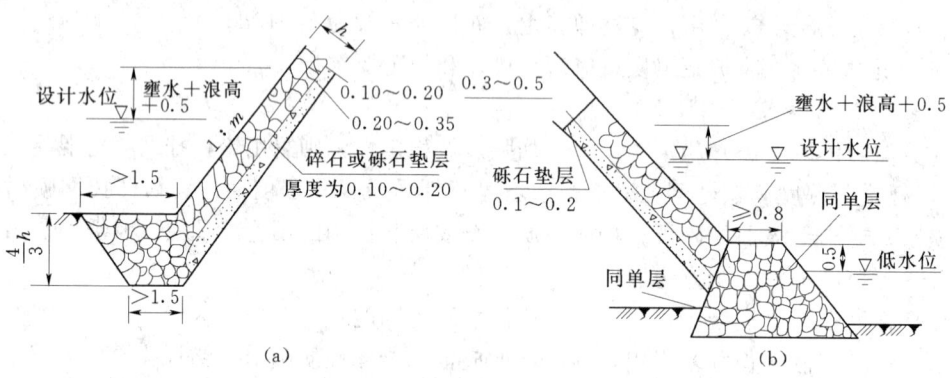

图 6.4 双层铺砌片石护坡（单位：m）
(a) 墁石铺切基础；(b) 干砌抛、堆石垛基础

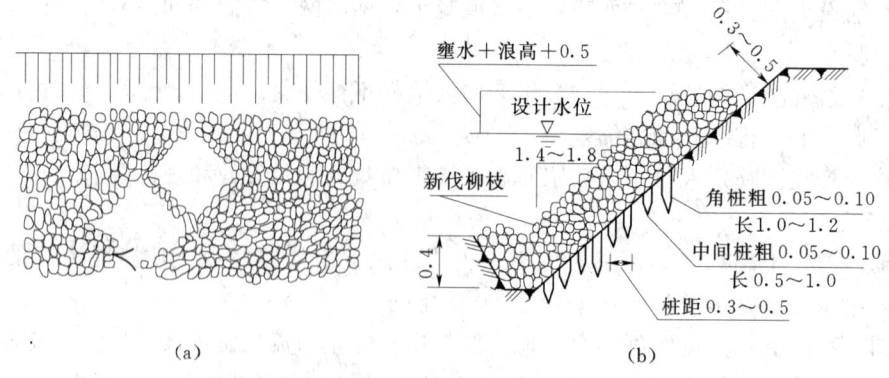

图 6.5 编格内铺石（单位：m）
(a) 正面；(b) 剖面

采用干砌片石防护时，为防止水流将铺石下面边坡上的细颗粒土带出来冲走，施工时，应在铺砌层的底面设不小于100m的碎石、砾石或砂砾混合物垫层，以增加整个铺石防护的弹性，使其不易损坏。同时，干砌片石最好用砂浆勾缝，防止水分侵入过多，以提高其整体强度。

浆砌片石护坡，适用于坡度缓于1:1的易风化的岩石边坡或采用干砌片石不适宜或效果不理想的其他路基坡面防护。尤其是与浸水挡土墙或护面墙等综合使用，防护不同岩层和不同位置的边坡，可收到较好的效果。但对严重潮湿或严重冻害的土质边坡，在未进行排水措施以前，则不宜采用。

浆砌片（卵）石护坡宜用符合规范要求的块（片）石砌筑，其厚度一般为200～500mm，冲刷防护时，最小厚度一般不小于350mm，护坡底面应设100～150mm厚的碎石或砂砾垫层（严禁用石块抛填）。基础要求坚固，底面宜采用1:5向内倾斜的坡度，如遇坚石可挖成台阶式，在近河地段基础则应埋置于冲刷线以下500mm。浆砌片石护坡每长10～15m，应留宽约20mm的伸缩缝。护坡的中、下部应设100cm×100cm的矩形或直径为100cm的圆形泄水孔（间距一般为2～3m），泄水孔后500mm的范围内应设置反滤层。路堤边坡上的浆砌片石护坡，应在路堤沉实或夯实后施工，以免因路堤沉降而引起护坡的破坏。

干砌片石护坡施工应注意以下问题：

(1) 边坡为粉质土、松散的砂或粉砂土等易被冲蚀的土时，碎石或砂砾垫层厚度不得小于100mm。

(2) 基础应选用大石块砌筑，如基础与排水沟相连，其基础应设在沟底以下，并按设计要求砌筑浆砌片石。

(3) 砌筑应彼此镶紧，接缝要错开，缝隙间用小石块填满塞紧。

浆砌片（卵）石护坡施工应注意以下问题：

(1) 砂浆终凝前，砌体应覆盖，砂浆初凝后，立即进行养生。

(2) 路堤边坡采用浆砌片（卵）石护坡，宜在路堤沉降稳定后施工。

(3) 在冻胀变化较大的土质边坡，护坡底面应铺设100～150mm厚的碎石或砂砾垫层。

(4) 浆砌片（卵）石护坡每10～15m应留一伸缩缝，缝宽20～30mm。在基底地质有变化处，应设沉降缝，可将伸缩缝与沉降缝合并设置。

(5) 泄水孔的位置和反滤层的设置应符合设计要求。

4. 护面墙

护面墙是一种浆砌片石的覆盖物。多用在易风化的云母片岩、绿片岩，泥质页岩、千枚岩及其他风化严重的软质岩层和较破碎的岩石地段，以防止其继续风化，边坡不宜陡于1:0.5。护面墙类型应根据边坡地质条件确定，窗孔式护面墙防护的边坡不应陡于1:0.75；拱式护面墙适用于边坡下部岩石层较完整而上部需防护的路段，边坡应缓于1:0.5。护面墙仅能承受侧压力，故要求被防护的边坡自身必须稳定，且必须大致平整。墙的厚度见表6.4。沿墙身长度每10m应设置20mm宽的伸缩缝。墙身横、纵方向每隔2～3m设置孔口60mm×60mm或100mm×100mm的方形泄水孔，泄水孔的后面应用碎石和砂砾做反滤层，伸缩缝及泄水孔的布置如图6.6所示。

表 6.4　　　　　　　　　　　　护面墙厚度参考值

护墙高度 H (m)	路堑边坡	护墙厚度（m）	
		顶宽 b	底宽 d
$H \leqslant 2$	1∶0.5	0.4	0.4
$2 < H \leqslant 6$	1∶0.5	0.4	$0.4+H/10$
$6 < H \leqslant 10$	1∶0.5～1∶0.75	0.4	$0.4+H/20$
$10 < H < 15$	1∶0.75～1∶1	0.4	$0.4+H/20$

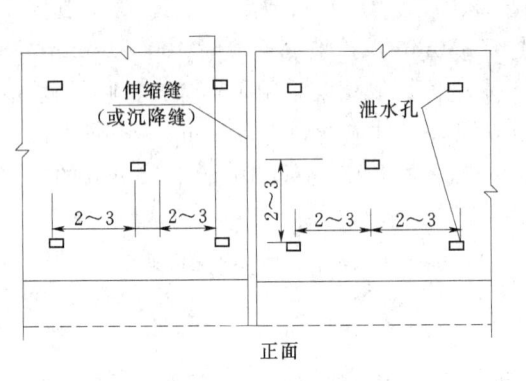
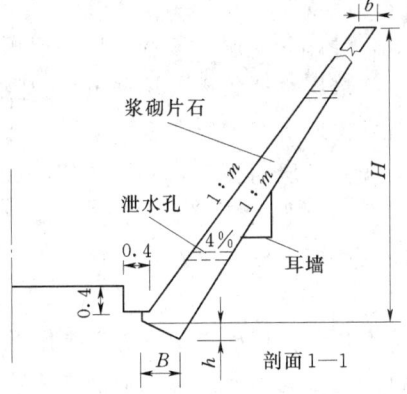

图 6.6　护面墙（单位：m）

护面墙的基础应置于坚固地基上，并应深入冰冻线以下至少 250mm，如果地基承载力不足，则应进行加固，对个别地基的软弱段落，可用拱形或搭板的形式跨过。

为了提高护面墙的稳定性，视断面上基岩好坏，每 6～10m 高为一级，设宽度不小于 1m 的平台，墙背每 4～6m 高设一宽度不小于 0.5m 的错台（或称耳墙），如图 6.6 所示。对于防护松散的护面墙，最好在夹层的底部土层中，留出宽大于 1.0m 的边坡平台，并进行加固，以增加护面墙的稳定性。在边坡开挖时，如岩石中形成凹陷，应以石砌圬工填塞，以支托突出的岩石，或防止岩石继续破损碎落，保证整个边坡稳定，这种墙称为支补墙（或称嵌补防护）。

单级护面墙的高度不宜超过 10m，并应设置伸缩缝和泄水孔。

浆砌片石护面墙施工应注意以下问题：

（1）修筑护面墙前，应清除边坡风化层至新鲜岩面。对风化迅速的岩层，清挖到新鲜岩面后立即修筑护面墙。

（2）护面墙的基础应设置在稳定的地基上，地基承载能力不够时，应采取加固措施。基础埋置深度应根据地质条件确定，冰冻地区应埋置在冰冻深度以下至少 250mm。

（3）护面墙背必须与路基坡面密贴，边坡局部凹陷处，应挖成台阶后用与墙身相同的圬工砌补，不得回填土石或干砌片石。坡顶护面墙与坡面之间应按设计要求做好防渗处理。

（4）应按设计要求做好伸缩缝。当护面墙基础修筑在不同岩层上时，应在变化处设置沉降缝。

(5) 泄水孔的位置和反滤层的设置应符合设计要求。

6.1.4 封面、捶面

对于不适宜草木生长的较陡的岩石边坡，可以采用抹面、捶面等方法进行工程防护。

1. 封面

封面防护，适用于易风化而表面比较完整，尚未严重风化剥落的岩石边坡，但对由煤系岩层及成岩作用很差的红色黏土岩组成的边坡不适用。边坡坡度不受限制，但坡面应较干燥。常用的封面材料及其配合比与用量可参考表6.5选用。

表 6.5 封面混合材料的配合比及用量

材料名称	石灰、炉渣混合浆（两层共厚3～4cm）			石灰、炉渣三合土（厚6～7cm）		四合土（厚8～10cm）		水泥、石灰、砂浆（厚3cm）	
	体积比		每平方米用量	质量比	每平方米用量	体积比	每平方米用量	体积比	每平方米用量
	表层(1.5～2.0cm)	底层(1.5～2.5cm)							
水泥	—	—	—	—	—	—	—	1	3.5kg
石灰	1	1	7.5kg	1	13.8kg	1	12kg	2	3.0kg
炉渣	2～2.5	3～4	29.8kg	5	56.1kg	9	118kg	—	—
黏土	—	—	—	—	3.3kg	3	36kg	—	—
砂	—	—	—	—	—	6	72kg	9	3.6kg
纸（竹）筋			0.5kg						
卤水			0.14kg						

封面作业前，应对被处治的边坡加以清理，去掉风化层、浮土、松动石块并填坑补洞，洒水湿润，以利牢固耐久。抹面厚度为30～70mm，分两次进行，底层抹全厚的2/3，面层抹全厚的1/3，封面厚度要均匀，表面光滑，应设置伸缩缝，其间距不宜超过10m。在封面护坡周边与防护坡面衔接处应严格封闭，其措施为：弯槽嵌入岩石内，其深度不小于10cm，并与相衔接坡平顺；坡脚宜设1～2m高的浆砌片石护坡。为防止灰体表面开裂，增强抗冲蚀能力，可在表面涂沥青保护层，其沥青软化点宜稍高于当地最高气温，用量为1.5kg/m² 左右。

封面防护施工应注意以下问题：

(1) 封面防护不宜在严寒冬季和雨天施工。
(2) 封面前岩体表面要冲洗干净，土体表面要平整、密实、湿润。
(3) 封面厚度应符合设计要求，封面与坡面应密贴稳固。
(4) 大面积封面宜每隔5～10m设伸缩缝，缝宽10～20mm。
(5) 封面初凝后应立即进行养生。
(6) 按设计要求做好边坡封顶和排水设施。

2. 捶面

捶面适用于易受冲刷的土质边坡或易风化剥落的岩石边坡，边坡坡度不大于1∶0.5。捶面厚度10～15cm，一般采用等厚截面，当边坡较高时，采用上薄下厚截面。捶面护坡与未防护坡面衔接处应封闭,其措施与抹面相同。坡脚设 1~2m 高的浆砌片石护坡。捶面材料常用石灰土、二灰土等。

捶面前应清除坡面浮石松土,填补坑凹,有裂缝时应勾缝。在土质边坡上,为使坡面贴牢,可挖成小台阶或锯齿。坡面应先洒石灰水湿润,捶面时夯拍要均匀,提浆要及时,表面要光滑,提浆后 2~3h 进行洒水养生 3~5d。寒冬地区不宜在冬季施工。养护时如发现开裂和脱落应及时修补。在较大面积捶面时,应设置伸缩缝,其间距不宜超过 10m。

6.2 路基的支挡构筑物

支挡构筑物即路基加固工程,其作用是支挡路基体,以保证路基在自重及各种自然因素作用下保持稳定。常用的支挡构筑物主要是挡土墙。

挡土墙是支承路基填土或山坡土体,以防止其变形失稳的结构物,同时,也是高等级公路重要的结构物。可以利用石料修建干砌或浆砌石料挡土墙,也可以利用水泥及钢筋、砂石材料修建毛石混凝土挡墙或钢筋混凝土挡墙。挡土墙的基本构造及各部分名称如图 6.7 所示。

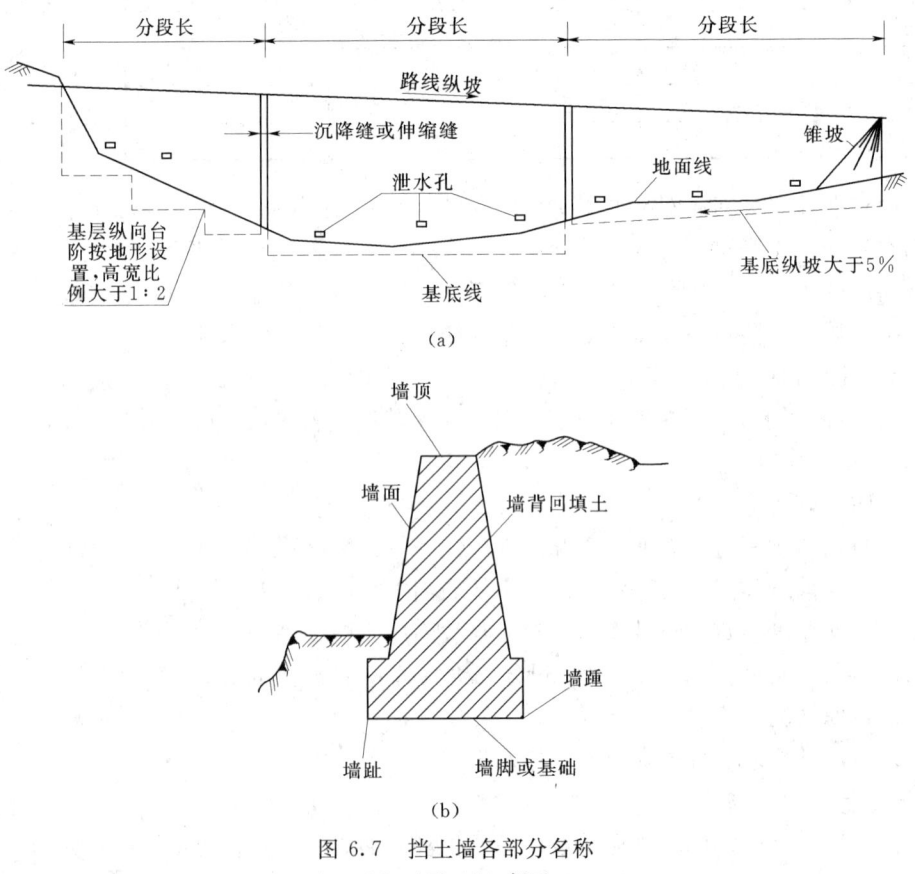

图 6.7 挡土墙各部分名称
(a) 正面;(b) 侧面

6.2.1 挡土墙的种类及适用范围

挡土墙按位置和作用不同,可分为路堑式、路肩式、路堤式、山坡式等,其图式和使用场合见表6.6。

表6.6 挡土墙的使用场合

名 称	示 意 图	使 用 场 合
路堑挡土墙		(1) 山坡陡峻,用以降低边坡高度,减少山坡开挖,避免破坏山体平衡; (2) 地质条件不良,用以支挡可能坍滑的山坡主体
山坡挡土墙		用以支挡山坡上有可能坍滑的覆盖层土体或破碎岩层(需要时可分设数道),并兼有拦石的作用
路肩挡土墙		(1) 山坡上,为保证路堤稳定,收缩坡脚; (2) 为避免干扰其他建筑物(如房屋、铁路、水渠等)或防止多占农田; (3) 为防止沿河滨及水库路堤受水冲刷和淘刷
路堤(坡脚)挡土墙		(1) 受地形限制或因为其他建筑物干扰,必须约束坡脚; (2) 防止陡坡路堤下滑

按其结构特点,挡土墙又可分为石砌重力式、石砌衡重式、钢筋混凝土悬臂式和扶壁式、柱板式、锚杆式、锚碇板式及垛式等类型,其图式、特点及适用范围见表6.7。

6.2.2 重力式挡土墙施工

6.2.2.1 材料要求

1. 石料

石砌挡土墙石料按开采方法与清凿加工程度分为片石、块石和料石三种,如图6.8所示。

表 6.7　　　　　　　　　　　　　挡土墙的特点及适用范围

类型	特　点	结构示意图	适用范围
石砌重力式	(1) 依靠墙身自重抵御土压力作用； (2) 型式简单，取材容易，施工简便	（墙顶、墙面、墙背、墙踵、墙缝、墙底示意图）	产石料地区。墙高6m以下，地基良好，非地震和河滨、水库受水冲刷地区，可采用干砌，其他情况宜采用浆砌
石砌衡重式	(1) 利用衡重台上部填土的下压力作用和全墙重心的后移，增加墙身稳定，节约断面尺寸； (2) 墙面陡直，下墙墙背仰斜，可降低墙高，减少基础开挖	（上墙、衡重台、下墙示意图）	山区。地面横坡陡峻的路肩墙，也可用于路堑墙（兼有拦挡坠石作用）或路堤墙
钢筋混凝土悬臂式	(1) 由立壁、墙踵板、三个悬臂梁组成，断面尺寸较小； (2) 墙高时，立壁下部的弯矩较大，耗钢筋多，不经济	（主壁、钢筋、墙趾板、墙踵板示意图）	缺乏石料地区。一般高度的路肩墙，地基情况可较差
钢筋混凝土扶臂式	沿悬臂式墙的墙长，隔一定距离加一道扶壁，把立壁与墙踵板连接起来	（扶壁、墙面板、趾板、踵板示意图）	在高墙时，较悬臂式经济，其余同悬臂式
柱板式	(1) 由钢筋混凝土立柱、挡板底梁、底板、基座和钢筋拉杆组成，借底板上部土体的自重作用平衡全墙； (2) 因板底位置升高，基础开挖量较悬臂式和扶壁式少； (3) 构件轻便，可预制拼装，快速施工	（方柱、挡板、拉杆、底板、底梁牛腿、基座示意图）	高墙。适用于支挡土质路堑高边坡或处治边坡坍滑，也可用于路堤墙
锚杆式	(1) 由钢筋混凝土墙面（整体板壁或立柱及挡板）和锚杆组成，依靠锚固在岩层（或土层）内的锚杆的水平枕力承受土压力，维持全墙平衡； (2) 属轻型结构，节省材料； (3) 基底受力甚小，基础要求不高	（夯实填土、主柱、挡土板、碎石反滤层、砂岩风化层、浆砌片石、灌注水泥砂浆、锚杆、砂岩示意图）	石料缺乏或挖基困难地区。备有钻机、压浆泵等设备，较宜于路堑高墙，也可用于路肩墙

6.2 路基的支挡构筑物

续表

类型	特点	结构示意图	适用范围
锚定板式	（1）由钢筋混凝土墙面（立柱及挡板）、钢拉杆和锚碇板组成，借埋置在破裂面后稳定土层内的锚碇板和锚杆拉住墙面，保持墙身稳定； （2）拼装简易，施工快； （3）结构轻便，柔性大		缺乏石料地区。高路肩墙或路堤墙，特别是地基不良时，不适用于路堑挡土墙
垛式	（1）用钢筋混凝土预制杆件纵横交错拼装成框架，内填土或石，借其自重抵御土体的推力； （2）施工简便，迅速； （3）允许地基产生一定的变形； （4）损坏后，修复较易		缺乏石抖地区。高路肩墙或路堤墙

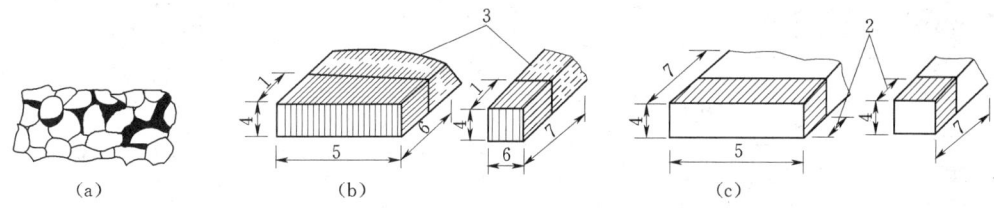

图 6.8 各种石料
(a) 片石；(b) 料石；(c) 镶面块石
1—修凿进深不小于 10cm；2—修凿进深不小于 7cm；3—尾部大致凿平；4—料石厚度；
5—料石长度；6—丁石宽度；7—长度

（1）石料应经过挑选，质地均匀，无裂缝，不易风化。在冰冻地区，还应具有耐冻性。

（2）石料的抗压强度不低于 25MPa。在地震区及严寒地区，应不低于 30MPa。

（3）尽量选用较大的石料砌筑。块石应大致方正，其厚度不小于 20cm，宽度和长度相应为厚度的 1.5~2.0 倍和 1.5~3.0 倍较合适。片石应具有两个大致平行的面，其厚度不宜小于 15cm，其中一条边长不小于 30cm。

2. 砂

砂浆用砂一般为中、粗砂。拌和砂浆砌筑片石砌体时，砂的粒径不应超过 5mm；块石、料石砌体不应超过 2.5mm。砂浆用石灰应纯净，燃烧均匀，熟化透彻，一般采用石灰膏和热石粉。

6.2.2.2 施工工艺

砌筑工艺分浆砌、干砌两种。浆砌多用于排水、导流构筑物及挡土墙；干砌多用于河床铺砌、护坡等。

1. 浆砌石料

(1) 工艺方法。浆砌原理是利用砂浆胶结砌体材料，使之成为整体而组成人工构筑物，一般有坐浆法、抹浆法、灌浆法和挤浆法多种。

1) 坐浆法又叫铺浆法。砌筑时先在下层砌体面上铺一层厚薄均匀的砂浆，压下砌石，借石料自重将砂浆压紧，并在灰缝上加以必要的插捣和用力敲击，使砌石完全稳定在砂浆层上，直至灰缝表面出现水膜。

2) 抹浆法是用抹灰板在砌石面上用力涂上一层砂浆，尽量使之贴紧，然后将砌石压上，辅助以人工插捣或用力敲击，使浆挤后灰缝平实。

3) 挤浆法是综合坐浆法与抹浆法的砌筑方法。除基底为土质的第一层砌体外，每砌一块石料，均应先铺底浆，再放石块，经左右轻轻揉动几下后，再轻击石块，使灰缝砂浆被压实。在已砌筑好的石块侧面安砌时，应在相邻侧面先抹砂浆，后砌石，并向下及侧面用力挤压砂浆，使灰缝挤实，砌体被贴紧。砂浆的铺砌如图6.9所示。

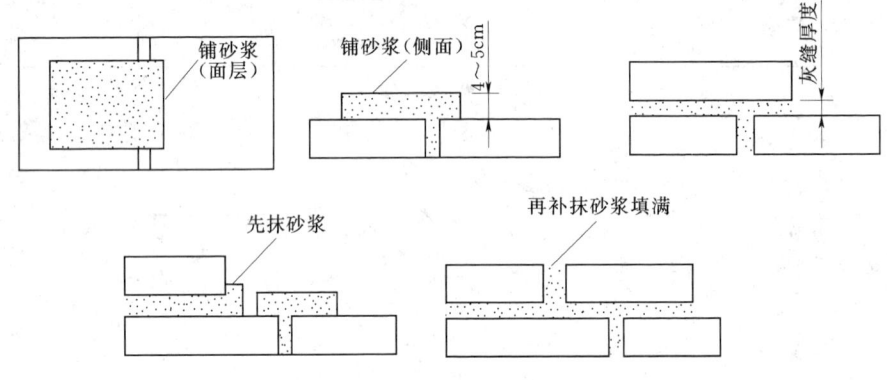

图 6.9 砂浆的铺砌

4) 灌浆法指把砌石分层水平铺放，每层高度均匀，空隙间填塞碎石，在其中灌以流动性较大的砂浆，边灌边捣实至砂浆不能渗入砌体空隙为止。

(2) 浆砌砌体。浆砌前应做好一切准备工作，包括：工具配备；按设计图纸检查和处理基底；放线；安放脚手架、跳板等施工设施；清除砌石上的尘土、泥垢等。

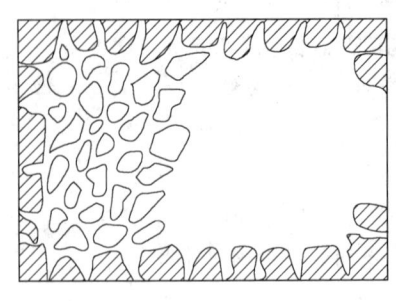

图 6.10 砌筑顺序

1) 砌筑顺序，以分层进行为原则。底层极为重要，它是以上各层的基石，若底层质量不符合要求，则要影响以上各层。较长的砌体除分层外，还应分段砌筑，两相邻段的砌筑高差不应超过1.2m，分段处宜设置沉降缝或伸缩缝的位置。分层砌筑时，应先砌角石，后砌边石或面石，最后才填腹石（图6.10）。角石安好后，向两边的中心进行，然后由边向中。

2) 浆砌片石可用灌浆法、坐浆法和挤浆法，常以挤浆法为主。如图6.11（a）所示，砌体外圈定位行列与转角石应选择表面较平、尺寸较大的石块，浆砌时，长短相同并与里层石块咬紧，上下层竖缝错开，缝宽不大于4cm，分层砌筑应将大块石料用于下层，每处石块形状及尺寸应合适。竖缝较宽者可塞以小石子，但不能在石下用高于砂浆层的小石块支垫。排列时，应将石块交错，坐实挤紧，尖锐凸出部分应敲除。

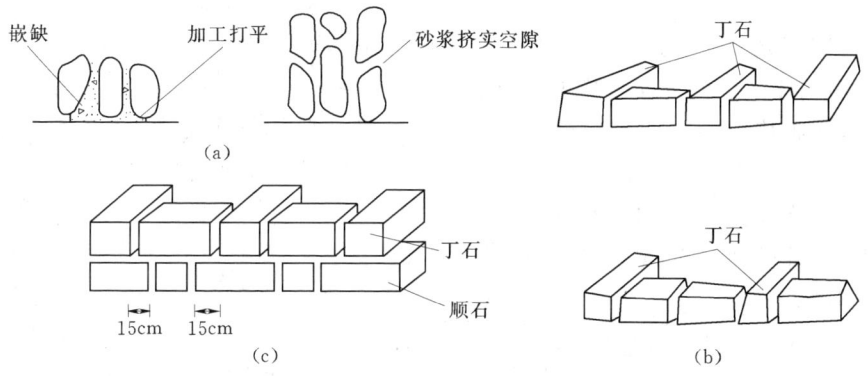

图 6.11 浆砌砌体
(a) 片石砌筑；(b) 块石砌筑；(c) 料石砌筑

3) 浆砌块石多用坐浆法和挤浆法。先铺底层砂浆并打湿石块，安砌底层。分层平砌大面向下，先砌角石，再砌面石，后砌腹石，上下竖缝错开，错缝距离应不小于10cm，镶面石的垂直缝应用砂浆填实饱满，不能用稀浆灌注。厚大砌体，若不易按石料厚度砌成水平时，可设法搭配成较平的水平层。块石镶面如图 6.11 (b) 所示，为使面石与腹石连接紧密可采用丁顺相间、一丁一顺或两丁一顺的排列。

4) 浆砌料石。先将砌筑层数计算清楚，选择石料，严格控制平面位置和空间高度。按每块石料厚度分层，层间灰缝应成直线，块间和层间的灰缝应垂直，厚石砌在下面，薄石砌在上面，面石铺筑应符合图 6.11 (b) 所示原则，砌缝横平竖直，缝宽不超过2cm，错缝距离大于10cm，里层可用片石砌筑。图 6.11 (c) 所示为料石砌筑的主要工程，如要求修饰整齐美观的挡土墙及路缘、拦河坝等。

(3) 砌缝。

1) 错缝。砌体在段间、层间的垂直灰缝应互相交错，压叠成不规则的灰缝，如图 6.12 (a)、(b) 所示，这种用箭头所指的灰缝叫错缝，它们相互间距离，对于片石和块石，每段上、下层及段间的垂直距离不小于8cm；对粗料石不小于10cm；在转角处不小

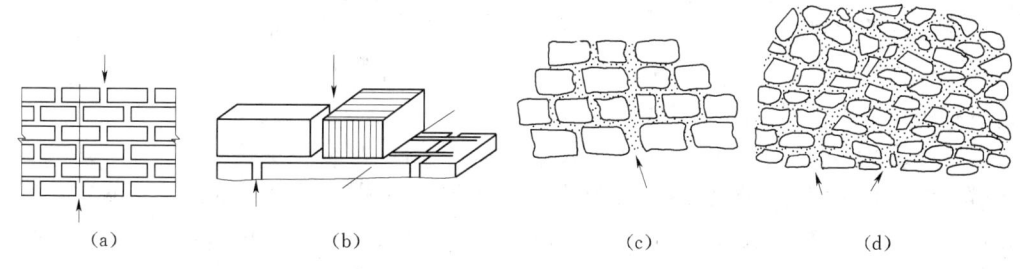

图 6.12 错缝
(a)、(b) 正常错缝；(c)、(d) 不符合要求的错缝
注 图中箭头表示错缝的位置

于 15cm；并严禁出现图 6.12（c）、（d）所示的错缝。

2）通缝指砌体的水平灰缝。这是砌体受力的薄弱环节，其承压能力较好，受剪、抗拉、受扭的能力极差，最容易在此被损坏。砌体对通缝要求较高，不仅要求砂浆饱满密实，成缝时还不允许有干缝、瞎缝和大缝，对通缝的宽度要求也有一定的要求。

3）勾缝有平缝、凹缝和凸缝等。勾缝具有防止有害气体和风、雨、雪等侵蚀砌体内部，延长构筑物使用年限及装饰外形美观等作用。在设计无特殊要求时，勾缝宜采用凸缝或平缝，勾缝宜采用 1∶2～1∶1.5 的水泥砂浆，并应嵌入砌体内约 2cm。勾缝前，应先清理缝槽，用水冲洗湿润，勾缝应横平竖直，深浅一致，不应有瞎缝、丢缝、裂纹和黏结不牢等现象，片石砌体的勾缝应保持砌后的自然缝。

2. 干砌石料

干砌是不用胶凝材料仅靠石块间的摩擦力和挤压力相互作用使砌体的砌石互相咬紧的施工方法。由于它不用砂浆胶凝，坚固性和整体性差，操作比浆砌困难。在施工中应注意以下几点：

（1）选择的片石要尽量大，铺砌时大面向下。

（2）错缝要间错咬接，不得有松动的石块。接触面积要尽可能多，空隙及松动石块间必须用小石块嵌填紧密，但不得在一处集中填塞小碎石块。

（3）要考虑上、下、左、右间的接砌，应将面石的角棱修整，以利于砌筑和美观。

（4）干砌顺序应先中后边，先外后里，并要求外高内低，以防石块下滑。

（5）分层干砌应于同一层的每平方米面积内干砌一块直石，以便上下层咬接。

6.2.2.3 施工注意事项

施工应符合设计要求，并严格按施工规范的规定执行。同时还应注意如下事项：

（1）施工前应做好地面排水和安全生产的准备工作。滨河及水库地段挡土墙宜在枯水季节施工。

（2）在松软地层或坡积层地段，基坑不宜全段开挖，以免在挡土墙完工以前发生土体坍滑，而宜采用跳槽开挖的方法。

（3）基坑开挖后，若发现地基与设计情况有出入，应按实际情况修改设计。若发现岩基有裂缝，应以水泥砂浆或小石子混凝土灌注至饱满。若基底岩层有外露的软弱夹层，宜于墙趾前对此夹层作封面保护，以防风化剥落后基础折裂而使墙身外倾。

（4）墙趾部分基坑，在基础施工完成应及时回填夯实，并做成外倾斜坡，以免积水下渗，影响墙身的稳定。

（5）挡土墙的外墙应用规格块、料石砌筑，并采用丁顺相间的方法，同时还应保证砂浆饱满，防止出现"墙体里外两层皮"的现象。

（6）注意泄水孔和排水层（即反滤层）的施工操作，保证排水通畅。

（7）浆砌挡土墙需待砂浆强度达到 70％以上时，方可回填墙背填料。且墙背填料应符合设计要求，避免采用膨胀性土和高塑性土，并做到逐层填筑，逐层夯实。不允许向着墙背斜坡填筑，夯实时应注意勿使墙身受较大冲击的影响。墙后地面横坡陡于 1∶3 时，应作基底处理（如挖台阶），然后再回填。

（8）浆砌挡土墙的墙顶，可用 M5 砂浆抹平，厚 2cm，干砌挡土墙墙顶 50cm 厚度内，用 M2.5 砂浆砌筑，以利于稳定。

6.2.3 加筋土挡土墙

加筋土应用最广泛的构筑物就是挡土墙，它包括公路路肩墙、桥台等。目前我国公路行业建成的各种加筋土工程已达数百项。其中陕西古邑公路加筋土路肩墙高达 35m，堪称全国加筋土工程之冠。江苏常州市在淤泥质亚黏土地基上修建的怀德公路钢桥桥台宽 16m，高 5.8m，节约了 30% 的资金。另外，贵州省贵（阳）黄（果树）公路用黏性土做填料修建加筋土挡墙，平均高 7.14m，填土达 $2.9 \times 10^4 m^3$，修建在岩溶地内，节约投资 39%，也是一项成功的实例。

6.2.3.1 加筋挡土墙的类型

加筋挡土墙按其使用功能和所用构件的不同，一般有下列类型：

（1）直立式混凝土面板加筋墙，如图 6.13 所示。

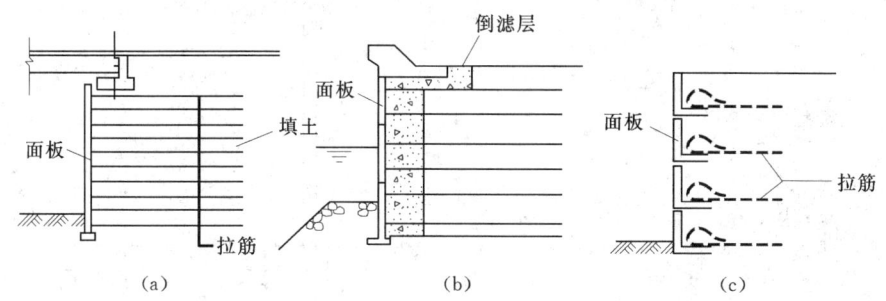

图 6.13 直立式混凝土面板加筋墙

（2）双墙面加筋墙如图 6.14 所示。

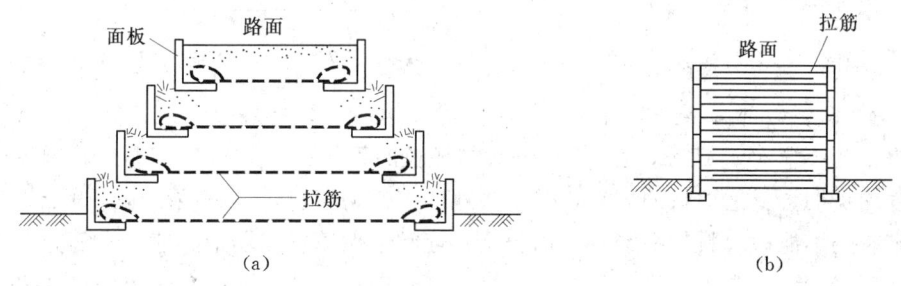

图 6.14 双墙面加筋墙

（3）无面板加筋墙如图 6.15 所示。
（4）台阶式加筋挡土墙如图 6.16 所示。
（5）顶锚式加筋挡土墙如图 6.17 所示。

6.2.3.2 加筋挡墙的构造

加筋挡墙可分为填料、加筋、墙面板、基础等四个组成部分。

1. 填料

填料为加筋土结构的主体材料。选择填料的原则是要保证填料与加筋之间有足够的摩擦力，并在结构中不产生孔隙水压力。因此，加筋土的填料一般为砂性土（即透水性材

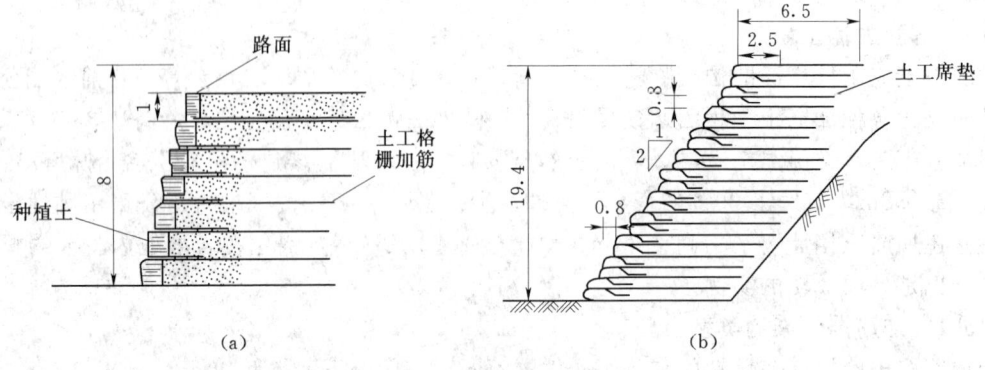

图 6.15 无面板加筋墙（单位：m）

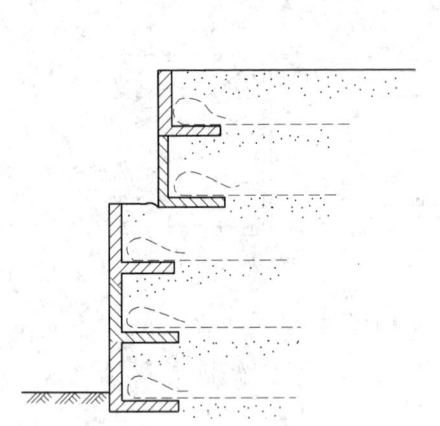

图 6.16 台阶式加筋挡墙

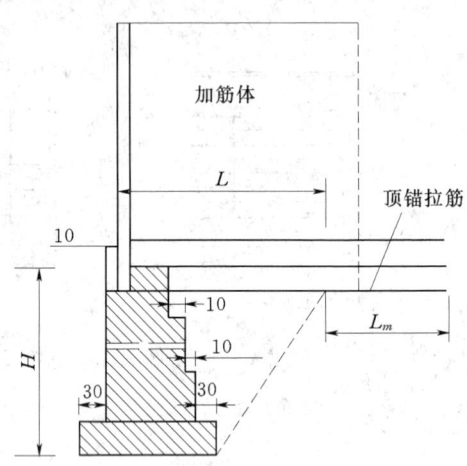

图 6.17 顶锚式加筋挡墙（单位：cm）

料）。选用填料各国都有不同的规定，如法国提出的简易级配规范规定：比 0.08mm 小的颗粒的重量比不应大于 15%，比 150mm 大的颗粒的重量比不应超过 25%。我国建成的加筋土工程均贯彻了就地取材的方针，采用当地的土作为填料，已打破了国外设计施工技术规范规定黏土不能做填料这一禁令。用黄土、红黏土做填料成功地修建了加筋土工程上百座，此外还采用了膨胀土、风化页岩、粉煤灰、建筑弃土及石灰改良土等做填料修建了多座加筋土工程，均获得成功。不过，填料尚应满足一定的化学标准和电化学标准，以保证金属类加筋不受严重腐蚀。如采用土工合成材料加筋时，填料中不能含有铜、镁等化学物质，一般地，腐殖土、淤泥和生活垃圾不能作为加筋土填料。

2. 加筋

加筋是与填土产生摩擦力并承受水平作用而维持结构物内部稳定的重要构件，为此，要求加筋具有足够的抗拉强度，不易脆断，柔性好，延伸率低，同时与填土能产生较大的摩擦力，而且抗老化、防腐蚀问题也容易处理。

国外一般采用镀锌铜带做拉筋，造价较高。我国目前主要采用的加筋材料为聚丙烯土工带和钢筋混凝土板条。聚丙烯土工带断面尺寸一般为 19mm×1.2mm～30mm×

1.2mm；钢筋混凝土板条每节长度不宜大于 2.5m，宽 10～25mm，厚 6～10cm；主筋直径不小于 12mm。板条的接头应作防锈处理，混凝土强度不小于 C15。

3. 墙面板

墙面板主要是为了挡住紧靠墙背附近的填土或保护土工合成材料加筋免受日光照射，因此其强度只要满足构造要求及运输堆码中的受力要求即可。国外一般采用镀锌薄铜板，少数采用混凝土十字型面板。我国一般采用混凝土或钢筋混凝土作面板。在面板型式上有十字形、矩形、L 形、T 形、六边形、槽形等多种形式，其几何尺寸及特点见表 6.8 和表 6.9。此外，湖南省采用土工布做面板也取得成功。

表 6.8　　　　　　　　　　　墙面板尺寸参考值　　　　　　　　　　　单位：cm

类型	示意图	高 h	宽 b	厚 t
十字形		50～150	50～150	10～25
槽形		30～50	100～150	8～25（不含翼缘宽）
六角形		60～120	70～130	10～25
L 形		30～50	100～200	30～50（底板宽）

表 6.9　　　　　　　　　　　几种常用墙面板的特点

类型	十字形面板	L 形面板	槽形面板
特点	这种面板受力合理，拼装时面板相互嵌接，自身稳定性好，面板与拉筋连接方便，适合填料分层夯实，组成的墙面外形美观	这种面板受力合理，整体稳定性好，能够承受拼装时土的侧向压力。预制、安装方便，采用地模预制省工、省料。拉筋与面板能牢固连接，并便于铺设。靠近面板处的土体能较好地夯实，克服了槽形板的缺点。纵缝、横缝顺直，拼装后十分美观	这种面板省工简单，但在翼缘处的土体难以夯实，影响整个墙体的质量，有时出现面板外突，使面板翼缘应力集中，导致面板破坏
结论	L 形面板是较好的断面形式，它具有独特的优点，比十字形面板预制拼装简单，比槽型面板容易压实，比长方形面板稳定		

混凝土面板的强度一般为C20,面板与拉筋的连接可采用预留孔或预埋件处理,面板四周宜设定口搭接,上下面板的联结宜采用φ14钢筋插销装置。

4. 基础

加筋土挡墙的基础是指墙面板下的基础,其主要作用是便于安砌墙面板。因此,这种基础可以做得很小,其断面视地基、地形条件而定,一般用宽大于0.3m、高大于0.15m的条形基础即可。此外,近年来,江苏、重庆在软弱地基上采用碎石砂桩和低桩承台处理基础取得成功并取得显著技术经济效益。

6.2.3.3 加筋挡墙的施工工艺

加筋挡墙的施工程序为:基础处理→基础浇筑→预制墙面板→安装、调整墙面板→铺设拉筋→填土、碾压。分述如下:

(1) 基底处理。基底土要求反复碾压达到95%的密实度。如因基底土质不良无法满足密实度要求,则必须进行处理。一般是在基底开挖60cm³的基槽(深度一般为1.0~1.5m),换上合格填土,并分层夯实达到密实度标准,同时在换土部分与基底之间铺以特伦膜,即可浇筑混凝土条形基础,如图6.18所示。对个别墙身高而地基又非常软弱处,则需在基底标高以下增设0.5~1.0m厚的加筋土层进行加固处理,以保证基底承载力。

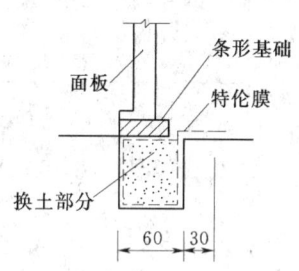

图6.18 基底不良土质处理

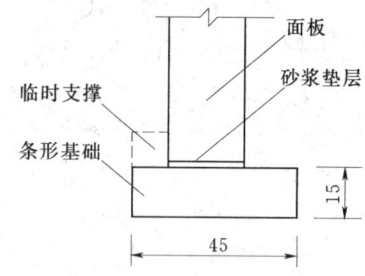

图6.19 条形基础

(2) 基础浇筑。按照测量放线的位置安装基础横板,在基础内侧,根据基础顶面标高划出墨线,按此墨线钉上塑料三角条,现浇混凝土时,用此三角条控制基顶标高。在条形基础上,测定底层墙板边线,并用10cm³木料设置墙板临时支撑,如图6.19所示。条形基础一般为C20混凝土。

(3) 预制墙面板。预制墙面板采用专用钢模板(一般十字形墙板采用钢模板,L形墙板采用木模板)。模板要求有足够的刚度和强度,组装拆模方便,并具有一模多用的特点。墙板外侧花纹,由具有花纹面的聚丁橡胶模垫预先铺于模板内形成。预制时要求配合比准确,振捣密实,无裂纹,墙板外侧平整(或花纹要清晰),墙板内侧要粗糙。养护28d其强度达到设计要求。

(4) 安装墙板。当挡墙的基础混凝土强度达到70%以上时,即可安装第一层墙板。安装墙板用5t吊车、大平板车各一辆。首先在条形基础上铺以砂浆垫层,起吊底层墙板安置定位,墙板内外侧均支以撑木,以防倾倒。然后在底层墙板的预留孔中插入长度为120cm的传力杆,将标准板安置于底层板之间。墙板在起吊升降定位时要求平稳,慢速轻放，切忌碰撞。所有墙板在安装前必须仔细检查，有裂纹、缺陷者，一律弃之不用。

（5）调整墙板。墙板安装就位后，其竖向应符合设计边坡要求，横向应使每层墙板均在同一水平线上。因此，必须对墙板进行调整。

在放样支架上定出墙板设计边线，依据该边线，控制每块墙板上边沿两端点至边坡的距离为2cm（预留2cm是为抵消由于逐层填土碾压生产的墙板向外位移量）。如每块墙板两端与相邻墙板不在同一水平线上时，可用厚度不同的树脂黏结软木进行调整，软木厚度分为1.0cm、1.5cm、2.0cm、2.5cm四种规格，为防止漏土，所有的水平缝（宽2～3cm）最好用软木填满，两相邻墙板内侧面垂直缝宜用聚乙烯泡沫条带填塞（若需设泄水孔时，每块墙板则只填一边），如图6.20所示。墙板外侧面垂直缝用三角形木楔塞满，每缝两处，相邻上下墙板用木夹板夹紧固定，如图6.21所示。

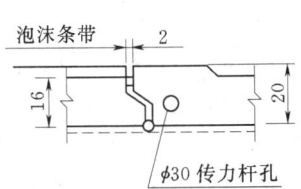

图6.20 左右面板连接（单位：钢筋为mm，其他为cm）

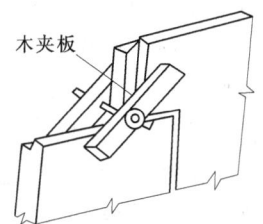

图6.21 木夹板固定相邻面板

（6）铺设拉筋。待填土达到一定位置时，即可铺设第一层拉筋，拉筋铺设时应水平散开成扇形，筋条之间不要重叠以防减少拉筋与填料之间的摩擦力。

（7）填土碾。每层筋条的填料一般分两层填铺，用平地机整平，每次松铺厚度一般为20～30cm，碾压后的密实度，要求达到95%，如经工地快速试验未达到密实度标准，必须将该层填土翻松，调整土的含水量（若水分偏多，则让其自然蒸发；若水分偏少，则用洒水车适量洒水），然后重新整平碾压，直至符合标准。按照经验，距离墙板2m内的填土采用1.5t小型压路机碾压，2m以外用12～15t压路机碾压。

6.2.3.4 施工注意事项

（1）加筋土挡墙的关键问题是排水和防水，一定要防止水浸入挡墙，尤其对亚黏土和黏性土来说更为重要。同时，对所有与填土接触的部件均应采用严密的防水措施，如对拉筋的表面进行聚氯乙烯防护处理；拉筋的断头用沥青胶封口；对墙板内侧面涂刷防水剂等。

（2）铺设拉筋时务必拉紧，这是保证墙板稳定在设计位置，确保墙板安装质量的重要一环。填土时，距离墙板2m处用12～15t压路机进行碾压，装运填土时，重型自卸车又经常在距离墙板2～4m内操作，机械的压力和震动对墙板向外推移影响很大，如拉筋未拉紧，墙板向外势必偏大。在施工中，一经检查发现墙板超出设计位置，应责令立即返工。

（3）加筋挡土墙在填土之前在整个挡墙内普遍夯实，然后将下层距离般1.0m处填土挖出再进行分层填筑夯实，这样可以使距面板1.0m处的土挤不到面板上，使面板不向外鼓。

(4) 加筋挡墙的面板一定要用钢模板，尺寸一定要准确，这样预制成的面板拼装时纵缝、横缝才能符合标准，使面板间接缝受力均匀，拼出的挡墙使用寿命长且美观。

(5) 加筋挡墙成败的关键是加筋的强度与耐久性，如果加筋质量不过关，加筋挡墙的寿命就无法保证，甚至会出现工程质量事故。施工中，一定要精心组织施工，加强施工现场指导，严格把守各工序质量，才能使这种安全、经济、实用、美观的工程设计得以完满地实现。

6.2.4 混凝土挡土墙施工

混凝土挡土墙应用较多是薄壁式挡土墙，属轻型挡土墙，主要包括悬臂式和扶壁式两种形式。悬臂式和扶壁式挡土墙的结构稳定性是依靠墙身自重和踵板上方填土的重力来保证，而且墙趾板也显著地增大了抗倾覆稳定性，并大大减小了基底应力。它们的主要特点是构造简单、施工方便，墙身断面较小，自身质量轻，可以较好地发挥材料的强度性能，能适应承载力较低的地基。但需耗用一定数量的钢材和水泥，特别是墙高较大时，钢材用量急剧增加，影响其经济性能。一般情况下，墙高 6m 以内采用悬臂式，6m 以上则采用扶壁式。它们适用于缺乏石料及地震地区。由于墙踵板的施工条件，一般用于填方路段作路肩墙或路堤墙使用。悬臂式和扶壁式挡土墙在国外已广泛使用，近年来，在国内也开始大量应用。

混凝土挡土墙施工工艺为：基底处理→基础浇筑→墙身浇筑→伸缩缝处理→养生。分述如下。

1. 基底处理

基底土要求反复碾压达到 95% 的密实度。如因基底土质不良无法满足密实度要求，则必须进行换填处理。一般是在基底铺 20cm 厚碎石垫层，并用打夯机夯入地基土，以便增加基底摩擦系数提高承载力。

2. 基础浇筑

按挡土墙分段，整段进行一次性浇灌。按照测量放线的位置安装基础钢筋（预埋筋）、基础横板，在基础内侧，根据基础顶面标高划出墨线，按此墨线钉上塑料三角条，现浇混凝土时，用此三角条控制基顶标高。基础浇筑完成后应及时抹面，定浆后再二次抹面，使其表面平整。抹面后，应及时洒水养护，养护时间最少不得小于 7d。

3. 现浇墙身混凝土

现浇钢筋混凝土挡土墙与基础的结合面，应按施工缝处理，即先进行凿毛，将松散部分的混凝土及浮浆凿除，并用水清洗干净，然后架立墙身模板，混凝土开始浇灌时，先在结合面上刷一层水泥浆或垫一层 2~3cm 厚的 1:2 水泥砂浆再浇灌墙身混凝土。

墙身模板采用专用钢（木）模板。模板要求有足够的刚度和强度，组装拆模方便，并具有一模多用的特点。预制时要求配合比准确，振捣密实，无裂纹，墙板外侧平整（或花纹要清晰），墙板内侧要粗糙。墙身模板视高度情况分一次立模到顶和二次立模的办法，一般 4m 高之内为一次立模，超过 4m 高的可分二次立模，亦可一次立模。当混凝土落高大于 2.0m 时，要采用串筒输送混凝土入仓，或采用人工分灰，避免混凝土产生离析。混凝土浇灌从低处开始分层均匀进行，分层厚度一般为 30cm，采用插入式振捣器振捣时，振捣棒移动距离不应超过其作用半径的 1.5 倍,并与侧模保持 5~10cm 的距离,切勿漏振或过振。在混凝土浇灌过程中,如表面泌水过多,应及时将水排走或采取逐层减水措施,以免产生松顶,浇灌到顶面后,应及时抹面,定浆后再二次抹面,使表面平整。

混凝土浇灌过程中应派出木工、钢筋工、电工及试验工在现场值班,发现问题及时处理。

混凝土强度件制作应在现场拌和地点或浇灌地点随机制取,每工作班应制作不少于 2 组试件(每组 3 块)。

混凝土浇灌完进行收浆后,应及时洒水养护,养护时间最少不得小于 7d,在常温下一般 24 小时即可拆除墙身侧模板,拆模时,必须特别小心,切莫损坏墙面。

4. 伸缝缩、沉降缝及泄水孔的处理

悬臂式挡土墙分段长度一般不应大于 15m;扶壁式挡土墙分段长度不应大于 20m。段间设置沉降缝和伸缩缝。一般现浇灌钢筋混凝土挡土墙的伸缩缝和沉降缝宽 2cm(施工时缝内夹 2cm 厚的泡沫板或木板,施工完后抽出木板或泡沫板)从墙顶到基底沿墙的内、外、顶三侧填塞沥青麻丝,深 15cm。

挡土墙泄水孔为 $\phi100mm$ 的硬质空心管,泄水孔进口周围铺设 50cm×50cm×50cm 碎石,碎石外包土工布,下排泄水孔进口的底部铺设 30cm 厚的黏土层并夯实。

思 考 题

6.1 植草防护有哪几种常见方法?其适用范围及施工注意事项是什么?
6.2 骨架植物防护有哪几种常见方法?其适用范围及施工注意事项是什么?
6.3 锚杆挂网喷浆施工应注意哪些事项?
6.4 浆砌片石护面墙施工应注意哪些事项?
6.5 挡土墙的分类及适用范围是什么?

第7章 路面基垫层施工

教学要求：本章主要讲述了各种路面基层（底基层）的作用、类型及其施工程序与施工技术要点；要求掌握水泥稳定土、石灰稳定土、石灰粉煤灰稳定土、石灰水泥综合稳定土、级配碎（砾）石、填隙碎石及沥青稳定碎石基层（底基层）的使用条件、施工程序和施工技术；理解半刚性基层（底基层）和粒料类基层（底基层）的特点、材料组成；了解路面基层（底基层）施工质量控制，了解垫层的作用及施工要点。

7.1 路面基垫层的要求和类型

7.1.1 路面基层（底基层）、垫层的作用和要求

（1）路面基层。直接位于沥青路面层下、用高质量材料铺筑的主要承重层，或直接位于水泥混凝土面板下、用高质量材料铺筑的一层称作基层。其作用为：主要承受由其上面层传来的垂直力，并把它扩散到垫层或土基中，使传递到垫层或土基的应力限制在其容许的范围内。要求：基层虽然受自然因素作用不如面层强烈，但也要经受由面层渗入的降水以及地表水、地下水的侵入，所以基层应坚实、稳定，有一定的强度、刚度和足够的水稳定性。在沥青柔性路面中，宜建造较厚的基层，把承受的垂直力极大地扩散并消减到较小值而传递到垫层或土基之中。

（2）底基层。在沥青路面基层下用质量较次的材料铺筑的次要承重层或在水泥混凝土路面基层下用质量较次材料铺筑的辅助层称底基层。其作用是：同面层、基层一起承受车轮荷载的反复作用，起次要承重作用。要求：底基层材料强度指标要求比基层材料略低。

（3）垫层。介于基层和土基之间的层次。其作用是：用以改善土基的湿度和温度状况，起隔水、排水、隔温以及传递荷载和扩散荷载的作用。要求：材料强度不一定要高，但水稳定性一定要好，有针对性地选择隔温、排水、隔水和隔土性能好的材料。

7.1.2 路面基层（底基层）的类型、特点和适用范围

1. 路面基层（底基层）的类型

路面基层（底基层）按以下三种方法进行分类：

（1）按材料组成可划分为有结合料稳定类（有机结合料、无机结合料）和无结合料的粒料类（嵌锁类、级配类）。底基层可分为无机结合料稳定类和无结合料的粒料类。

1）粒料类包括内容：①嵌锁型，包括泥结碎石、泥灰结碎石、填隙碎石等；②级配型，包括级配碎石、级配砾石、符合级配的天然砂砾、部分砾石经轧制掺配而成的级配砾、碎石等。

2）沥青稳定类包括热拌沥青碎石、沥青贯入碎石、乳化沥青碎石混合料等。

3）无机结合料稳定类（也称半刚性类型）包括水泥稳定类、石灰稳定类、工业废渣稳定类、石灰粉煤灰类、水泥粉煤灰类、石灰煤渣类。

(2) 按材料力学行为可划分为半刚性类、刚性类和柔性类。

(3) 按其组成结构状态可划分为骨架密实结构类、骨架空隙结构类、悬浮密实结构类、均匀密实结构类。

2. 路面基层（底基层）的特点和适用范围

(1) 粒料类基层属柔性基层。嵌锁型基层的强度主要依靠碎石颗粒间的嵌锁和摩阻作用所形成的内摩阻力。而颗粒之间的黏结力是次要的，这种结构层的抗剪强度主要取决于剪切面上的法向应力和材料的内摩阻角。级配型基层的强度和稳定性取决于内摩阻力和黏结力的大小。它的强度与稳定性在很大程度上取决于集料的类型（碎石、砾石或碎砾石），集料的最大粒径和级配以及混合料中 0.5mm 以下细料的含量及塑性指数，同时，还与密实度有很大关系。

级配碎石适用于各级公路的基层和底基层；级配砾石、级配碎砾石以及天然砂砾等，可用做二级和二级以下公路的基层，也可用做各级公路的底基层；填隙碎石适用于各级公路的底基层和三、四级公路的基层。

(2) 沥青稳定类基层属半刚性基层。热拌沥青碎石适用于柔性路面上基层及调平层；沥青贯入式碎石可设在沥青混凝土与粒料基层之间作上基层，此时应不撒封层料，也不做上封层；乳化沥青碎石混合料适于各级公路调平层。

(3) 无机结合料稳定类基层属半刚性基层。其作用机理是石灰及水泥中的活性物质与细粒土发生化学反应，或此类活性物质对工业废渣材料起激化作用而胶结、凝固，成为高强度的整体材料，以抵抗外力的作用。而结合料的剂量、性质、集料的级配等都会影响此类基层材料的强度。

水泥稳定类、石灰粉煤灰稳定类材料强度高、水稳性好、抗冻性好，适用于各级公路的基层和底基层，但是水泥或石灰、粉煤灰稳定细粒土不能做高级路面的基层。

7.2 路面基层（底基层）、垫层对材料的要求

7.2.1 半刚性基层（底基层）对材料的要求

7.2.1.1 水泥稳定土的材料要求

(1) 对于二级和二级以下公路，所用的粗粒土、中粒土、细粒土应满足以下要求：

1) 用水泥稳定土做底基层时，土单个颗粒的最大粒径不应超过 53mm（指方孔筛，下同）。水泥稳定土的颗粒组成应在表 7.1 所列范围内，土的均匀系数应大于 5。细粒土的液限不应超过 40%，塑性指数不应超过 17。对于中粒土和粗粒土，如土中小于 0.6mm 的颗粒含量在 30% 以下，塑性指数可稍大。实际工作中，宜选用均匀系数大于 10、塑性指数小于 12 的土。塑性指数大于 17 的土，宜采用石灰稳定，或用水泥和石灰综合稳定。

表 7.1　　　　　　用做底基层时水泥稳定土的颗粒组成范围

筛孔尺寸（mm）	53	47.5	0.6	0.075	0.002
通过的质量百分比（%）	100	50~100	17~100	0~50	0~30

2) 水泥稳定土做基层时，单个颗粒的最大粒径不应超过 37.5mm。其颗粒组成应在表 7.2 范围内。集料中不宜含有塑性指数大于 12 的土。对于二级公路宜按接近级配范围的下限组配混合料，或采用表 7.3 中的 2 号级配。

表 7.2　　　　　　　　　用做基层时水泥稳定土的颗粒组成范围

筛孔尺寸（mm）	通过的质量百分比（%）	筛孔尺寸（mm）	通过的质量百分比（%）
37.5	90～100	2.36	20～70
26.5	60～100	1.18	14～57
19	54～100	0.6	8～47
9.5	39～100	0.075	0～30
4.75	28～84		

表 7.3　　　　　　　　　水泥稳定土的颗粒组成范围

项目	通过的质量百分比（%）／级配编号	1	2	3
筛孔尺寸（mm）	37.5	100	100	—
	31.5	—	90～100	100
	26.5	—	—	90～100
	19.0	—	67～90	72～89
	9.5	—	45～68	47～67
	4.75	50～100	29～50	29～49
	2.36	—	18～38	17～35
	0.6	17～100	8～22	8～22
	0.075	0～30	0～7①	0～7①
液限（%）		—	—	<28
塑性指数		—	—	<9

① 集料中 0.5mm 以下细粒土有塑性指数时，小于 0.075mm 的颗粒含量不应超过 5%；细粒土无塑性指数时，小于 0.075mm 的颗粒含量不应超过 7%。

3) 级配碎石、未筛分碎石、砂砾、碎石土、煤矸石和各种粒状矿渣均适宜用水泥稳定。碎石包括岩石碎石、矿渣碎石、破碎砾石等。

(2) 用于高速公路和一级公路的粗粒土和中粒土应满足下列要求：

1) 用水泥稳定土做底基层时，单个颗粒的最大粒径不应超过 37.5mm。水泥稳定土的颗粒组成应在表 7.3 所列 1 号级配范围内，土的均匀系数应大于 5。细粒土的液限不应超过 40%，塑性指数不应超过 17。对于中粒土和粗粒土，如土中小于 0.6mm 的颗粒含量在 30% 以下，塑性指数可稍大。实际工作中，宜选用均匀系数大于 10、塑性指数小于 12 的土。塑性指数大于 17 的土，宜采用石灰稳定，或用水泥和石灰综合稳定。对于中粒土和粗粒土，宜采用表 7.3 中的 2 号级配，但小于 0.075mm 的颗粒含量和塑性指数可不受限制。

2) 用水泥稳定土做基层时，单个颗粒的最大粒径不应超过 31.5mm。水泥稳定土的颗粒组成在表 7.3 所列 3 号级配范围内。

3) 用水泥稳定土做基层时,对所用的碎石或砾石,应预先筛分成 3~4 个不同粒级,然后配合,使颗粒组成符合表 7.3 所列级配范围。

(3) 水泥稳定粒径较均匀的砂时,宜在砂中添加少部分塑性指数小于 10 的黏性土或石灰土,也可添加部分粉煤灰,加入比例可按使混合料的标准干密度接近最大值确定,一般约为 20%~40%。

(4) 水泥稳定土中碎石或砾石的压碎值应符合表 7.4 的要求。

(5) 有机质含量超过 2% 的土,必须先用石灰进行处理,闷料一夜后再用水泥稳定。

(6) 硫酸盐含量超过 0.25% 的土,不应用水泥稳定。

(7) 普通硅酸盐水泥、矿渣硅酸盐水泥和水山灰质硅酸盐水泥都可用于稳定土,但应选用初凝时间 3h 以上和终凝时间较长(宜在 6h 以上)的水泥,不应使用快硬水泥、早强水泥以及已受潮变质的水泥,宜采用 32.5 级或 42.5 级的水泥。

表 7-4　　碎石或砾石的压碎值

路别 层别	高速公路和一级公路	二级和二级以下公路
基层	不大于 30%	不大于 35%
底基层	不大于 30%	不大于 40%

(8) 凡是饮用水(含牲畜饮用水)均可用于水泥稳定土施工。

7.2.1.2　石灰稳定土的材料要求

1. 土

塑性指数为 15~20 的黏性土以及含有一定数量黏性土的中粒土和粗粒土均适宜于用石灰稳定。塑性指数在 15 以上的黏性土更适宜于用石灰和水泥综合稳定。无塑性指数的级配砂砾、级配碎石和未筛分碎后,应在添加 15% 左右的黏性土后才能用石灰稳定。塑性指数在 10 以下的亚砂土和砂土用石灰稳定时,应采取适当的措施或采用水泥稳定。塑性指数偏大的黏性土,施工中应加强粉碎,其土块最大尺寸不应大于 15mm。

(1) 相关规定如下:

1) 石灰稳定土用做高速公路和一级公路的底基层时,颗粒的最大粒径不应超过 37.5mm,用做其他等级公路的底基层时,颗粒的最大粒径不应超过 53mm。

2) 石灰稳定土用做基层时,颗粒的最大粒径不应超过 37.5mm。

3) 级配碎石、未筛分碎石、砂砾、碎石土、砂砾土、煤矸石和各种粒状矿渣等均适宜用做石灰稳定土的材料。但石灰稳定土中碎石、砂砾或其他粒状材的含量应在 80% 以上,并应具有良好的级配。

4) 硫酸盐含量超过 0.8% 的土和有机质含量超过 10% 的土不宜用石灰稳定。

(2) 石灰稳定土中的碎石或砾石的压碎值应符合表 7.5 所列要求。

2. 石灰

对石灰,其技术指标应符合表 7.6 的规定。并注意以下两点:

(1) 应尽量缩短石灰的存放时间,如在野外堆放时间较长时,应覆盖防潮。

(2) 使用等外石灰、贝壳石灰、珊瑚石灰等,应进行试验,如混合料的强度符合标准,即可使用。

表 7.5　　　　　　　　　　　碎石或砾石的压碎值

层别 \ 路别	高速公路	二级公路	二级以下公路
基层		不大于 30%	不大于 35%
底基层	不大于 35%	不大于 40%	

表 7.6　　　　　　　　　　　石灰的技术指标

项目		类别	钙质生石灰			镁质生石灰			钙质消石灰			镁质消石灰		
		指标等级	Ⅰ	Ⅱ	Ⅲ	Ⅰ	Ⅱ	Ⅲ	Ⅰ	Ⅱ	Ⅲ	Ⅰ	Ⅱ	Ⅲ
有效钙加氧化镁含量（%），≥			85	80	70	80	75	65	65	60	55	60	55	50
未消化残渣含量（5mm 圆孔筛的筛余，%），≤			7	11	17	10	14	20						
含水量（%），≤									4	4	4	4	4	4
细度	0.71mm 方孔筛的筛余（%）								0	≤1	≤1	0	≤1	≤1
	0.125mm 方孔筛的累计筛余（%），≤								13	20	—	13	20	—
钙镁石灰的分类界限，氧化镁含量（%）			≤5			>5			≤4			＞4		

注　硅、铝、镁氧化物含量之和大于 5% 的生石灰，有效钙加氧化镁含量指标，Ⅰ 等不小于 75%，Ⅱ 等不小于 70%，Ⅲ 等不小于 60%；未消化残渣含量指标与镁质生石灰指标相同。

3. 水

凡是饮用水（含牲畜饮用水）均可用于石灰稳定土施工。

7.2.1.3　石灰粉煤灰稳定土

（1）石灰。石灰工业废渣稳定土所用石灰质量应符合规定的Ⅲ级消石灰或Ⅲ级生石灰的技术指标，应尽量缩短石灰的存放时间。如存放时间较长，应采取覆盖封存措施，妥善保管。

有效钙含量在 20% 以上的等外石灰、贝壳石灰、珊瑚石灰、电石渣等，当其混合料的强度通过试验符合标准时，可以应用。

（2）粉煤灰。

1）粉煤灰中 SiO_2、Al_2O_3 和 Fe_2O_3 的总含量应大于 70%，粉煤灰的烧失量不应超过 20%；粉煤灰的比表面积宜大于 2500mm^2/g（或 90% 通过 0.3mm 筛孔，70% 通过 0.075mm 筛孔）。

2）干粉煤灰和湿粉煤灰都可以应用。湿粉煤灰的含水量不宜超过 35%。

3）煤渣的最大粒径不应大于 30mm，颗粒组成宜有一定级配，且不宜含杂质。

（3）土。

1）宜采用塑性指数 12～20 的黏性土（亚黏土），土块的最大粒径不应大于 15mm。

2) 有机质含量超过 10% 的土不宜选用。

3) 二灰稳定的中粒土和粗粒土不宜含有塑性指数的土。

(4) 水。凡饮用水（含牲畜饮用水）均可使用。

(5) 用于二级和二级以下公路的二灰稳定土应符合下列要求：

1) 二灰稳定土用做底基层时，石料颗粒的最大粒径不应超过 53mm。

2) 二灰稳定土用做基层时，石粒颗粒的最大粒径不应超过 37.5mm；碎石、砾石或其他粒状材料的质量宜占 80% 以上，并符合规定的级配范围。

(6) 用于高速公路和一级公路的二灰稳定土应符合下列要求：

1) 二灰稳定土用做底基层时，土中碎石、砾石颗粒的最大粒径不应超过 37.5mm。各种细粒土、中粒土和粗粒土都可用二灰稳定后用做底基层。

2) 二灰稳定土用做基层时，二灰的质量应占 15%，最多不超过 20%，石料颗粒的最大粒径不应超过 31.5mm，其颗粒组成宜符合规定的级配范围，粒径小于 0.075mm 的颗粒含量宜接近 0。

3) 对所用的砾石或碎石，应预先筛分成 3~4 个不同粒级，然后再配合成颗粒组成符合表 7.7 或表 7.8 所列级配范围的混合料。

表 7.7　　　　　二灰级配砂砾中集料的颗粒组成范围

筛孔尺寸(mm)	编号 1	编号 2	筛孔尺寸(mm)	编号 1	编号 2
37.5	100		2.36	25~45	27~47
31.5	85~100	100	1.18	17~35	17~35
19.0	65~85	85~100	0.60	10~27	10~25
9.50	50~70	55~75	0.075	0~15	0~10
4.75	35~55	39~59			

表 7.8　　　　　二灰级配碎石中集料的颗粒组成范围

筛孔尺寸(mm)	编号 1	编号 2	筛孔尺寸(mm)	编号 1	编号 2
37.5	100		2.36	18~38	18~38
31.5	90~100	100	1.18	10~27	10~27
19.0	72~90	81~98	0.60	6~20	6~20
9.50	48~68	52~70	0.075	0~7	0~7
4.75	30~50	30~50			

(7) 碎石或砾石的压碎值应符合表 7.9 的要求。

7.2.1.4　石灰水泥综合稳定土的材料要求

同时用水泥和石灰稳定某种土得到的混合料，称为综合稳定土，当水泥用量占结合料总量的 30% 以上时，按水泥稳定土考虑，否则按石灰稳定土考虑。材料要求同上。综合稳定土中用的石灰应是消石灰粉或生石灰粉。

7.2.2 柔性类基层(底基层)对材料的要求

1. 填隙碎石的材料要求

(1) 做基层时，碎石的最大粒径不应超过53mm，用做底基层时，碎石的最大粒径不应越过63mm。

表7.9 碎石或砾石的压碎值

层别	路别	高速公路和一级公路，≤	二级和二级以下公路，≤
基层		30%	35%
底基层		35%	40%

(2) 粗碎石可以用具有一定强度的岩石或漂石轧制而成，所用的漂石，其粒径应为粗碎石最大粒径的3倍以上。

(3) 粗碎石可以用稳定的矿渣轧制，矿渣的干密度和质量应均匀，且干密度不小于960kg/m³。

(4) 扁平、长条和软弱颗粒的含量不超过15%。

(5) 填隙碎石、粗碎石的颗粒组成应符合表7.10的规定。

表7.10 填隙碎石、粗碎石的颗粒组成

编号	标称尺寸(mm)	通过的质量百分比(%) 筛孔尺寸(mm)							
		63	53	37.5	31.5	26.5	19	16	9.5
1	30~60	100	25~60		0~15		0~5		
2	25~50		100		25~50	0~15		0~5	
3	20~40			100	35~70		0~15		0~5

(6) 填隙料的颗粒组成应满足表7.11的要求。

表7.11 填隙料的颗粒组成

筛孔尺寸(mm)	9.5	4.75	2.36	0.6	0.075	塑性指数
通过质量百分比(%)	100	85~100	50~70	30~50	0~10	<6

(7) 粗碎石的压碎值，用做基层时不大于26%，用做基层时不大于30%。

2. 级配砾石的材料要求

(1) 级配砾石用做基层时，砾石的最大粒径不超过37.5mm；用做底基层时，砾石的最大粒径不超过53mm。

(2) 砾石中细长及扁平颗粒的含量不超过20%。

(3) 级配砾石的颗粒组成应满足表7.12的要求。

表7.12 级配砾石基层的颗粒组成范围

编号	通过的质量百分比(%) 筛孔尺寸(mm)									液限(%)	塑性指数
	53	37.5	31.5	19.0	9.5	4.75	2.36	0.6	0.075		
1	100	90~100	81~94	63~81	45~66	27~51	16~35	8~20	0~7②	<28	<6(或9①)
2		100	90~100	73~88	49~69	29~54	17~37	8~20	0~7②	<28	<6(或9①)
3			100	85~100	52~74	29~54	17~37	8~20	0~7②	<28	<6(或9①)

① 潮湿多雨地区塑性指数宜小于6，其他地区宜小于9。
② 对于无塑性的混合料，小于0.075mm的颗粒含量应接近高限。

(4) 当用于基层的在最佳含水量下制备的级配砾石计划体制的干密度与工地规定达到的压实干密度相同时,浸水 4d 的承载比值应不小于 60%。

(5) 用做底基层的砂砾、砂砾土或其他粒状材料的级配,应位于表 7.13 的范围之内。液限应小于 28%,塑性指数应小于 9。

表 7.13　　　　　　　　砂砾底基层的级配范围

筛孔尺寸（mm）	53	37.5	9.5	4.75	0.6	0.075
通过的质量百分比（%）	100	80～100	40～100	25～85	8～45	0～15

(6) 用做底基层的在最佳含水量下制备的级配砾石试件的干密度与工地规定的压实干密度相同时,浸水 4 天的承载比值在轻交通路上应不小于 40%,在中等交通道路上应不小于 60%。

(7) 级配砾石用做基层时,石料的集料压碎值,用做二级公路的基层时不大于 30%;用做三、四级公路的基层时不大于 35%;用做高速公路和一级公路的底基层时不大于 30%;用做二级公路的底基层时不大于 35%;用做二级以下公路的底基层时不大于 40%。

3. 级配碎石的材料要求

(1) 各种类型的岩石（软质岩石除外）、圆石或矿渣均可作为轧制碎石的材料。圆石的粒径应是碎石最大粒径的 3 倍以上,矿渣应是已崩解稳定的,其干密度不小于 960kg/m³,且干密度和质量比较均匀。碎石中针片状颗粒的总含量应不超过 20%,且不含黏土块、植物等有害物质。

(2) 石屑或其他细集料可以使用一般碎石场的细筛余料,也可以利用轧制沥青表面处治和贯入式用石料时的细筛余料,或专门轧制的细碎石集料。亦可用天然砂砾或粗砂代替石屑,但其颗粒尺寸应合适,必要时应筛除其中的超尺寸颗粒。天然砂砾或粗砂应有较好的级配。

(3) 碎石中针片状颗粒含量应不超过 20%,碎石中不应有黏土块、植物等有害物质。

(4) 级配碎石或级配碎砾石用做二级或二级以下公路的基层时,其颗粒组成和塑性指数应满足表 7.14 中的 2 号级配,用做高速公路和一级公路的基层时,其颗粒组成和塑性指数应满足表 7.14 中的 1 号级配。

表 7.14　　　　　　　级配碎石或级配碎砾石的颗粒组成范围

项　目	通过的质量百分比（%） 编号	1	2
筛孔尺寸（mm）	37.5	100	
	31.5	90～100	100
	19.0	73～88	85～100
	9.5	49～69	52～74
	4.75	29～54	29～54
	2.36	17～37	17～37
	0.6	8～20	8～20
	0.075	0～7②	0～7②
液限（%）		<28	<28
塑性指数		<6（或 9①）	<6（或 9①）

① 潮湿多雨地区塑性指数宜小于 6,其他地区塑性指数宜小于 9。
② 对于无塑性的混合料,小于 0.075mm 的颗粒含量应接近高限。

(5) 压碎值要求。级配碎砾石所用石料的压碎值应满足表 7.15 的规定。

表 7.15　　　　　　　　　　压 碎 值 要 求 表

层位 \ 公路等级	高速、一级公路，≤	二级公路，≤	二级以下公路，≤
基层	26%	30%	35%
底基层	30%	35%	40%

(6) 未筛分碎石用做底基层时，其颗粒组成和塑性指数应满足表 7.16 的要求。

表 7.16　　　　　　　　未筛分碎石底基层颗粒组成范围

项目 \ 通过的质量百分比(%) 编号	1	2
筛孔尺寸(mm) 53	100	
37.5	85～100	100
31.5	69～88	83～100
19.0	40～65	54～84
9.5	19～43	29～59
4.75	10～30	17～45
2.36	8～25	11～35
0.6	6～18	6～21
0.075	0～10	0～10
液限（%）	<28	<28
塑性指数	<6（或 9①）	<6（或 9①）

注 1 号级配用做高速公路和一级公路，2 号级配用做二级和二级以下公路。

① 在潮湿多雨地区，塑性指数宜小于 6，其他地区塑性指数宜小于 9。

(7) 材料的应用要求：

1) 在塑性指数偏大的情况下，塑性指数与 0.5mm 以下细土含量的乘积应符合下述规定：①在年降雨量小于 600mm 的地区，地下水位对土基没有影响时，乘积不应大于 120；②在潮湿多雨地区，乘积不应大于 100。

2) 级配碎石用作中间层时，其颗粒组成和塑性指数应符合表 7.17 中 2 号级配的要求。

4. 沥青稳定碎石的材料要求

(1) 碎石应洁净干燥，颗粒接近同粒径，形状接近同粒径，有棱角。

(2) 压碎值应小于 30%，磨耗率小于 40%。

(3) 扁平长条颗粒含量不大于 20%，含泥量不大于 1%。

(4) 石料与沥青有良好的吸附性，剥落度小于 30%。

(5) 主层碎石采用 30～70mm，嵌缝石采用 15～25mm。

(6) 沥青品种用煤沥青 T-7、RT-10、RT-11、RT-12，石油沥青 AH-70、AH-90、A-100、A-140 和乳化沥青 PC-1 等。

(7) 沥青表面活化剂应能完全溶解于沥青中，并有耐长时间的加热性，有效掺量根据试验确定。

(8) 材料规格和用量。沥青稳定碎石层材料规格和用量见表 7.17。

表 7.17　　　　　　　　　沥青稳定碎石层材料规格和用量

材料种类	材料规格 (mm)	用量单位	材料用量					
			8cm 厚		12cm 厚		15cm 厚	
			石料	沥青	石料	沥青	石料	沥青
主层石料	30～70	m³/1000m²	100		150		190	
主层沥青		kg/m²		3.6		5.0		6.0
防黏石屑	15～25	m³/1000m²	25		30		35	

7.2.3　垫层对材料的要求

1. 砂垫层对材料的要求

砂垫层的材料中宜用中、粗砂，不得掺有细砂和粉砂，砂的等级与含泥量应满足公路桥梁工程施工要点与技术规范要求。

2. 石灰垫层对材料的要求

石灰垫层用在不大于 3m 厚的软弱土层上，效果较好。

（1）石灰。现场使用的石灰一般为熟石灰，过筛后粒径不大于 5mm，且不得夹有未熟化的生石灰块，含水量也不宜过大，氧化钙与氧化镁的含量不低于 50%，拌制强度较高的石灰土，宜先用Ⅰ级或Ⅱ级石灰，石灰贮存时间不宜超过三个月。

（2）土。作为填料和胶结料，土的颗粒不得大于 50mm，其中细颗粒（小于 0.005mm）的含量宜多些，一般采用塑性指数大于 4 的黏性土。

（3）石灰剂量。石灰土中的石灰剂量应在合适的范围之内，一般情况下采用 2∶8 或 3∶7。

3. 二灰垫层对材料的要求

当采用石灰、粉煤灰作为二灰垫层时，与石灰土相似，但强度较石灰土垫层高，施工最佳含水量为 50% 左右，石灰与粉煤灰的配合比为 20∶80 或 15∶85。

7.3　水泥稳定土路面基垫层施工

水泥稳定土是指用水泥作结合料所得混合料的一个广义的名称，它既包括用水泥稳定各种细粒土，也包括用水泥稳定各种中粒土和粗粒土。在经过粉碎的或原来松散的土中，掺入足量的水泥和水，经拌和得到的混合料在压实和养生后，当其抗压强度符合规定的要求时，称为水泥稳定土。

用水泥稳定细粒土得到的强度符合要求的混合料，视所用土类而定，可简称为水泥土、水泥砂或水泥石屑等。

用水泥稳定中粒土和粗粒土得到的强度符合要求的混合料，视所用原材料而定，可简称为水泥碎石、水泥砂砾等。

水泥稳定土可适用于各级公路的基层和底基层，但水泥土不得用作二级和二级以上公路高级路面的基层。

7.3.1 路拌法

7.3.1.1 施工程序（工艺流程）

准备下承层→施工放样→备料、摊铺土→洒水闷料→整平和轻压→摆放和摊铺水泥→拌和（干拌）→加水并湿拌→整形→碾压→接缝和掉头处的处理→养生。

7.3.1.2 施工要点

1. 准备下承层

（1）下承层表面应平整、坚实，具有规定的路拱。下承层的平整度和压实度应符合检查验收规定的要求。

（2）做基层时，要准备底基层；做老路面的加强层时，要准备老路面；做底基层时，要准备土基。所有准备工作均应达到相应的规定要求。

（3）相关的施工要点如下：

1）土基准备，不论是路堤还是路堑，必须用 12～15t 三轮压路机或等效的碾压机械进行 3～4 遍碾压检验。在碾压过程中如发现土过干、表层松散，应适当洒水；如土过湿，发生"弹簧"现象，应用挖开晾晒、换土、掺石灰或水泥等措施进行处理，并达到规定要求。

2）底基层准备，检查压实度时，对于柔性底基层，还应进行弯沉检验。凡不符合设计要求的路段，必须视具体情况进行处理，使之达到规范规定的标准。

3）老路面准备，检查其材料是否符合底基层材料的技术要求，如不符合要求，应翻松老路面并采取必要的措施处理，并达到规定要求。

4）底基层或老路面上的低洼和坑洞，应填补并压实；搓板和辙槽应铲除；松散处应耙松洒水并重新压实，达到平整密实。

5）新完成的底基层或土基必须按规定项目进行检查验收，凡不合格路段，必须采取措施处理，使其达到验收标准后，方可在其上铺筑水泥稳定土层。

6）按规定要求逐个断面检查下承层高程。

（4）对槽式断面的路段，两侧路肩上每隔一定距离（约 5～10m）交错开挖泄水沟（或做盲沟）。

2. 施工放样要点

（1）在底基层、老路面或土基上恢复中线，直线段每 15～20m 设一桩，平曲线段每 10～15m 设一桩，并在两侧路肩边缘外设指示桩。

（2）在两侧指示桩上用明显标记标出水泥稳定土层边缘的设计高。

3. 备料工作的要点

（1）利用老路面或土基上部材料时：

1）清除其表面上的石块等杂物。

2）每隔 10～20m 挖一小洞，使洞底高程与预定的水泥稳定土层的底面高程相同，并在洞底作一标记，以控制翻松及粉碎的深度。

3）用犁、松土机或装有强固齿的平地机或推土机将老路面或土基的上部翻松到预定的深度，土块应粉碎并达到要求。

7.3 水泥稳定土路面基垫层施工

4) 应经常用犁将土向路中心翻松,使预定处治层的边部成一个垂直面,防止处治宽度超过规定。

5) 用专用机械粉碎黏性土。当无专用机械时,也可用旋转耕作机、圆盘耙粉碎塑性指数不大的土。

(2) 利用料场的土(包括细、中、粗粒土)时:

1) 在采集土之前,应先将树木、草皮、树根和杂土清除干净。

2) 筛除土中超尺寸的颗粒。

3) 应在预定的深度范围内采集土,不应分层采集,不应将不合格的土采集到一起。

4) 对于塑性指数大于12的黏性土,可视土质和机械性能确定土是否需要过筛。

5) 计算材料用量:①根据各路段水泥稳定土层的宽度、厚度及预定的干密度,计算各路段需要的干燥土的数量;②根据料场土的含水量和所用运料车辆的吨位,计算每车料的堆放距离;③根据水泥稳定土层的厚度和预定的干密度及水泥剂量,计算每平方米需要的水泥用量,并确定水泥摆放的纵横间距。

6) 在预定堆料的下承层上,在堆料前应先洒水湿润表面,但不应过分潮湿而造成泥泞。

7) 土装车时,应控制每车料的数量基本相等。

8) 在同一料场供料的路段内,由远到近将料按上述计算距离卸置于下承层表面的中间或上侧。卸料距离应严格掌握,避免有的路段料不够或过多。料堆每隔一定距离应留一缺口。

9) 土在下承层上的堆置时间不宜过长,运送土只宜比摊铺土工序提前1~2d。

10) 当路肩用料与稳定土层用料不同时,应采取培肩措施,先将两侧路肩培好。路肩料层的压实厚度应与稳定土层的压实厚度相同。在路肩上,每隔5~10m应交错开挖临时泄水沟。

4. 摊铺土的要点

(1) 通过试验确定土的松铺系数。人工摊铺混合料时,参照表7.18选用。

表7.18 混合料松铺系数参考表

材料名称	松铺系数	备 注
水泥稳定砂砾	1.30~1.35	
水泥土	1.53~1.58	现场人工摊铺土和水泥,机械拌和,人工整平

(2) 摊铺土应在摊铺水泥的前一天进行。其长度按日进度的需要量控制,满足次日完成掺加水泥、拌和、碾压成形即可。雨季施工,如第二天有雨,不宜提前摊铺土。

(3) 土应均匀摊铺在预定的宽度上,表面应力求平整,并有规定的路拱。

(4) 摊料过程中,应将土块、超尺寸颗粒及其他杂物拣出。如土中有较多土块,应进行粉碎。

(5) 检验松铺土层的厚度并达到规定要求。

(6) 除洒水车外,严禁其他车辆在土层上通行。

5. 洒水闷料的要点

(1) 如已整平的土（含粉碎的老路面）含水量过小，应在土层上洒水闷料。洒水应均匀，防止出现局部水分过多或水分不足现象，并严禁洒水车在洒水段内停留和掉头。

(2) 细粒土应经一夜闷料，中、粗粒土视其中细土含量的多少，可缩短闷料时间。

(3) 如为综合稳定土，应先将石灰与土拌和后一起闷料。

6. 整平和轻压

对人工摊铺的土层整平后，再用 6~8t 两轮压路机碾压 1~2 遍，使土表面平整并有一定的压实度。

7. 摆放和摊铺水泥的要点

(1) 按上述计算出的每袋水泥的纵横间距，在土层上做安放标记。

(2) 将水泥当日直接运送到摊铺路段，卸于做标记的地点，并检查有无遗漏或多余。运水泥的车应有防雨设备。

(3) 用刮板将水泥均匀摊开，并注意使每袋水泥的摊铺面积相等。水泥铺完后，表面应无空白也无水泥过分集中情况。

8. 拌和（干拌）要点

(1) 二级及二级以上公路，应采用专用稳定土拌和机进行拌和，并设专人跟随拌和机，随时检查拌和深度并配合机手调整拌和深度。拌和深度应达稳定层底并宜侵入下承层 5~10mm，以利于上下层黏结。严禁在拌和层底部留有素土夹层。通常应拌和两遍以上，在最后一遍拌和之前，必要时可先用多铧犁紧贴底面翻拌一遍。直接铺在土基上的拌和层也应避免素土夹层。

(2) 三、四级公路，在无专用拌和机械情况下，可用农用旋转耕作机与多铧犁或平地机相配合进行拌和，但应注意拌和效果，拌和时间不能过长。

先用平地机或多铧犁（四铧犁或五铧犁）将铺好水泥的土翻拌两遍，使水泥分布到土中，但不应翻犁到底，防止水泥落到底部；第一遍由路中心开始，将混合料向中间翻，机械应慢速前进；第二遍则相反，从两边开始，将混合料向外侧翻。接着用旋转耕作机拌和两遍，再用多铧犁或平地机将底部料翻起。应随时检查和调整翻犁的深度，使料全部翻透。严禁在稳定土层与下承层之间残留一层素土，也应防止翻犁过深或过多破坏下承层的表面，通常应翻犁两遍。接着，再用旋转耕作机拌和两遍，用多铧犁或平地机再翻犁两遍。

(3) 三、四级公路，在无专用拌和机时，也可以用缺口圆盘耙与多铧犁或平地机相配合拌和水泥稳定细粒土和中粒土。但应注意拌和效果，拌和时间不可过长。用平地机或多铧犁在前面翻拌，用圆盘耙跟在后面拌和。圆盘耙的速度应尽量快，使水泥与土拌和均匀。应翻拌四遍，开始两遍不应翻拌到底，以防止水泥落到底部。后面的两遍应翻犁到底，并随时检查和调整翻犁的深度。

9. 加水、湿拌要点

(1) 在干拌后，如混合料含水量不足，应用喷管式洒水车（普通洒水车不适宜用作路面施工）补充洒水。水车起洒处和另一端掉头处都应超出拌和段 2m 以上。洒水车不应在正进行拌和以及当天计划拌和的路段上掉头和停留，以防止局部水量过大。

7.3 水泥稳定土路面基垫层施工

(2) 洒水后，再次进行拌和，使水分在料中均匀分布。拌和机械应紧跟在洒水车后面进行拌和，减少水分流失。

(3) 洒水及拌和过程中，应及时检查含水量，含水量宜略大于最佳含水量。对稳定粗、中粒土，含水量宜大 0.5%～1.0%，对稳定细粒土，宜大 1%～2%。

(4) 在洒水拌和过程中，应配合人工拣出超出尺寸的颗粒，消除粗细颗粒"窝"以及局部过分潮湿或过分干燥之处。

(5) 要求拌和后混合料色泽一致，没有灰条、灰团和花面，即无明显粗细集料离析现象，且水分合适和均匀。

10. 整形

(1) 混合料拌匀符合要求后，应立即用平地机初步整形：在直线段，平地机由两侧向路中心进行刮平，在平曲线段，则由内侧向外侧进行刮平。必要时，再返回刮一遍。

(2) 用拖拉机、平地机或轮胎压路机立即在初平的路段上快速碾压一遍，以暴露潜在的不平整。

(3) 用平地机再次进行整形，整形前先用齿耙将轮迹低洼处表层 5cm 以上耙松，再碾压一遍。

(4) 对于局部低洼处，应用齿耙将其表层 5cm 以上耙松，再用新拌料进行找平。

(5) 再用平地机整形一次。应将高处直接刮出路外，不应形成薄层贴补现象。

(6) 每次整形均应达到规定的坡度和路拱，并应特别注意接缝顺适平整。

(7) 当用人工整形时，应用锹和耙先将混合料摊平，用路拱板进行初步整形。用拖拉机初压 1～2 遍后，根据实测的松铺系数，确定纵横断面的高程，并设置标记和挂线。利用锹耙按线整形，再用路拱板校正成形。如为水泥土，在拖拉机初压后，可用重型框式路拱板（拖拉机牵引）进行整形。

(8) 在整形过程中，严禁任何车辆通行，并保持无明显的粗细集料离析现象。

11. 碾压要点

(1) 制订碾压方案。根据路宽、压路机的轮宽和轮距的不同，制订碾压方案，应使各部分碾压到的次数尽量相同，路面的两侧应多压 2～3 遍。

(2) 掌握碾压方法，控制碾压质量。整形后，应在混合料的含水量为最佳含水量（±1%～±2%）时立即用轻型压路机并配合 12t 以上压路机在结构层全宽内进行碾压。直线和不设超高的平曲线段，由两侧路肩向路中心碾压；设超高的平曲线段，由内侧路肩向外侧路肩进行碾压，且应重叠 1/2 轮宽。后轮必须超过两段的接缝处，后轮压完路面全宽时即为一遍。一般需碾压 6～8 遍。头两遍压速以采用 1.5～1.7km/h 为宜，以后宜采用 2.0～2.5km/h。采用人工摊铺和整形的稳定土层，宜先用拖拉机或 6～8t 两轮压路机或轮胎压路机碾压 1～2 遍，然后再用重型压路机碾压。

严禁压路机在已完成的或正在碾压的路段上掉头或急制动，保证稳定土表层不受破坏。

碾压过程中，稳定土的表面应始终保持湿润，如水分蒸发过快，应及时均匀补洒少量的水，但严禁洒大水碾压。

碾压过程中，如有"弹簧"、松散、起皮等现象，应及时翻开重新拌和（加适量的水泥）或用其他处治方法，使其达到质量要求。

经过拌和、整形的稳定土宜在水泥初凝前并应在试验确定的延迟时间内完成碾压，并达到要求的密实度，同时没有明显的轮迹。

在碾压结束前，用平地机再整平一次，使其纵向顺适，路拱和超高符合设计要求。对局部低洼处，可不再进行找补，留待铺筑沥青面层时处理。

12. 接缝和掉头处的处理要点

（1）同日施工的两工作段的衔接处，应采用搭接。前一段拌和整形后，留5～8m不进行碾压，后一段施工时，前段留下未压部分应再加部分水泥重新拌和，并与后一段一起碾压。

（2）经过拌和、整形的水泥稳定土，应在试验确定的延迟时间内完成碾压。

（3）应注意每天最后一段末端缝（即工作缝）的处理。工作缝和掉头处可按下述方法处理：

1）在已碾压完成的水泥稳定土层末端，沿稳定土挖一条横贯铺筑层全宽的宽约30cm的槽，直挖到下承层顶面。此槽应与路的中心线垂直，靠稳定土的一面应切成垂直面，并放两根与压实厚度等厚、长为全宽一半的方木紧贴其垂直面（图7.1）。

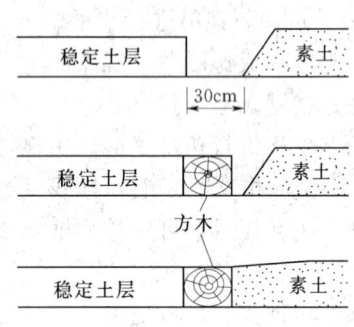

图7.1 横向接缝处理示意

2）用原挖出的素土回填槽内其余部分。

3）如拌和机械或其他机械必须到已压成的水泥稳定土层上掉头，应采取措施保护掉头作业段。一般可在准备用于掉头的约8～10m长的稳定土层上先覆盖一张厚塑料布或油毡纸，然后铺上约10cm厚的土、砂或砂砾。

4）第二天，邻接作业段拌和后，除去方木，用混合料回填。靠近方木未能拌和的一小段，应人工进行补充拌和。整平时，接缝处的水泥稳定土应较已完成断面高出约5cm，以利于形成一个半顺的接缝。

5）整平后，用平地机将塑料布上大部分土除去（注意勿刮破塑料布），然后人工除去余下的土，并收起塑料布。

在新混合料碾压过程中，应将接缝修整平顺。

（4）纵缝的处理。水泥稳定土层的施工应该避免纵向接缝，必须分两幅施工时，纵缝必须垂直相接，不应斜接。纵缝应按下述方法处理：

1）在前一幅施工时，靠中央一侧用方木或钢模板作支撑，方木或钢模板的高度与稳定土层的压实厚度相同。

2）混合料拌和结束后，靠近支撑木（或板）的一部分，应人工进行补充拌和，然后整形和碾压。

3）养生结束后，在铺筑另一幅之前，拆除支撑木（或板）。

4）第二幅混合料拌和结束后，靠近第一幅的部分，应人工进行补充拌和，然后进行整形和碾压。

13. 养生及交通管制

（1）水泥稳定土底基层分层施工时，下层水泥稳定土碾压完后，在采用重型振动压路

7.3 水泥稳定土路面基垫层施工

机碾压时，宜养生 7d 后铺筑上层水泥稳定土。在铺筑上层稳定土之前，应始终保持下层表面湿润，在铺筑上层稳定土时，宜在下层表面撒少量水泥或水泥浆。底基层养生 7d 后，方可铺筑基层。

水泥稳定级配碎石（或碎石）基层分两层用摊铺机铺筑时，下层分段摊铺和碾压密实后，在不采用重型振动压路机碾压时，宜立即摊铺上层，否则在下层顶面应撒少量水泥或水泥浆。

（2）每一段碾压完成并经压实度检查合格后，应立即开始养生。

（3）宜采用湿砂进行养生，砂层厚宜为 7~10cm。砂铺匀后，应立即洒水，并在整个养生期间保持砂的潮湿状态，不得用湿黏性土覆盖。养生结束后，必须将覆盖物清除干净。

（4）对于基层，也可用沥青乳液进行养生。沥青乳液的用量按 0.8~1.0kg/m² （指沥青用量）选用，宜分两次喷洒：第一次喷洒沥青含量约 35% 的慢裂沥青乳液，使其能稍透入基层表层。第二次喷洒浓度较大的沥青乳液，如不能避免施工车辆在养生层上通行，应在乳液分裂后撒布 3~8mm 的小碎（砾）石，做成下封层。

（5）无上述条件时，也可用洒水车经常洒水进行养生。每天洒水的次数应视气候而定。整个养生期间应始终保持稳定土层表面潮湿，必要时，用两轮压路机压实。

（6）对于高速公路和一级公路，基层的养生期不宜少于 7d。对于二级和二级以下的公路，如养生期少于 7d 即铺筑沥青面层则应限制重型车辆通行。

（7）对于二级和二级以下公路，如基层上为水泥混凝土面板，且面板是用小型机械施工的，则基层完成后可较早铺筑混凝土面层。

（8）在养生期间未采用覆盖措施的水泥稳定土层上，除洒水车外，应封闭交通。在采用覆盖措施的水泥稳定土层上，不能封闭交通时，应限制重车通行，其他车辆的车速不应超过 30km/h。

（9）养生期结束后，如其上为沥青面层，应先清扫基层，并立即喷洒透层沥青。在喷洒透层或黏层沥青后，宜在上均匀撒布 5~10mm 的小碎（砾）石［如喷洒的透层沥青能透入基层，且运料车和面层混合料摊铺机在上行驶不会破坏沥青膜时，可以不撒小碎（砾）石］，用量约为全铺一层用量的 60%~70%。

在清扫干净的基层上，也可先铺设下封层，以防止基层干缩开裂，同时保护基层免遭施工车辆破坏。宜在铺设下封层后的 10~30d 内开始铺筑沥青面层的底面层。如为水泥混凝土面层，也不宜让基层长期曝晒，以免开裂。

14. 路缘处理

如水泥稳定土层上为薄沥青面层，基层面层每边应较面层展宽 20cm 以上。在基层全宽上喷洒透层或黏层沥青或设下封层，沥青面层边缘向外侧做成三角形。

如设置路缘石，必须注意防止路缘石阻滞路面上表面水和结构层中水的排除。

15. 其他相关规定要求

（1）水泥剂量的确定。水泥剂量以水泥质量占全部粗细土颗粒（即砾石、砂粒、粉粒和黏粒）的干质量的百分比表示，即水泥剂量＝水泥质量/干土质量。水泥稳定中粒土和粗粒土用做基层时，水泥剂量不宜超过 6%。必要时，应首先改善集料的级配后再用水泥稳定。但在只能使用水泥稳定细粒土做基层时或水泥稳定集料的强度要求明显大于规定时，水泥剂量不受6%的限制。

（2）施工季节。水泥稳定土结构层宜在春末和气温较高季节组织施工。施工期的日最低气温应在5℃以上，在浆冻地区，并应在第一次重冰冻（−5～−3℃）到来之前半个月至一个月结束施工。

雨季施工时，应特别注意气候变化。降雨时，应停止施工，但已经摊铺的水泥混合料应尽快碾压密实。路拌法施工时，应采取措施排出下承层表面的水，勿使运到路上的集料过分潮湿。

（3）压实度要求。在混合料处于或略大于最佳含水量（气候炎热干燥时，基层混合料可大1%～2%）时进行碾压，直到达到表7.19所列按重型击实试验法确定的要求压实度（最低要求）。由于当前有多种大能量压路机，宜提高压实度1%～2%。

表7.19　　　　　　　压实度标准

层别	土类	公路等级	
		二级和二级以下	高速公路和一级公路
基层	水泥稳定中粒土和粗粒土	97%	98%
	水泥稳定细粒土	93%	98%
底基层	水泥稳定中粒土和粗粒土	95%	97%
	水泥稳定细粒土	93%	95%

（4）严格控制基层厚度和高程，其路拱横坡应与面层一致。

（5）压路机与压实厚。应用12t以上的压路机碾压。用12～15t三轮压路机碾压时，每层的压实厚度不应超过15cm；用18～20t三轮压路机和振动压路机时，厚度不应超过20cm；对水泥稳定中粒土和粗粒土，采用能量大的振动压路机或对水泥稳定细粒土采用振动羊足碾与三轮压路机配合碾压时，每层的压实厚度可根据试验结果适当增加。压实厚度超过上述厚度时，应分层铺筑，每层的最小压实厚度为10cm，下层宜稍厚。对于稳定细粒土以及用摊铺机摊铺混合料，均应采用先轻型、后重型压路机碾压。

（6）水泥稳定土基层施工中，严禁用薄层贴补法进行找平。

（7）基层上未铺封层或面层时，除施工车辆可慢速（小于30km/h）通行外，禁止一切机动车辆通行。

（8）二级以下公路，水泥稳定土基层和底基层可采用路拌法施工。但对于二级公路，应采用专用的稳定土拌和机或使用集中拌和法制备混合料。对于高速公路和一级公路，直接铺筑在土基上的底基层下层可以用稳定土拌和机进行路拌法施工，当土基上层已用石灰或固化剂处理时，底基层的下层也宜用集中拌和法拌制混合料。其上的各个稳定层都应采用集中厂拌法拌制混合料，并用摊铺机摊铺基层混合料。

（9）基层分两层施工时，在铺筑上层前，应在下层顶面先撒薄层水泥或水泥净浆。

需要着重指出：水泥土（含水泥石灰综合稳定土）禁止用做高级沥青路面的基层。这是因为：①水泥土的干缩系数和干缩应变以及温缩系数都明显大于水泥砂砾和水泥碎石，容易产生严重的收缩裂缝，并影响沥青面层，增加面层不少裂缝；②当水泥土的强度没有充分形成时,如表面水由沥青面层渗入,水泥土基层的表层会发生软化,即使是几毫米厚的软化层也会导致沥青面层龟裂破坏;③水泥土的抗冲刷能力明显小于水泥级配集料,一旦表面水由沥青面层的裂缝或由水泥混凝土面板的接缝透入,容易产生冲刷现象。在沥青面层较薄的情况下,冲刷成的浆被唧出到表面,冲刷唧浆的结果是裂缝下陷和路面变形,裂缝两侧产生新裂缝。在水泥板下,冲刷唧浆的结果是混凝土板边角断裂。

水泥稳定土养生期仅一二天就铺筑沥青面层,只有在用小型机械施工的情况下允许。利用重型卡车运送材料时,仍应保持7d养生期。

7.3.2 厂拌法

(1) 水泥稳定土可以在中心站用厂拌设备进行集中拌和,对于高速公路和一级公路,应采用专用稳定土集中厂拌机械拌制混合料(图7.2)。集中拌和时,应符合下列要求:

1) 土块应粉碎,最大尺寸不得大于15mm。
2) 配料应准确,拌和应均匀。
3) 含水量宜略大于最佳值,使混合料运到现场摊铺后碾压时的含水量不小于最佳值。
4) 不同粒级的碎石或砾石以及细集料(如石屑和砂)应隔离,分别堆放。

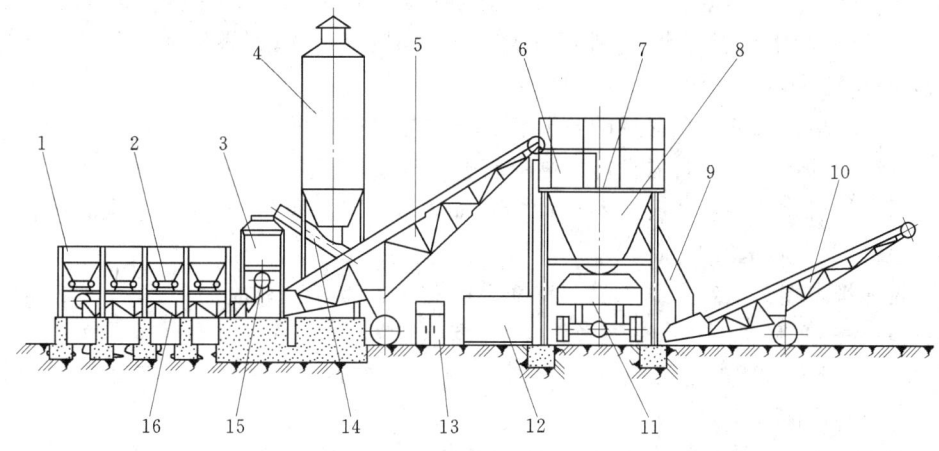

图 7.2 WBC200型稳定土厂拌设备总布置图
1—配料料斗;2—皮带给料机;3—小粉料仓;4—粉料筒仓;5—斜置集料皮带输送机;6—搅拌机;
7—平台;8—混合料储仓;9—溢料管;10—堆料皮带输送机;11—自卸汽车;12—供水系统;
13—控制柜;14—螺旋输送机;15—叶轮给料机;16—水平集料皮带输送机

(2) 当采用连续式的稳定土厂拌设备拌和时,应保证集料的最大粒径和级配符合要求。

(3) 在正式拌制混合料之前,必须先调试所用的设备,使混合料的颗粒组成和含水量都达到规定的要求。原集料的颗粒组成发生变化时,应重新调试设备。

(4) 在潮湿多雨地区或其他地区的雨季施工时,应采取措施,保护集料,特别是细集料(如石屑和砂等)应有覆盖,防止雨淋。

(5) 应根据集料和混合料含水量的大小,及时调整加水量。

(6) 应尽快将拌成的混合料运送到铺筑现场。车上的混合料应该覆盖,减少水分损失。

(7) 应采用沥青混凝土摊铺机或稳定土摊铺机摊铺混合料。如下承层是稳定细粒土，应先将下承层顶面拉毛，再摊铺混合料。

(8) 拌和机与摊铺机的生产能力应互相匹配。对于高速公路和一级公路，摊铺机宜连续摊铺，拌和机的产量宜大于400t/h。如拌和机的生产能力较小，在用摊铺机摊铺混合料时，应采用最低速度摊铺，减少摊铺机停机待料的情况。

(9) 在摊铺机后面应设专人消除粗细集料离析现象，特别应该铲除局部粗集料"窝"，并用新拌混合料填补。

(10) 宜先用轻型两轮压路机跟在摊铺机后及时进行碾压，后用重型振动压路机、三轮压路机或轮胎压路机继续碾压密实。

(11) 在二、三、四级公路上，没有摊铺机时，可采用摊铺箱摊铺混合料，也可以用自动平地机按以下步骤摊铺混合料：

1) 根据铺筑层的厚度和要求达到的压实干密度，计算每车混合料的摊铺面积。

2) 将混合料均匀地卸在路幅中央，路幅宽时，也可将混合料卸成两行。

3) 用平地机将混合料按松铺厚度摊铺均匀。

设一个3~5人的小组，携带一辆装有新拌混合料的小车，跟在平地机后面，及时铲除粗集料"窝"和粗集料"带"，补以新拌的均匀混合料，或补撒拌和均匀的细混合料，并与粗集料拌和均匀。

(12) 用平地机摊铺混合料后的整形和碾压均与路拌法相同。

(13) 集中厂拌法施工时的横向接缝应符合下列要求：

1) 用摊铺机摊铺混合料时，不宜中断，如因故中断时间超过2h，应设置横向接缝，摊铺机应驶离混合料末端。

2) 人工将末端含水量合适的混合料修整整齐，紧靠混合料放两根方木，方木的高度应与混合料的压实厚度相同；整平紧靠方木的混合料。

3) 方木的另一侧用砂砾或碎石回填约3m长，其高度应高出方木几厘米。

4) 将混合料碾压密实。

5) 在重新开始摊铺混合料之前，将砂砾或碎石和方木除去，并将下承层顶面清扫干净。

6) 摊铺机返回到已压实层的末端，重新开始摊铺混合料。

7) 如摊铺中断后，未按上述方法处理横向接缝，而中断时间已超过2h，则应将摊铺机附近及其下面未经压实的混合料铲除，并将已碾压密实且高程的平整度符合要求的末端挖成与路中心线垂直并垂直向下的断面，然后再摊铺新的混合料。

(14) 应避免纵向接缝。高速公路和一级公路的基层应分两幅摊铺，宜采用两台摊铺机一前一后相隔约5~10m同步向前摊铺混合料，并一起进行碾压。

在不能避免纵向接缝的情况下，纵缝必须垂直相接，并符合下列规定：

1) 在前一幅摊铺时，在靠中央的一侧用方木或钢模板做支撑，方木或钢模板的高度应与稳定土层的压实厚度相同。

2) 养生结束后，在摊铺另一幅之前，拆除支撑木（或板）。

(15) 用平地机摊铺混合料时，横向接缝和纵向接缝的处理方法与前述要求相同。

7.3.3 质量控制

水泥稳定土强度是最重要的指标,受多种因素的影响,在施工中应严格控制下列因素,确保工程质量:

(1) 选择符合要求的土和水泥,施工用土和水泥应符合前述材料要求。

(2) 水泥剂量,在通常的水泥剂量范围时,水泥稳定土的抗压强度随水泥用量的增加而增加,但为了减少开裂,水泥尽量少用,不应越过6%,为了拌和均匀,保证水泥稳定土的质量,水泥剂量不少于4%。

(3) 含水量控制,施工中对水泥稳定土中粒土和粗粒土,碾压时混合料含水量应高出最佳含水量0.5%～1.0%,对于稳定细粒黏性土碾压时含水量比最佳含水量大1%～2%,这样既可满足水泥水化需要,也可弥补碾压过程中水分的损失。

(4) 拌和均匀的控制,无论是厂拌法还是路拌法都必须保证拌和均匀。

(5) 严格控制加水拌和到成型的时间,在施工中配足机械设备,合理地组织施工,把成型时间控制在2～3小时以内。

(6) 控制交通,重视养生,对已完成的路面结构层,应及时养生,使水泥在养生的情况下得到充分水化,还可以减少稳定土的收缩裂缝,在养生期间不开放交通,只准洒水车通行洒水。

7.4 石灰稳定土路面基垫层施工

石灰土是指用石灰稳定细粒土得到的强度符合要求的混合料。

用石灰稳定中粒土和粗粒土得到的强度符合要求的混合料,原材料为天然砂砾或级配砂砾时,称石灰砂砾土;原材料为碎石土或级配碎石时,称为石灰碎石土。

7.4.1 路拌法

7.4.1.1 施工程序

准备下承层→施工放样→备料、摊铺土→洒水闷料→整平和轻压→卸置和摊铺石灰→拌和与洒水→整形→碾压→接缝和掉头的处理→养生。

7.4.1.2 主要施工程序的施工要点

1. 备料

材料应满足上述水泥稳定土中所提"备料"的要点之外,还应满足以下要求:

(1) 对于塑性指数小于15的黏性土,可视土质情况和机械性能确定是否需要过筛。人工拌和时,应筛除15mm以上的土块。

(2) 当分层采集土时,应将土先分层堆放在一场地上,然后从前到后将上下层土一起装车运送到现场,以利于土质均匀。

(3) 石灰应选择公路两侧宽敞、临近水源且地势较高的场地集中堆放。当堆放时间较长时,应覆盖封存;如堆放在集中拌和场的时间较长时,亦应覆盖封存。同时做好堆放场地的临时排水设施。

(4) 生石灰块,应在使用前7～10d消解,且消解的石灰应保持一定湿度,使不产生扬尘,也不过湿成团。消石灰宜过孔径10mm筛,并尽快使用。

2. 摊铺土的要点

通过试验确定土的松铺系数。人工摊铺混合料的松铺系数,可按表7.20选用。

表 7.20　　　　　　　　　　人工摊铺混合料松铺系数表

材料名称	松铺系数	备注
石灰土	1.53～1.58	现场摊铺土和石灰,机械拌和,人工整平
	1.65～1.70	路外集中拌和,运至现场人工摊铺
石灰土	1.52～1.56	路外集中拌和,运至现场人工摊铺

其他要求与水泥稳定土中"摊铺土"的要求相同。

3. 卸置和摊铺石灰的要点

(1) 按计算所得的每车石灰的纵横间距,用石灰在土层上做标记,同时画出摊铺的石灰的边线。

(2) 用刮板将石灰均匀摊开,表面应无空白位置。量测石灰的松铺厚度,根据石灰的含水量和松密度,校核石灰用量是否合适。

(3) 关于铺土、铺灰的计算与示例。在稳定土施工备料时,我们往往需要把设计配合比中的材料质量比换算成体积比。然后将各种材料用自卸车或人工堆放于路槽中,并整成一定规则的体积,然后用皮尺或米绳去丈量。下面就以石灰土为例来推导其计算公式。

1) 消石灰与土由质量比换算成体积比的计算公式:

$$消石灰体积:土体积 = \frac{P_2}{\rho_2} : \frac{P_1}{\rho_1} = 1 : \frac{P_1 \rho_2}{\rho_1 P_2} = 1 : \frac{\rho_2}{\rho_1 P_2} \tag{7.1}$$

其中

$$\rho_1 = \frac{土的天然松方湿密度}{1+\omega_1} \tag{7.2}$$

$$\rho_2 = \frac{消石灰的天然松方湿密度}{1+\omega_2} \tag{7.3}$$

式中　P_2、P_1——消石灰及土的质量百分比,$P_1 = 100\%$;
　　　ρ_1——土的天然松方干密度,kg/m³;
　　　ρ_2——消石灰的天然松方干密度,kg/m³;
　　　ω_1——土的含水量;
　　　ω_2——消石灰的含水量。

2) 土的松铺厚度(石灰亦同理):

$$h_1 = \frac{\rho_0 \dfrac{P_1}{P_1+P_2} h_0}{1+\omega_1} \tag{7.4}$$

式中　h_1——土的松铺厚度,m;
　　　ρ_0——石灰土的最大干密度,kg/m³;
　　　h_0——石灰土压实(设计)厚度,m。

3) 每延米铺张层的消石灰天然松方体积用量(土亦同理):

$$V_2 = \frac{b_0 h_0 \rho_0 \dfrac{P_2}{P_1+P_2}}{\rho_2} \tag{7.5}$$

7.4 石灰稳定土路面基垫层施工

式中 V_2——每延米铺张层的消石灰天然松方体积用量，m^3；

b_0——铺张层设计宽度，m；

h_0——铺张层设计（压实）厚度，m。

【例 7.1】 设剂量为 11% 的石灰土结构层，结构层宽度 6m，压实厚度 15cm。经试验：石灰土最大干密度 $1680kg/m^3$，消石灰天然松方湿密度为 $495kg/m^3$，土的天然松方湿密度为 $1092kg/m^3$，实测消石灰含水量 28%，土的含水量 4%。

【解】

(1) 消石灰与土的体积比：

$$\frac{\frac{11}{495}}{1.28} : \frac{\frac{100}{1092}}{1.04} = 1 : 3.35$$

(2) 土的松铺厚度：

$$h_1 = \frac{1680 \times 100/(100+11) \times 0.15}{1092/1.04} = 0.216(m)$$

(3) 每延米消石灰用量：

$$V_2 = \frac{6 \times 0.15 \times 1680 \times 11/(100+11)}{495/1.28} = 0.39(m^3)$$

4. 拌和与洒水要点

对二级及二级以上公路，如使用生石灰粉时，宜先用平地机或多铧犁将石灰翻到土层中间，但不能翻到底部。

对于三、四级公路的石灰稳定细粒土和中粒土，在没有专用拌和机械的情况下，可用农用旋转耕作机与多铧犁或平地机相配合拌和三遍。先用耕作机拌和两遍，后用多铧犁或平地机将底部素土翻起，再用耕作机翻拌两遍，并随时检查调整翻犁的深度，使稳定土层全部翻透。

如为石灰稳定级配碎石或砾石时，应先将石灰和需添加的黏性土拌和均匀，再均匀地摊铺在级配碎石或砂砾层上，一起进行拌和。

用石灰稳定塑性指数大的黏土时，应采用两次拌和。第一次加 70%~100% 预定剂量的石灰进行拌和，闷放 1~2d 后，再补足需用石灰，进行第二次拌和。

接缝和掉头处的处理，对同日施工的两工作段的衔接处采用搭接形式，前一段拌和整形后，留 5~8m 不进行碾压，后一段施工时，应与前段留下未压部分一起进行拌和。拌和机械及其他机械不宜在已压成的石灰稳定土层上掉头。如必须掉头，应采取措施保护掉头部分，使灰土层表层不受破坏。

5. 养生与交通管制要点

石灰稳定土养生期不宜少于 7d。养生期间，应使灰土层保持一定的湿度，不应过湿或忽干忽湿，且每次洒水后，应用两轮压路机将表层压实。石灰稳定土基层碾压结束后 1~2d，当其表面较干燥（如灰土的含水量不大于 10%，石灰粒料土的含水量为 5%~6%）时，可以立即喷洒透层沥青，然后做下封层或铺筑面层，但初期应禁止重型车辆通行。

在养生期间未采用覆盖措施的石灰稳定土层上，除洒水车外，应封闭交通。有覆盖且不能封闭交通时，应限制车速不得超过 30km/h，禁止重型卡车通行。

养生结束后，在铺筑沥青面层前，应清扫基层并喷洒透层沥青或做下封层。如面层是沥青混凝土，在喷洒透层沥青后应撒布5～10mm的小碎（砾）石，其均匀撒布的面积约为60%。如喷洒的透层沥青能透入基层，其上作业车辆不会破坏沥青膜时，可以不撒小碎（砾）石。在喷洒沥青时，稳定土层上层应比较湿润。

石灰稳定土分层施工时，下层石灰稳定土碾压完成后，可以立即铺筑上一层石灰稳定土，不需专门的养生期。

6. 路缘处理要点

如石灰稳定土层上为薄沥青面层，基层两边应较面层宽20cm以上。如在基层全宽上喷洒透层油或设下封层，沥青面层边缘向外侧做成三角形。如设置路缘石时，必须注意防止路缘石阻滞路面上表面水和结构层中水的排除。

7. 稳定低塑性土时的施工技术要点

(1) 碾压。碾压时宜分两阶段进行。第一阶段，洒较多水后用履带拖拉机先压2～3遍，达到初步稳定；第二阶段，应待水分接近最佳含水量时，再用12t以上压路机压实。

(2) 当缺少履带拖拉机时，洒水后，先用轻型压路机碾压两遍，然后覆盖一层素土，继续用12t以上压路机压实，养生后，将素土层清除干净。

其他工序的施工如准备下承层、施工放样、洒水闷料、整平和轻压、整形和碾压、纵缝的处理等及上述提到的拌和与洒水等均与水泥稳定土施工中所述要点要求相同。

石灰稳定土结构层施工中还应注意以下有关规定要求：

(1) 压路机的选择与层厚。石灰稳定土结构层应用12t以上的压路机碾压。用12～15t三轮压路机碾压时，每层的压实厚度不应超过15cm；用18～20t压路机和振动压路机时，不超过20cm。对于石灰稳定土，采用能量大的振动压路机碾压时，或对于石灰土，采用振动羊蹄碾与三轮压路机配合碾压时，每层的压实厚度应根据试验结果，可以适当增加。压实厚度超过上述厚度时，应分层铺筑，每层的最小压实厚度为10cm，下层宜稍厚。对于石灰土，应采用先轻型、后重型压路机碾压。

(2) 石灰土层宜在当天碾压完成，并必须保湿养生。

石灰稳定土基层施工时，严禁用薄层贴补的办法进行找平，并采取措施防止表面水透入基层，同时应经历一个月以上的温暖和热的气候养生。石灰稳定土用做沥青路面的基层时，还应采取措施加强基层与面层的联结。

对于高速公路和一级公路，直接铺筑在土基上的底基层下层可以用专用稳定土拌和机进行路拌法施工，如土基上层已用石灰或固化剂处理，则底基层下层也应用集中拌和法拌制混合料。其上的各个稳定土层均应采用集中厂拌法拌制混合料，并宜用摊铺机摊铺混合料。

在此着重指出：①石灰土禁止用做高级路面的基层；②在冰冻地区和非冰冻地区当石灰土用于潮湿路段时，为防止聚冰现象产生和难以形成较高强度板体，均应采取隔水措施，防止水分浸入石灰土层；③石灰放置时间不宜过长，如堆放于野外，无覆盖时，有效钙和氧化镁的含量降低很快，3个月可从原来的80%以上下降到40%左右，半年可降至30%，因此，在施工中，应将石灰堆放成高堆并用篷布和土覆盖，然后，边使用边揭盖；④石灰在使用前必须充分消解。

7.4 石灰稳定土路面基垫层施工

7.4.2 厂拌法
厂拌法施工程序与施工要点与水泥稳定土相同。

7.4.3 人工路拌法
对于二级以下公路的小工程可以采用人工沿路拌和法施工，其主要程序、要点如下。

1. 备料

将需稳定的土料按事先计算的数量运到路上分堆堆放，应每隔一定距离留一缺口。再将消石灰按事先计算的数量运到路上并直接卸在土堆上或土堆旁。

2. 拌和

1) 筛拌法：将土和石灰混合或交替过孔径15mm的筛，筛余土块应随打碎随过筛。过筛后，适当加水，拌和到均匀为止。

2) 翻拌法：将过筛的土和石灰先干拌1～2遍，然后加水拌和，应不小于3遍，直到均匀为止。

为使混合料的水分充分渗透均匀，可在当天拌和后堆放闷料，第二天再摊铺使用。

3. 摊铺

将拌好的灰土按松铺厚度在路段上摊铺。

4. 整形与碾压

与水泥稳定土施工中路拌法施工中的相应工序施工要求相同。

7.4.4 测试项目与标准
石灰土的实测项目与标准见表7.21。

表7.21　　　　　　　　石灰土的实测项目与标准

项次	检测项目		规定值或允许偏差				检测方法和频率
			基层		底基层		
			高速公路、一级公路	其他公路	高速公路、一级公路	其他公路	
1	压实度（%）	代表值		95	95	93	每200m每车道2处
		极值		91	91	89	
2	平整度（mm）		12	12		15	3m直尺：每200m测2处×10尺
3	纵断面高程（mm）		+5，-15	+5，-15		+5，-20	水准仪：每200m测4点
4	宽度（mm）		不小于设计	不小于设计	不小于设计	不小于设计	尺量：每200m测4处
5	厚度（mm）	代表值	-10	-10		-12	每200m每车道1点
		极值	-25	-25		-30	
6	横坡（%）		±0.5	±0.3		±0.5	水准仪：每200m测4个断面
7	强度（MPa）		0.8	0.8		0.5 0.7	塑性指数小于12 塑性指数大于12

7.5 石灰粉煤灰土路面基垫层施工

石灰工业废渣稳定土是指一定数量的石灰和粉煤灰或石灰和煤渣与其他集料相配合，加入适量的水（通常为最佳含水量）经拌和、压实及养生后得到的混合料，当其抗压强度符合规定要求时，称为石灰工业废渣稳定土（简称为石灰工业废渣）。

二灰、二灰土、二灰砂是指一定数量的石灰和粉煤灰，一定数量的石灰、粉煤灰和土以及一定数量的石灰、粉煤灰和砂相配合，加入适量的水（通常为最佳含水量），经拌和、压实及养生后得到的混合料，当其抗压强度符合规定的要求时，分别简称为二灰、二灰土、二灰砂。

二灰级配碎石、二灰级配砾石、二灰级配集料是指用石灰和粉煤灰稳定级配碎石或级配砾石得到的混合料，当其强度符合要求时，分别称为石灰、粉煤灰级配碎石和石灰、粉煤灰级配砾石。这两种混合料又统称为石灰、粉煤灰级配集料，或分别简称二灰级配碎石、二灰级配砾石、二灰级配集料。

石灰煤渣土和石灰煤渣集料是指用石灰、煤渣和土以及石灰、煤渣和集料得到的强度符合要求的混合料，分别称为石灰煤渣土和石灰煤渣集料。

石灰工业废渣稳定土可用做各级公路的基层和底基层，但二灰、二灰土和二灰砂不应用做二级和二级以上公路高级路面的基层。

7.5.1 路拌法

7.5.1.1 施工程序

路拌法施工石灰工业废渣稳定土的工艺流程如图 7.3 所示。

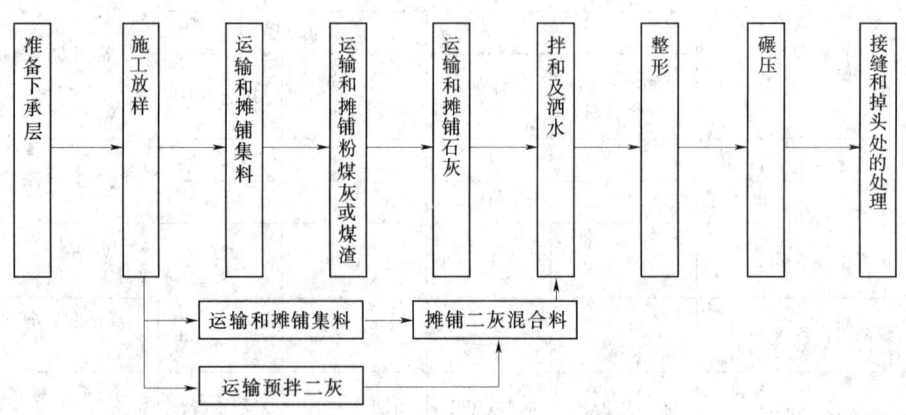

图 7.3 路拌法施工石灰工业废渣稳定土的工艺流程

7.5.1.2 施工要点

1. 备料

（1）粉煤灰应含有足够的水分，防止扬尘。在堆放过程中出现结块，使用时应将其打碎。

（2）集料和石灰的备料与石灰稳定土中的要求相同。

7.5 石灰粉煤灰土路面基垫层施工

(3) 计算材料用量。根据各路段石灰工业废渣稳定土层的宽度、厚度及预定的干密度，计算各路段需要的干混合料质量；根据混合料的配合比，材料的含水量以及所用运料车辆的吨位，计算各种材料每车料的堆放距离。

(4) 培路肩。如路肩用料与稳定土层用料不同，应采取培肩措施，先将两侧路肩培好。路肩料层的压实厚度应与稳定土层的压实厚度相同。在路肩上每隔 5~10m 应交错开挖临时泄水沟。

(5) 在预定堆料的下承层上，在堆料前应先洒水，使其表面湿润。

2. 运输与摊铺

(1) 材料装车时，应控制每车装料量基本相等。

(2) 采用二灰时，应先将粉煤灰运到现场；采用二灰稳定土时，应先将土运到现场。在同一料场供料的路段内，由远到近按计算的距离卸置材料于下承层上，并且料堆每隔一定距离留一缺口。材料堆置时间不应过长。

(3) 通过试验确定各种材料及混合料的松铺系数。

(4) 采用机械路拌时，应采用层铺法。每种材料摊铺均匀后，宜先用两轮压路机碾压 1~2 遍，然后再运送并摊铺下一种材料。摊铺时，应力求平整，并具有规定的路拱。集料应较湿润，必要时先洒少量水。

3. 拌和及洒水

(1) 二级和二级以上公路，应采用专用稳定土拌和机械进行拌和，并应先干拌二遍，深度应直至层底并宜侵入下承层 5~10cm（不应过深）。专人跟随机后，检查拌和深度并配合机手调整拌和深度。如直接铺于土基上宜避免素土夹层，其余各层严禁在拌和层底部留有素土夹层。

拌两遍以上，最后一遍拌和之前，必要时先用多铧犁紧贴底面翻拌一遍。

(2) 三、四级公路，在无专用拌和机械时，其施工要求与水泥稳定土的施工要求雷同。

(3) 用喷管式洒水车将水均匀地喷洒在干拌后的混合料上，洒水距离应长些，水车起洒处和另一头掉头处均应超出拌和段 2m 以上。洒水车不应在正在进行拌和的以及当天计划拌和的路段上掉头或停留，并防止局部水量过大。拌和机应紧跟在洒水车后面进行拌和，尤其在纵坡大的路段上应配合紧密，以减少水分流失或造成水分分布不均。

(4) 在洒水拌和过程中，应及时检查混合料的含水量，并宜大于最佳含水量 1% 左右。检查拌和深度和均匀性。拌和达到要求的标志是：混合料色泽一致，无灰条、灰团和花面，无粗细颗粒"窝"或"带"，且水分合适、均匀。

(5) 对二灰级配集料，应先将石灰和粉煤灰拌和均匀，然后均匀摊铺在集料层上，再一起进行拌和。

4. 整形

(1) 平地机整形。

1) 在直线段及不设超高的平曲线段，平地机由两侧向路中心进地刮平，在设超高的平曲线段，由内侧向外侧进行刮平。必要时再返回刮一遍。

2) 用拖拉机、平地机或轮胎压路机快速碾压 1~2 遍，以暴露潜在的不平整。

3) 再用平地机按上述 1) 所述进行整形,并用 2) 所述机械再碾压一遍。整形过程中应及时消除粗细集料离析现象。

4) 对局部低洼处,应用齿耙将其表层 5cm 以上耙松,并用新拌的二灰级配料找补平整,再用平地机整形一次。

(2) 人工整形。人工用锹和耙先将混合料摊平,用路拱板进行初步整形。用拖拉机初压 1~2 遍后,根据试验确定的松铺系数,确定纵横断面的高程,并钉桩、挂线。利用锹耙按线形整形,再用路拱板校正成形。

(3) 在整形过程中,必须禁止任何车辆通行。

(4) 初步整形后,检查混合料的松铺厚度。二灰土的松铺系数约为 1.5~1.7;二灰集料的松铺系数约为 1.3~1.5;人工铺筑石灰煤渣土的松铺系数约为 1.6~1.8;石灰煤渣集料的松铺系数约为 1.4。用机械拌和及机械整形时,集料松铺系数约为 1.2~1.3。

(5) 碾压、接缝和掉头处的处理施工要点与水泥稳定土中所述相同。

5. 养生及交通管制要点

(1) 碾压完成后的第二天或第三天开始养生,每天洒水次数视天气而定,应保持表面潮湿。亦可用泡水养生法。对二灰稳定粗、中粒土的基层,也可用沥青乳液和沥青下封层进行养生,养生期一般为 7d。二灰层宜采用泡水养生法,养生期为 14d。在养生期间,除洒水车外,应封闭交通。

(2) 对二灰集料基层,养生结束后,宜先让施工车辆慢速通行 7~10d,磨去表面的二灰薄层,或用带钢丝刷的机械扫去表面的二灰薄层。清扫和冲洗干净后再喷洒透层或黏层沥青。其后宜撒 5~10mm 的小碎(砾)石,均匀撒布约 60%~70%的面积〔如喷洒的透层沥青能透入基层,当运料车辆和面层混合料摊铺机在上行驶不会破坏沥青膜时,可以不撒小碎(砾)石〕。然后应尽早铺筑沥青面层的底面层。

在清扫干净的基层上,也可先做下封层,防止基层干缩开裂,同时保护基层免受施工车辆破坏。宜在铺设下封层后的 10~30d 内开始铺筑沥青面层的底面层。如为水泥混凝土面层,也不宜让基层长期曝晒,以免开裂。

(3) 石灰工业废渣底基层分层施工时,下层碾压完毕后,可以立即铺筑上一层,不需专门的养生期,也可养生 7d 后铺筑上一层。

6. 路缘处理要点

路缘处理要点与水泥稳定土路缘处理要点要求相同。

7.5.2 厂拌法

对于高速公路和一级公路,应采用专用稳定土集中厂拌机械拌制混合料。

石灰工业废渣稳定土的集中拌和流程如图 7.4 所示。

集中拌和时,要满足以下要求:

(1) 土块最大尺寸不应大于 15mm;粉煤灰块不应大于 12mm,且 9.5mm 和 2.36mm 筛孔的通过量应分别大于 95% 和 75%。

(2) 拌成混合料的堆放时间,不宜超过 24h,宜当天运至铺筑现场。

(3) 如压实层末端未用方木作支撑处理,在碾压后末端成一斜坡,则应在第二天开始接铺新混合料之前,将斜坡挖除,并挖成一横向(与路中线垂直)垂直向下的断面。挖出

7.6 石灰水泥综合稳定土路面基垫层施工

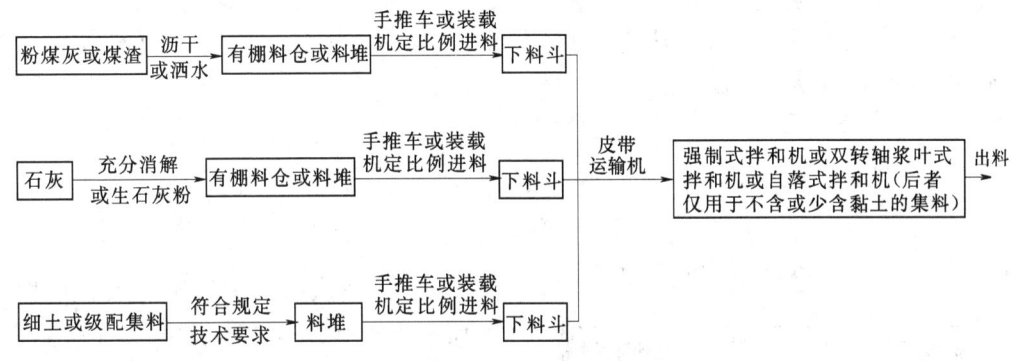

图 7.4 石灰工业废渣稳定土的集中拌和工艺流程

注：1. 进入下料斗的粉煤灰、石灰、土和细集料都不应潮湿。
2. 如拌制基层用二灰级配集料，则至少应有三个集料下料斗，分装粗细集料。
3. 各种粒级集料应分开堆放。
4. 石灰、粉煤灰和细集料应有覆盖。
5. 配料准确，拌和均匀。
6. 混合料含水量应略大于最佳含水量，使其运到现场碾压时的含水量能接近最佳值。

的混合料加水到最佳含水量拌匀后仍可使用。

（4）其他的施工要点要求与水泥稳定土中所述相同。

7.5.3 质量控制

1. 材料质量控制

（1）石灰使用前应充分消解，过 1cm 的筛。

（2）粉煤灰的各项指标应符合规范要求。

（3）不宜稳定高黏性的细粒土。

2. 配合比控制

二灰混合料的性质取决于石灰、粉煤灰、小于 4.75mm 颗粒等基体材料的质量，这部分基体材料必须足够，才能保证结构具有足够的强度和耐久性，通常石灰：粉煤灰为 1：3～1：4，多用 1：3。

3. 施工控制

（1）拌和。无论是厂拌还是路拌都应使全部材料拌和均匀。

（2）密度。施工中必须配备足够的压实设备，严格控制含水量，保证压实度达到要求。避免含水量过大出现"弹簧"现象，过小则会使表面松散。

（3）养生。压实成型后应及时养生，养生的时间越长，强度越高，养生的温度越高，强度增长越快。

7.6 石灰水泥综合稳定土路面基垫层施工

7.6.1 石灰水泥综合稳定土施工

7.6.1.1 施工准备

（1）做好材料的选择与检测。进行混合料的配合比设计，同时做好机械设备的准备工作，满足上料的自卸汽车和装载机随施工进度增减，保证机械保持良好的使用状态。

(2) 下承层准备。石灰水泥综合稳定土施工的下承层检查验收、测量放样等准备工作与水泥稳定土路拌法相同。

7.6.1.2 厂拌法施工

1. 工艺流程

如图7.5所示。

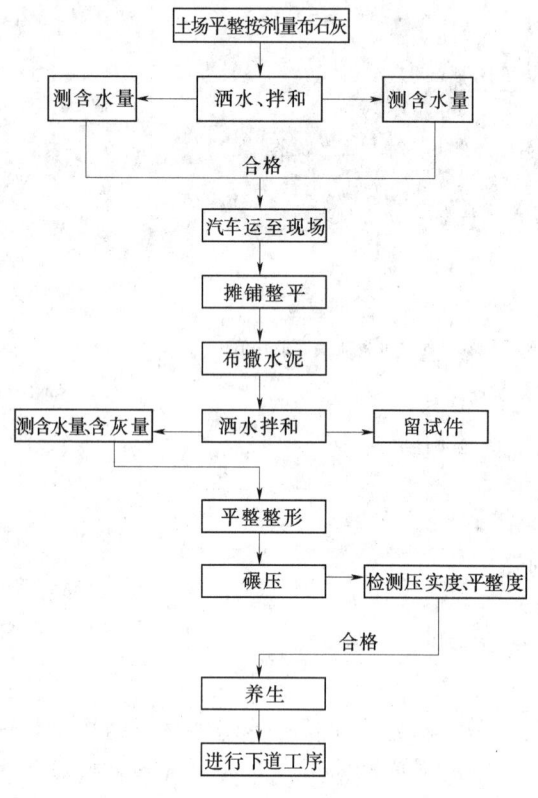

图 7.5 厂拌法工艺流程图

2. 土场石灰拌和

(1) 在选定的土场使用推土机清除表面不能使用的土和杂物，并将表面整平。

(2) 测土的含水量，如果满足18%～24%的含水量就可布石灰，否则应翻晒或补洒水使之满足要求。

(3) 计算石灰撒布量。

1) 运输消解的石灰，过筛，测含水量，测出每车的重量，计算出干重量G。

2) 实测布灰前土的干密度ρ。

3) 拟定拌和深度h。

4) 根据配合比设计，确定石灰外掺比例d。

5) 用直式计算每车石灰摊铺面积：

$$s = \frac{G}{h\rho d} \quad (7.6)$$

(4) 根据每车石灰撒布面积，在已平整好的石灰土上划格子，然后上石灰和布石灰，平地机摊灰，人工配合，保证布灰厚度均匀无素土外露为止。

(5) 拌和。

1) 先使用铧犁翻拌两遍，翻拌深度小于拌和深度，以避免石灰落到底部，不能拌和均匀。

2) 铧犁翻拌完成后，使用稳定土拌和机拌和2～3遍。拌和时，从边到中拌和，应重叠50cm，以保证拌和均匀，拌和过程中设专人随机测拌和深度，出现误差及时调整。

3) 采用推土机将拌和好的混合料堆集起来，注意不要将未拌的土掺入灰土混合料中。

3. 石灰土的运输和摊铺

(1) 在验收、放样、洒水等准备工作完成的路基上摊铺混合料，先拟定摊铺厚度h。

(2) 测石灰的最大干密度ρ、每车的土重量G。

(3) 计算每车的摊铺面积s：

$$s = \frac{G}{h\rho} \quad (7.7)$$

7.6 石灰水泥综合稳定土路面基垫层施工

(4) 在施工的路基上划网格上石灰土。

(5) 使用推土机初摊，平地机精平。

4. 按规定剂量布撒水泥

(1) 一袋水泥的摊铺面积按式（7.8）计算：

$$s = \frac{G}{h\rho d} \tag{7.8}$$

式中　G——一袋水泥重量，kg；

　　　h——石灰水泥稳定土压实厚度，cm；

　　　ρ——石灰水泥稳定土的最大干密度；

　　　d——石灰稳定土中水泥外掺剂量，％。

(2) 根据计算的摊铺面积，在平整合格的石灰土上划格，人工撒布水泥，要求要均匀无花面。

5. 拌和整平

(1) 当水泥撒布均匀后，应立即使用拌和机进行拌和，要严格控制拌和深度，跟人进行检查，发现问题及时进行调整，一般拌和一遍即可，如果拌和不均匀可增加一遍。

(2) 拌和均匀后，立即使用胶轮压路机稳压，平地机精平。拌和、稳压、精平可交叉进行，尽量缩短成型时间，一般应控制在1h之内完成。平地机精平，应控制好标高、横坡。

6. 碾压成型

(1) 碾压前应先检测混合料的含水量，其含水量宜比最佳含水量大2％～3％。

(2) 压实原则：先稳压，后静压，再静压，直线段由边向中间，曲线段由内侧向外侧进行碾压。

(3) 先用振动压路机不起振稳压一遍，然后振动压路机起振错半轮碾压4遍，检验员检测压实度，不足，立即补压至达到要求。

(4) 压实度满足要求后，再静压1～2遍，消除轮迹，达到表面平整光洁。

7. 接头处理

每天施工完毕后，应在稳定土成型完好的末端，拉线取直切除，第二天施工布料后，拌和机在接缝处横向拌和两遍，然后再纵向拌和，人工配合将接头处拌匀整平，压实成型后用平地机刮除整平，使接头保持平整、平滑。

8. 养生及封闭交通

石灰水泥综合稳定土的养生不可缺少，碾压完成后及时洒水养生，应使结构表面潮湿，养生应不少于7d，并断绝交通。

7.6.1.3 路拌法施工

石灰水泥综合稳定土的路拌法施工与厂拌法施工相比，只是灰土的拌和方式有所不同，除此之外的工序、工艺完全相同。

7.6.2 质量控制与检测

7.6.2.1 质量控制

为有效地保证石灰水泥综合稳定土的质量，施工时应加强以下几方面的控制。

(1) 施工作业段的长度应根据机械配置数量和作业效率确定。

(2) 石灰水泥的掺配剂要足,且要拌和均匀,这样才能保证设计强度,故施工时应加强对石灰、水泥剂量的控制检查。

(3) 严格控制含水量。

(4) 重视养生工作,保证在养生期内表面始终潮湿。

7.6.2.2 质量检测

1. 外观检测

(1) 检查表面有无松散、起皮、开裂、"弹簧"现象。

(2) 接缝是否平整,边线是否整齐、稳定。

2. 实测项目

(1) 压实度检查,代表值不小于95%。

(2) 平整度应控制在12mm之内。

(3) 宽度不小于设计。

(4) 纵断面高程允许偏差为—5~5mm。

(5) 厚度允许偏差为±10mm。

(6) 横坡度控制在±0.3%之内。

7.7 级配碎(砾)石路面基垫层施工

级配碎(砾)石施工应做到集料级配要满足要求,配料准确,细料的塑性指数需符合规定,掌握好松铺厚度,路拱横坡符合规定,拌和均匀,避免粗细颗粒离析。

级配碎(砾)石施工一般采用路拌法,为保证质量要求,有时也采用集中拌和法。

7.7.1 路拌法施工

路拌法的施工工艺如图7.6所示。

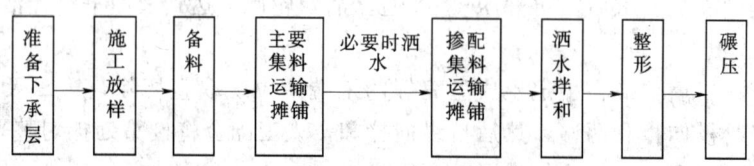

图7.6 路拌法的施工工艺流程图

1. 准备下承层

(1) 土基或垫层等下承层的表面应平整、坚实,具有一定的路拱,没有松散材料和软弱地方。

(2) 下承层的平整度和压实度应满足规范要求。

(3) 下承层必须用12~15t的三轮或等效压路机进行碾压检验,发现过松散、低坑、搓板或过湿"弹簧"现象,应采取填补、耙松洒水碾压、挖开晾晒、换土、掺石灰、掺集料等措施进行处理。

(4) 对于底基层,压实度检查和弯沉测定的结果不符合要求的,应采用补充碾压、换

7.7 级配碎（砾）石路面基垫层施工

填好料、挖开晾晒等措施处理。

(5) 检查各断面的标高是否满足要求。

(6) 槽式断面路段，两侧路肩每隔 5～10m 应交错开挖泄水沟。

2. 施工放样

恢复中线，并在两侧路肩边缘外 0.3～0.5m 设指示桩。逐个断面进行高程测量，并在指示桩上标记结构层的设计高度。

3. 备料

(1) 根据各路段基层或底基层的宽度、厚度及预定的干密度，计算各段需要的干集料数量。

(2) 按确定的配合比分别计算各段需要未筛分碎石和石屑的数量或不同粒级碎石和石屑的数量。

(3) 计算每车料的堆放距离。

4. 集料运输、摊铺

同一料场的路段，运输应由远到近按计算的间距堆放，堆放的时间不宜过长，一般仅提前数天，料堆间隔一定距离应留缺口来排水。

集料车装车时，应控制每车料的数量基本相等，在同一料场供料的路段内，由远到近将料按计算的距离卸置于下承层上，卸料距离应严格掌握，避免料过多或不够。

应事先试验确定集料的松铺系数，一般人工摊铺混合料时，其松铺系数为 1.40～1.50，平地机摊铺混合料时其松铺系数为 1.25～1.35。

用平地机或其他合适的机具将料均匀地摊铺在预定的宽度上，表面应力求平整，并具有规定的路拱，与此同时摊铺路肩用料。当采用两种集料配合时，应先运送和摊铺较粗的集料，然后再运送和摊铺较细的集料。例如，平地机将级配碎石的未筛分碎石摊铺平整后，应在其较潮湿的情况下向上运送石屑，然后用平地机辅以人工将石屑摊铺在碎石层上，或用石屑撒布机将石屑直接均匀地撒布在碎石层上。再比如，采用不同粒级的碎石和石屑时，应将大碎石铺在下层，中碎石铺在大碎石层上，小碎石铺在中碎石层上，然后洒水使碎石湿润后，再摊铺石屑。

材料摊铺平整后，要检查松铺层的厚度是否符合预计要求。若不符合，应进行减料和补料工作。

5. 拌和及整形

(1) 对于级配碎石，应采用稳定土拌和机拌和，最少两遍，拌和深度直到级配碎石层底，在最后一遍拌和之前，必要时先用多铧犁紧贴底面翻拌一遍。

(2) 若没有稳定拌和机，可用平地机进行拌和，也可用多铧犁与圆盘耙配合拌和。平地机拌和时，先用平地机将铺好石屑的碎石翻拌，使石屑均匀地分布在碎石料中，再拌和 5～6 遍，拌和过程中用洒水车洒足所需的水分。拌和时，平地机刀片安装示意图如图 7.7 所示，安装角度见表 7.22。用多铧犁与圆盘耙配合拌和时，用多铧犁在前面翻拌，圆盘耙跟在后面拌和，即边翻边耙，共翻耙 4～6 遍，拌和过程中用洒水车洒足所需的水分。

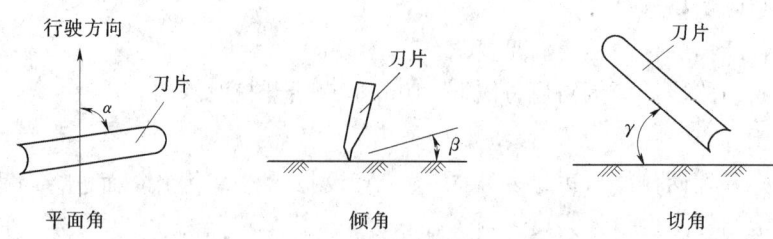

图 7.7　平地机刀片安装示意图

表 7.22　平地机刀片安装角度

拌和条件	平面角 α (°)	倾角 β (°)	切角 γ (°)
干拌	0～50	45	3
湿拌	35～40	45	2

（3）拌和结束的标志：混合料的含水量应均匀，并比最佳含水量大 1% 左右，且不应出现离析现象。

（4）平地机整平，并具有一定的路拱之后，用拖拉机、平地机或轮胎压路机快速初压一遍，以暴露潜在的不平整，再用平地机整平和整形。

（5）整形中，禁止车辆通行。

6．碾压

（1）整形后，当混合料的含水量等于或略大于最佳含水量时，立即用 12t 以上的三轮压路机、振动压路机或轮胎压路机进行碾压。

（2）直线段，由两侧路肩开始向路中心碾压，曲线段由内向外侧进行碾压，碾压时后轮应重叠 1/2 轮宽，且必须超过两段的接缝处。

（3）碾压 6～8 遍，路面的两侧多碾压 2～3 遍，并使表面没有轮迹。

（4）压路机的碾压速度，头两遍低速，采用 1.5～1.7km/h 为宜，以后用 2.0～2.5km/h。严禁压路机在已完成的或正在碾压的路段上"调头"和急刹车。

（5）含有土的级配碎（砾）石层，应进行滚动碾压，直到表层没有多余的细土为止，然后将表面薄层土清除干净。

7．接缝处理

两作业段的衔接处，应搭接拌和。第一段拌和后，应留 5～8m 不碾压，每两段施工时，将前段留下未压部分与第二段一起进行拌和、整平后一起碾压。

施工时应尽量避免纵向接缝，在必须分两幅铺筑时，纵缝应搭接拌和，前半幅全宽碾压密实、后半幅施工时，应将前半幅边部约 0.3m 搭接拌和，整平后一起碾压。也可以在前半幅的边部用高度与结构层厚度相同的方木或钢筋模板作支撑后进行碾压，后半幅施工时再拆除方木或钢筋模板进行碾压。

7.7.2　厂拌法施工

级配碎石混合料也可采用集中厂拌法施工。混合料按预定的配合比用强制式拌和机、卧式双轴桨叶式拌和机，普通水泥混凝土拌和机等拌和机械进行集中拌和，拌成的混合料运到现场后，用沥青混凝土摊铺机、水泥混凝土摊铺机或稳定土摊铺机进行摊铺，对一般公路，若没有摊铺机时地可以用自动平地机摊铺，然后用振动压路机、三轮压路机进行碾压（与路拌法相同）。

7.8 填隙碎石路面基垫层施工

用单一尺寸的粗碎石做主骨料，形成嵌锁作用，并用石屑填满碎石间的孔隙，增加密实度和稳定性的基层，称为填隙碎石基层；施工方法分干法和湿法两种，湿法施工称水结碎石，干法施工称干压碎石。干法施工的填隙碎石特别适用于干旱缺水地区。碎石间的孔隙当缺乏石屑时，也可以用细砾砂或粗砂等细集料填加，但其技术性质不如石屑。

7.8.1 施工程序

如图 7.8 所示。

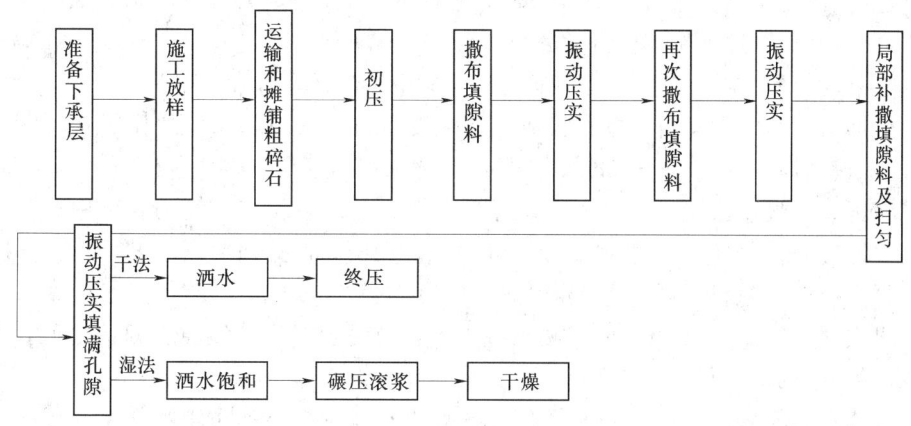

图 7.8 填隙碎石工艺流程图

7.8.2 施工技术要点

1. 准备下承层

不论填隙碎石下是底基层、垫层或土基，都要求平整坚实、无松散或软弱地点，压实度要符合要求。

2. 施工放样

在下承层上恢复中线。直线段每 15～20m 设一桩，平曲线段每 10～15m 设一桩，并在两侧路肩外设指示桩。同时要进行水平测量，在两侧指示桩上标出基层边缘的设计高程。

3. 备料

根据各路段基层或底基层的宽度、厚度及松铺系数，计算各段需要的粗碎石数量；根据运料车辆的车厢体积，计算每车料的堆放距离。

填隙料的用量约为粗碎石质量的 30%～40%。

4. 运输和摊铺粗碎石

（1）控制每车装料的数量基本相等。

（2）在同一料场供料的路段内，由远到近将粗碎石按上述备料所计算的距离卸于下承层上。

应特别注意卸料距离的控制,防止出现有的路段料不够或料过多的现象。料堆每隔一定距离应留一缺口。

(3) 用平地机或其他合适的机具将粗碎石均匀地摊铺在预定的宽度上,表面应力求平整,并有规定的路拱,且应同时摊铺路肩用料。

(4) 认真检查松铺材料层的厚度是否符合要求,必要时,应进行减料或补料。松铺厚度是指用各种不同方法摊铺任何一种混合料时,其密实度经常显著小于碾压后达到的规定密实度,这种未经压实的材料层厚度称为松铺厚度。

5. 撒铺填隙料和碾压

(1) 干法施工要点包括以下方面:

1) 初压。用 8t 两轮压路机碾压 3~4 遍,使粗碎石稳定就位。在直线和不设超高的平曲线段上,碾压从两侧路肩开始,逐渐错轮向路中心进行;在设超高的平曲线段上,碾压从内侧路肩开始,逐渐错轮向外侧路肩进行。错轮时,每次重叠 1/3 轮宽。在第一遍碾压后,应再次找平。初压终了时,表面应平整,并具有要求的路拱和纵坡。

2) 撒铺填隙料。采用石屑撒布机或类似的设备将干填隙料均匀地撒铺在已压稳的粗碎石层上,松铺厚度约 2.5~3.0cm。必要时,用人工或机械扫匀。

3) 碾压。用振动压路机慢速碾压,将全部填隙料振入粗碎石间的孔隙中。如无振动压路机,可采用重型振动板。碾压方法与上述 1) 相同,但路面两侧应多压 2~3 遍。

4) 再次撒布填隙料。同上述 2),但松铺厚度约为 2.0~2.5cm。

5) 再次碾压。同上述 3),但在碾压过程中,应注意对局部填隙料的不足处,用人工进行找补,多余的填隙料则应予扫除。

6) 整修。再次碾压后,如表面仍有未填满的孔隙,则应补撒填隙料,并用振动压路机继续碾压,直至全部孔隙被填满为止。同时,应将局部多余的填隙料铲除或扫除。填隙料不应在粗碎石表面自成一层,表面必须能看得见粗碎石。

如填隙碎石层上为薄沥青面层,应使粗碎石的棱角外露 3~5mm。

7) 分层铺筑。当需分层铺筑时,应将已压成的填隙碎石外露 5~10mm,然后再在其上摊铺第二层粗碎石,并按前述各项要求进行施工。

8) 终压。填隙碎石表面孔隙全部填满后,用 12~15t 三轮压路机再压 1~2 遍。在碾压过程中,不应有任何蠕动现象。在碾压之前,宜在表面先洒少量水,其量宜为 $3kg/m^2$ 以上。

(2) 湿法施工要点包括以下方面:

1) 与上述准备下承层、施工放样、备料、运输和摊铺粗碎石及干法施工中 1) ~6) 各项要求相同。

2) 粗碎石层表面孔隙填满后,应立即用洒水车洒水,直至饱和,但应注意避免多余水浸泡下承层。

3) 用 12~15t 三轮压路机跟在洒水车后进行碾压。在碾压过程中,将湿填隙料不断扫入所出现的孔隙中。需要时,应添加新料。洒水和碾压应一直进行到填隙料和水形成粉砂浆为止。粉砂浆应填塞全部孔隙,并在压路机轮前形成微波纹状。

4) 干燥。碾压完成的路段应让水分蒸发一段时间。结构层变干后,表面多余的细料或细料覆盖层均应扫除干净。

5) 当需分层铺筑时,应待结构层变干后,将已压成的填隙碎石层表面的填隙料扫去一些,使表面粗碎石外露 5~10mm,然后在其上摊铺第二层粗碎石,再按上述要求施工。

这里着重指出:填隙碎石层上不能直接通车,其上面必须要有面层。填隙碎石基层质量的好坏,取决于两个关键因素:①从上到下粗碎石间的孔隙一定要填满,即达到规定的密实度非常重要;②表面粗碎石间的孔隙既要填满填隙料,填隙料又不能覆盖粗碎石而自成一层,表面应看得见粗碎石,其棱角可外露 3~5mm,这对薄沥青面层非常重要。它可保证薄沥青面层与基层黏结良好,避免薄沥青面层在基层顶面发生推移破坏。因此,在施工中必须控制这两个关键。

填隙碎石的稳定性靠专门的压实得到保证。压实良好的填隙碎石密实度通常约为固体体积率的 85%~90%。因此,在施工中必须高度重视和控制好压实环节。

填隙碎石基层未洒透层沥青或未铺封层时,禁止开放交通。

7.9 沥青稳定碎石路面基垫层施工

7.9.1 沥青稳定碎石概述

沥青稳定碎石类似于填隙碎石,但在铺筑时浇洒少量沥青于碎石层中,促进碎石层压实成型的一种改进填隙碎石结构层的基层,比填隙碎石更有利于增加密实度,提高稳定性。

沥青稳定碎石适用于原有结构层整平后用基层,用做高级公路路面的基层,同时还起到衬垫的作用,广泛用于旧路改建。

6~9月施工时用较稠的沥青,其余月份用较稀沥青。

7.9.2 沥青稳定碎石的施工

7.9.2.1 沥青稳定碎石的施工工艺流程

沥青稳定碎石的施工工艺流程图如图 7.9 所示。

7.9.2.2 施工技术要点

1. 摊铺主层碎石

根据各路段基层宽度、厚度、松铺系数等计算各段需要的主层碎石数量,再根据运料车的车容量,计算每车料的堆放间距。

每层厚度为 8~15cm,若设计厚度超过 15cm 时,应分层摊铺。

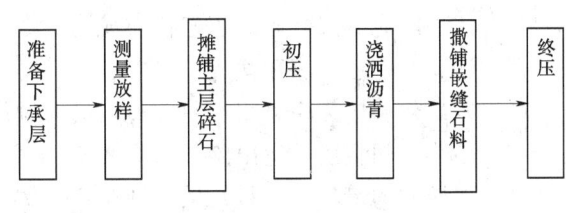

图 7.9 沥青稳定碎石的施工工艺流程图

用平地机或其他机具将主层碎石摊铺均匀、平整。

检验松铺时料层的厚度是否符合设计要求,不符合时应减料、加料。

2. 初压

调整主层纵、横坡度和平整度后,用 6~8t 两轮压路机碾压,压稳碎石,然后用 10~12t 或 10~15t 三轮压路机压实碎石。碾压应先轻后重、由边到中、由低到高,并随时修整碎石层外形尺寸。

两轮压路机碾压时轮迹重叠 1/3，三轮压路机碾压时轮迹重叠 1/2，碾压至碎石层无明显轮迹为止。

3. 浇洒沥青

沥青应采用机械洒布，洒布沥青温度应达到表 7.23 的规定值，否则应补充加热。洒布时应注意使纵横接头处沥青洒布均匀，洒布一段后应检查沥青用量，并加以调整。

表 7.23　　　　　　　沥青稳定碎石的沥青洒布温度规定值

沥青种类及编号	单位	石油沥青		煤沥青
		AH—70、AH—90、AH—110、A—60、A—100	A—140	T—7、RT—10、RT—11、RT—12
洒布温度	℃	150～170	140～160	100～120

4. 撒铺嵌缝石料和终压

沥青洒布后立即用压路机进行碾压，调整外形尺寸，碾压到沥青稳定碎石层无明显轮迹为止。表面应坚实、平整，嵌缝料不浮于表面或聚集形成一层。

7.10　路面垫层施工

7.10.1　概述

路面垫层介于基层和土基之间，主要作用是调节和改善土基水温状况，保证面层和基层具有足够的强度、稳定性、抗冻胀能力，减小土层所产生的变形。

垫层按所选用的材料不同分为砂垫层和灰土垫层等。

7.10.2　垫层施工

7.10.2.1　砂垫层施工

1. 施工要点

(1) 施工时应分层铺砂，逐层振密或压实，层厚一般为 15～20cm，密实度的控制方法如振动法、水撼法、碾压法等。

(2) 砂砾垫层应无明显粗细料分离，最大粒径不大于 5cm。

(3) 砂垫层的宽度应宽出路基边脚 0.5～1.0m，两侧墙以片石护砌，以免砂料流失。

(4) 碾压时的最佳含水量一般控制在 8%～12%。

2. 施工程序

(1) 当地基表层具有一定厚度的硬壳层，承载力较好，能上运输机械时，一般采用分堆摊铺法，即先堆成若干堆，然后用机械或人工摊平。

(2) 当硬壳承载力不足时，一般采用顺序推进法摊铺。

(3) 当地基表层很软时，首先要改善地基表层的持力条件，使其能上轻型运输工具和人员。通常采用的方法是表面铺荆笆、铺设塑料编织网、铺高土工聚合物等。如图 7.10、图 7.11、图 7.12 所示。

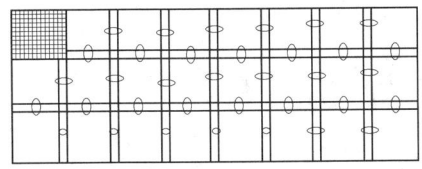 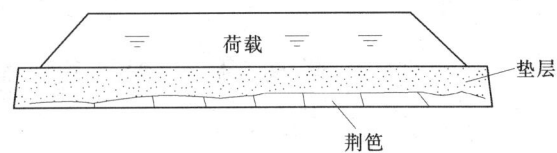

图 7.10 荆笆铺设示意图

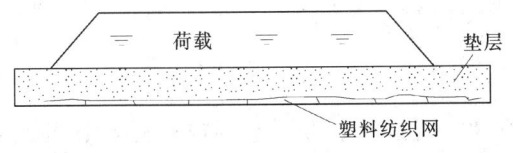 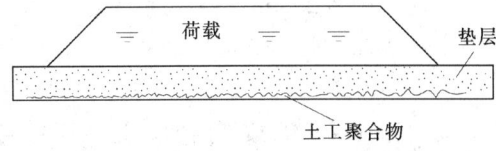

图 7.11 塑料编织网铺设示意图　　图 7.12 土工聚合物铺设示意图

7.10.2.2 石灰垫层施工

（1）施工前必须对下层地基进行检验，对局部软弱土坑应挖除，用素土或灰土填平夯实。

（2）施工时应将灰土拌和均匀，控制含水量，土料水分过多应晾晒，土料水分过少应洒水浸润。

（3）控制分层松铺厚度，按采用的压实机具现场试验确定，一般松铺厚度为 30cm，分层压实厚度为 20cm。

（4）压实后的灰土应采用排水措施，3d 内不得受水浸泡。

（5）灰土垫层铺筑完毕后应立即铺筑上层，防止日晒雨淋。

思 考 题

7.1　路面基层、底基层分为哪几种？它们的作用各是什么？

7.2　半刚性基层、底基层的定义是什么？

7.3　粒料类基层、底基层的定义是什么？

7.4　什么叫水泥稳定土？混合料设计时应遵循哪些基本规定？

7.5　水泥稳定土路拌法施工程序如何？碾压程序应掌握哪些技术要点？

7.6　石灰稳定土一般应用要点有哪些？

7.7　石灰稳定土人工沿路拌和法的施工程序及施工技术要点是什么？

7.8　什么叫石灰粉煤灰稳定土？

7.9　石灰粉煤灰稳定土中心站集中厂拌法集中拌和程序如何？其施工技术要点有哪些？

7.10　级配碎砾石路拌法施工程序如何？其碾压程序的实施技术要点是什么？

7.11　什么叫填隙碎石？主要有什么作用？适用范围如何？施工程序如何？

7.12　沥青稳定碎石施工的程序如何？

7.13　路基垫层施工要点有哪些？

第 8 章 沥青路面施工

教学要求：了解透层、黏层、封层的概念及施工技术要求；了解沥青表面处治和贯入式面层施工的施工工艺；掌握热拌沥青混合料面层的施工工艺及其质量控制措施；了解乳化沥青碎石混合料路面施工工艺。

沥青路面又称为柔性路面，是以沥青混合料作面层，以无机结合料或粒料类结合层为基层，考虑必要的垫层组成的路面结构的总称。以其表面平整、无接缝、行车舒适、耐磨、噪声低、施工期短、养护维修简便、适于分期修建等诸多优点，得到了非常广泛的应用，成为我国高速公路的主要路面形式。

本章主要对沥青路面的材料要求、施工工艺及施工质量控制等问题进行探讨。

8.1 透层、黏层、封层的施工

8.1.1 透层施工

1. 透层

透层是指为使沥青面层与非沥青材料基层结合良好，在基层表面上喷洒乳化沥青、煤沥青或液体沥青而形成的渗入基层表面的薄层。

透层是沥青面层和非沥青材料基层的连接层，其主要作用可以归结为：①有效地增强沥青面层与基层之间的黏结力；②封闭基层表面的孔隙，减少水分的渗透，防止水分对地基的影响；③防止基层对铺筑的面层沥青的吸收；④临时性保护基层表面，防止恶劣气候及轻交通对基层形成破坏。

2. 透层对沥青的要求及品种选择

透层沥青要求能够湿润并透过包裹在石料表层的稳定的表面来覆盖石料颗粒。同时要求透层沥青能够渗入基层 5mm 以上，透层沥青中的轻油分应能快速蒸发，使透层在较短时间（1～3d）内变干。

透层沥青宜采用慢裂的洒布型乳化沥青，也可采用中、慢凝液体石油沥青或煤沥青。对于表面致密的半刚性基层应采用较稀的透层沥青；对于级配砂砾、级配碎石等粒料基层宜采用较稠的透层沥青。各种透层沥青的品种和用量应根据基层的种类及当地气候等条件，经实际试洒确定，并符合表 8.1 的规定。

3. 透层施工技术要点

（1）各类沥青路面基层均须喷洒透层沥青，沥青面层必须在透层沥青完全渗入基层且表面干燥后方可铺筑。基层上设置下封层时，须喷洒透层沥青。

表 8.1　　　　　　　　　　　　　透层沥青的规格与用量

基层类型	乳化沥青		液体石油沥青		煤沥青	
	规格	用量（L/m²）	规格	用量（L/m²）	规格	用量（L/m²）
粒料基层	PC-2	1.1～2.0	AL(M)-1、2 或 3	1.0～2.3	T-1	1.0～1.5
	PA-2		AL(S)-1、2 或 3		T-2	
半刚性基层	PC-2	0.7～1.5	AL(M)-1 或 2	0.6～1.5	T-1	0.7～1.0
	PA-2		AL(S)-1 或 2		T-2	

（2）透层沥青的喷洒时间。透层沥青应在基层施工结束，基层表面稍干后进行。喷洒时应保持基层表面清洁。如基层完时间较长，基层表面比较干燥，应对基层表面进行清扫，并在基层表面喷洒少量水，等表面稍干后再喷洒透层沥青。

（3）气候条件。喷洒透层沥青时基层表面温度不得低于10℃，在风力较大影响喷洒效果或即将降雨时，不得喷洒透层沥青，待符合喷洒条件时再行喷洒。

（4）对于高速公路、一级公路应该采用沥青洒布车喷洒，二级及二级以下公路可采用人工喷洒。

（5）透层沥青的选择应根据基层类型确定，一般应选择渗透性好的液体沥青、乳化沥青、煤沥青做透层沥青，施工沥青面层以前应确保透层沥青渗入基层的深度不小于5mm，并与基层连接成整体。

（6）在基层上喷洒透层沥青后，应禁止车辆通行直到透层沥青干燥，防止行人、车辆对透层沥青产生破坏。在透层干燥之前，必须有车辆通行的情况下，应在透层表面铺洒适量的小石或粗砂。

（7）在半刚性基层上喷洒透层沥青时，应在基层碾压成型且表面稍干燥但尚未硬化以前进行。

4. 透层沥青施工注意事项

（1）透层沥青洒布后不得流淌，应渗入基层1～3cm深，并不得在基层表面形成油膜。

（2）透层沥青在洒布时应按照设计用量一次喷洒均匀，在道路死角或遗落的区域，应人工补喷，保证有基层的地方均喷洒透层沥青。

（3）在铺筑沥青面层之前，应检查基层上的透层沥青，若局部尚有多余的透层沥青未入渗时，应予以清除。

（4）在透层沥青表面干燥后方可铺筑沥青面层。

8.1.2　黏层施工

1. 黏层

在沥青路面施工时，为增加沥青层与沥青层之间、新旧沥青层之间、沥青层与混凝土底层之间的黏结力而在底层表面喷洒的沥青材料薄层称为黏层。

通常黏层是双层或多层热拌热铺沥青混合料路面在铺筑上层路面前，下层沥青已经被污染；在旧沥青路面上加铺新沥青路面；在旧混凝土路面上加铺沥青路面；与新铺沥青混合料接触的路缘石、雨水口、检查井等设施的侧面上喷洒。

2. 黏层对沥青的要求及品种选择

黏层使用的沥青比透层所用的沥青稠度大，应采用快裂的洒布型乳化沥青，也可采用中凝的液体沥青或煤沥青，黏层沥青采用的沥青品种应与上层沥青的品种、型号等一致，一般将上层沥青乳化、稀释后使用，通常黏层沥青的品种和用量应根据现场施工情况通过试洒确定，并符合表8.2的规定。

表8.2 黏层沥青的规格与用量

下卧层类型	乳化沥青		液体石油沥青		煤沥青	
	规格	用量（L/m²）	规格	用量（L/m²）	规格	用量（L/m²）
新沥青层	PC-3	0.3~0.6	AL(R)-1或2	0.3~0.5	T-3、T-4	0.3~0.6
旧沥青层	PA-3		AL(M)-1或2		T-5	
混凝土底层	PC-3	0.3~0.5	AL(R)-1或2	0.2~0.4	T-3、T-4	0.3~0.5
	PA-3		AL(M)-1或2		T-5	

注 表中用量是指包括稀释剂和水分在内的液体沥青、乳化沥青的总量。乳化沥青中残留物含量以50%为基准。

3. 黏层施工技术要点

在施工黏层之前，应对施工的下层表面进行清扫并保持干净。在施工现场温度低于10℃或底层表面潮湿时，不得喷洒黏层沥青。黏层沥青应采用沥青洒布车喷洒并选择合适的喷嘴、喷布速度和喷洒量。对喷洒不到的地方，应由熟练的工人操作，均匀喷布，保证黏结面均有黏层沥青。喷洒黏层之后，应禁止运输车辆和其他车辆及行人通行，并在黏层沥青微干后尽快铺筑上层沥青，若黏层采用乳化沥青应经破乳、初凝、固化成型后或稀释沥青中的稀释剂基本挥发完后方可铺筑沥青面层，确保黏层不受污染。

8.1.3 封层施工

1. 封层

封层是为了封闭路面结构层的表面空隙，防止水分浸入面层或基层而铺筑的沥青混合料薄层。其中铺筑在面层表面的称为上封层，铺筑在面层下面的称为下封层。上封层和下封层可采用拌和法或层铺法的单层式沥青表面处治，也可采用乳化沥青稀浆封层，我国目前在新建的高速公路和一级公路的沥青路面上不宜采用稀浆封层铺筑上封层，但有些发达国家允许用稀浆封层改善路面表面使用功能。

（1）下列情况应铺设上封层：

1) 面层沥青的空隙率较大，透水严重的情况。

2) 出现裂缝或已修补的旧沥青路面。

3) 需加铺磨耗层改善抗滑性能的旧沥青路面。

4) 需加铺磨耗层的新建沥青路面。

（2）下列情况应铺设下封层：

1) 位于多雨地区且沥青面层空隙较大，渗水严重。

2) 在铺筑基层后，不能及时铺筑沥青面层，且须开放交通的。

乳化沥青稀浆封层是近些年在国内外道路工程中积极推广的一种用于道路预防性养护

8.1 透层、黏层、封层的施工

的表面处理技术,是一种经济、快捷、有效、可靠且有利于环保的路面养护新工艺。稀浆封层工艺原理是将乳化沥青、符合级配的骨料、水、填料及添加剂按一定的设计配合比搅拌成稀浆混合料,均匀地铺设在待处理的路面上,经裹覆、破乳、析水、蒸发和固化等过程与基层路面牢固地结合在一起,形成密实、坚固、耐磨和道路表面封层,从而提高路面使用性能,稀浆封层按乳化沥青性能不同,分为普通稀浆封层和改性稀浆封层;按厚度不同分为细封层(Ⅰ层)、中封层(Ⅱ型)、粗封层(Ⅲ型)及加粗封层(Ⅳ型)等。

2. 封层对沥青的要求及品种选择

上封层和下封层对沥青的要求应根据当地的气候条件、施工条件、公路级别通过试验进行确定。同时要满足表 8.3 的规定。

表 8.3 封层沥青材料规格

沥青种类	上 封 层	下 封 层
道路石油沥青	AH-90、AH-110、AH-130	AH-110、AH-130
	A-100、A-140、A-180	A-100、A-140、A-180
乳化沥青	PC-3、PA-3、BA-3、BC-3	PC-2、PA-2、BA-2、BC-2
煤沥青	T-5、T-6、T-7	T-4、T-5
液体石油沥青		AL(M)-5、AL(M)-6
		AL(S)-5、AL(S)-6

层铺法沥青表面处置铺筑上封层和下封层的材料规格和用量,参考沥青表面处治相关内容;热拌沥青表面处置铺筑上封层、下封层时,按照热拌沥青混合料的相关标准执行。

乳化沥青稀浆封层混合料的类型及矿料级配,应根据处置目的、道路等级选择,铺筑厚度、集料尺寸及摊铺用量参照表 8.4 选用,混合料的乳液用量及加水量通过试验确定。

表 8.4 乳化沥青稀浆封层的矿料级配及沥青用量参照表

筛孔 (mm)		级配类型		
方孔筛	圆孔筛	ES-1	ES-2	ES-3
9.5	10		100	100
4.75	5	100	90~100	70~90
2.36	2.5	90~100	65~90	45~70
1.18	1.2	65~90	45~70	28~50
0.6	0.6	40~65	30~50	19~34
0.3	0.3	25~42	18~13	12~25
0.15	0.15	15~30	10~21	7~8
0.075	0.075	10~20	5~15	5~15
沥青用量(油石比)(%)		10~16	7.5~13.5	6.5~12
适宜的稀浆封层平均厚度(mm)		2~3	3~5	4~6
稀浆混合料用量(kg/m²)		3~5.5	5.5~8	>8

注 1. 表中沥青用量指乳化沥青中水分蒸发后的沥青数量,乳化沥青用量可按其浓度计算。
2. ES-1 型适用于较大裂缝的封缝或中、轻交通道路的薄层表面处理,ES-2 型适用中等粗糙度磨耗层常用的级配,亦可适宜于旧路面修复处理。
3. ES-3 型适宜高等级公路、一级公路的表面抗滑处理,铺筑高粗糙度的磨耗层。

3. 封层的施工技术要点

封层可采用拌和法或层铺法的单层沥青表面处置层，亦可采用乳化沥青稀浆封层。

在封层施工之前，应清洁基层表面，确保基层表面无灰尘，避免封层油膜被捻起。乳化沥青稀浆封层施工时，按以下程序施工：

(1) 在基层表面微干时洒布乳化沥青，由于亲水性，沥青微粒随水分渗入基层。

(2) 集料撒布，在乳化沥青适当下渗、破乳之前进行集料撒布。

(3) 在集料撒布一段时间后，用 6～8t 压路机碾压，碾压速度开始时不得超过 2km/h。

8.2 沥青表面处置的施工

8.2.1 概述

沥青表面处置是指用沥青和集料按拌和法或层铺法施工，厚度不超过 30mm 的一种薄层面层，适用于三级及三级以下公路的沥青面层、各级施工便道以及在旧路面上加铺罩面层或磨耗层，其主要作用是抵抗车轮磨耗，增强抗滑和防水能力，提高平整度，改善路面的行车条件；各种封层适用于加铺薄层罩面、磨耗层、水泥混凝土路面上的应力缓冲层、各种防水和密水层、预防性养护罩面层。

沥青表面处治宜选择在干燥和较热的季节施工，并在最高温度低于 15℃ 到来之前半个月及雨季前结束。

8.2.2 材料规格与用量

1. 沥青材料

沥青表面处置对沥青材料的要求是：渗透性好，凝结时间短，有较大的黏结力，耐久性好，不易老化。

沥青表面处置可采用道路石油沥青、煤沥青或乳化沥青。道路石油沥青是比较理想的沥青材料，它能牢固的粘住石料，很少泛油，不透水，使用期限长。其缺点是：初期成型较慢，渗透性以及与石料的裹覆能力较差，且价格较贵。煤沥青的特点是：渗透性好，与石料黏结好。以煤沥青作为结合料所修筑的沥青表面处治水稳定性和抗滑性都好，但对温度很敏感，容易老化。乳化沥青可以使用潮湿但干净的矿料。可以在较低气温下施工，但其成型的时间较长。

各层沥青用量应根据施工气温、沥青标号、基层等情况在表 8.5 规定范围内选择。在寒冷地区，施工气温较低，沥青针入度较小，基层空隙较大时，沥青用量宜用高限。

2. 矿料

沥青表面处置采用的集料最大料径应与处置层的厚度相等，其规格和用量应按表 8.5 选用。当采用乳化沥青时，为了减少乳液流失，可在主层集料中掺加 20% 以上的较小粒径的集料。沥青表面处治施工后，应在路侧另备 S12 (5～10mm) 碎石或 S14 (3～5mm) 石屑、粗砂或小砾石 (2～3) $m^3/1000m^2$ 作为初期养护用料。

8.2.3 沥青表面处置的施工

沥青表面处置通常采用层铺法施工，所谓层铺法是指集料与结合料分层摊铺、洒布、压实的路面施工方法。按照洒布沥青及铺撒矿料的层次多少，沥青表面处置可分为单层

8.2 沥青表面处置的施工

表 8.5　　　　　　　　　沥青表面处置材料规格和用量（方孔筛）

沥青种类	类型	厚度(cm)	集料 (m³/1000m²) 第一层 粒径规格	用量	第二层 粒径规格	用量	第三层 粒径规格	用量	沥青或乳液用量 (kg/m²) 第一次	第二次	第三次	合计
石油沥青	单层	1.0	S12	7~9					1.0~1.2			1.0~1.2
		1.5	S10	12~14					1.4~1.6			1.4~1.6
	双层	1.5	S10	12~14	S12	7~8			1.4~1.6	1.0~1.2		2.4~2.8
		2.0	S9	16~18	S12	7~8			1.6~1.8	1.0~1.2		2.6~3.0
		2.5	S8	18~20	S12	7~8			1.8~2.0	1.0~1.2		2.8~3.2
	三层	2.5	S8	18~20	S10	12~14	S12	7~8	1.6~1.8	1.2~1.4	1.0~1.2	3.8~4.4
		3.0	S6	20~22	S10	12~14	S12	7~8	1.8~2.0	1.2~1.4	1.0~1.2	4.0~4.6
乳化沥青	单层	0.5	S14	7~9					0.9~1.0			0.9~1.0
	双层	1.0	S12	9~11	S14	4~6			1.8~2.0	1.0~1.2		2.8~3.2
	三层	3.0	S6	20~22	S10	9~11	S12 S14	4~6 3.5~4.5	2.0~2.2	1.8~2.0	1.0~1.2	4.5~5.4

注　1. 煤沥青表面处置的量可较石油沥青用量增加 15%~20%。
　　2. 表中乳化沥青的乳液用量适用于乳液沥青用量约为 60% 的情况。
　　3. 在高寒地区及干旱、风沙大的地区，可超出高限，再增加 5%~10%。

式、双层式和三层式三种。三层式为撒布三次沥青，铺撒三次矿料，厚度为 2.5~3.0mm，双层式厚度为 2.0~2.5mm，单层式厚度为 1.0~1.5mm。双层式和单层式浇洒沥青和撒布集料的次数分别为两次和一次，其施工程序与三层式雷同。

层铺法沥青表面处置施工，一般采用所谓"先油后料"法，即先撒布一层沥青，后铺撒一层矿料。以下将详细介绍三层式各个工序及施工要点。

1. 清扫基层

在表面处置层施工前，应将路面基层清扫干净，使基层的矿料大部分外露，并保持干燥。对有坑槽、不平整的路段应先修补使其平整，若基层整体强度不足，则应先予以补强。

2. 浇洒沥青

在透层沥青充分渗透或已做透层或封层并已开放交通的基础表面清扫完成以后，应按要求的数量浇洒第一层沥青。撒布沥青应符合下列要求：

（1）沥青的浇洒温度应根据施工气温及沥青标号来选择，石油沥青的撒布温度宜为 130~170℃，煤沥青宜为 80~120℃，乳化沥青可在常温下撒布（当气温偏低，破乳及成型过慢时，可将乳液加温后撒布，但乳液温度不得超过 60℃）。

（2）沥青浇洒的长度应与集料撒布机的能力相协调，以避免沥青浇洒后等待较长时间才撒布集料。人工撒布集料时应等距离分段备料。

（3）沥青应撒布均匀，浇洒中出现空白或缺边时，应立即用人工补撒，有积聚时应予刮除，以免日后产生松散或壅包和堆挤等病害。

(4) 前后两段喷洒的接茬应搭接良好。在每段接茬处不撒布石料，可用铁板或建筑纸等横铺在本段起洒点前及终点后，其长度宜为1.0～1.5m。如需要分幅浇洒时，纵向搭接宽度宜为100～150mm。注意浇洒第二、三层沥青的搭接缝应错开，以保证前后两车喷洒的接茬搭接良好。

(5) 洒油时，对道路人工构造物及各种管井盖座、侧平石、路缘石等外露部分以及人行道道面等，应设防污染遮盖。

(6) 除阳离子乳化沥青外不得在潮湿的集料、基层（或旧路）上浇洒沥青。

3. 撒布集料

撒布集料可采用集料撒布机或人工撒布。第一层集料撒布应在浇洒主层沥青后立即进行，按规定用量一次撒足，不宜在主层沥青全段撒布完成后进行。撒布集料应符合下列要求：

(1) 撒布集料后应及时扫匀并覆盖施工路面，其厚度应一致，集料不应重叠，也不应露出沥青。当局部有缺料时，应及时进行人工找补；局部过多时，应将多余集料扫出。

(2) 前幅路面浇洒沥青后，应在两幅搭接处暂留100～150mm宽度不撒石料，待后幅浇洒沥青后一起撒布集料。

(3) 当使用乳化沥青时，集料撒布应在乳液破乳之前完成。

4. 碾压

碾压应符合下列要求：

(1) 撒布一段集料后（不必等全段撒铺完），应立即用6～8t钢筒双轮压路机碾压，碾压时每次轮迹应重叠约300mm，从路两边逐渐向路中心碾压，宜碾压3～4遍。碾压速度开始不宜超过2km/h，以后可适当增加。

(2) 第二、三层的施工方法和要求应与第一层相同，但可采用8～10t压路机。当使用乳化沥青时，第二层撒布规格为S12（5～10mm）的碎石作嵌缝料后尚应增加一层封层料，其规格为S14（3～5mm），集料用量为（3.5～5.5）$m^3/1000m^2$。

5. 交通控制

沥青表面处置在碾压结束后即可开放交通。但在通车初期应设专人指挥交通或设路障控制车辆行驶的路线，路面完全成型前应禁止车辆快速行驶（不超过20km/h），使路面整个幅宽都能获得均匀碾压，加速处治层稳定成型。严禁畜力车和铁轮车行驶。

6. 初期养护

沥青表面处置施工后应进行初期养护。当发现有泛油时，应在泛油处补撒嵌缝料，嵌缝料应与最后一层石料规格相同，并应扫匀；当有过多的浮动集料时，应扫出路面，并不得搓动已经黏着在位的集料。如有其他破坏现象，也应及时予以修整处理。

8.2.4 质量检验和施工注意事项

1. 质量检验

施工过程中的质量检查包括工程质量及外形尺寸两部分。其检查内容、频度、质量标准应符合规定要求。公路沥青表面处治路面施工过程中质量检查及控制标准见表8.6。

8.3 沥青贯入式路面的施工

表 8.6 　　　　　　公路沥青表面处置路面施工过程中工程质量检验标准

路面类型	项 目	检查频度及单点检验评价方法	质量要求或允许偏差	试 验 方 法
沥青表面处置	外观	随时	集料嵌挤密实,沥青撒布均匀,无花白料,接头无油包	目测
	集料及沥青用量	每日1次逐日评定	±10%	每日施工长度的实际用量与计划用量比较,T0982
	沥青洒布温度	每车1次评定	符合本规范规定	温度计测量
	厚度(路中及路侧各1点)	不少于每2000m²逐点评定	−5mm	T0912
	平整度(最大间隙)	随时,以连续10尺的平均值评定	10mm	T0931
	宽度	检测每个断面逐个评定	±30m	T0911
	横坡度	检测每个断面逐个评定	±0.5%	T0911

2. 施工注意事项

(1) 除阳离子乳化沥青外,不得在潮湿的集料或基层(或旧路)上浇洒沥青。

(2) 应严格控制沥青用量。

(3) 沥青表面处置施工应确保各工序紧密衔接,每个作业段长度应据压路机数量、沥青洒布设备及集料撒布机能力等确定,当天施工的路段必须当天完成。

(4) 沥青表面处置宜选择在干燥和较热的季节施工,并在雨季前及日最高温度低于15℃到来以前半个月结束,使表面处置层通过开放交通压实,成型稳定。

8.3 沥青贯入式路面的施工

8.3.1 概述

沥青贯入式路面是在初步压实的碎石上,分层浇洒沥青、撒布嵌缝料,或再在上部铺筑热拌沥青混合料封层,经压实而成的沥青面层。它适用于三级及三级以下公路,也可作为沥青路面的联结层或基层,厚度宜为40~80mm。沥青贯入式路面的最上层应撒布封层料或加铺拌和层,沥青贯入层作为连接层使用时可不撒表面封层料。

沥青贯入式是一种多孔隙结构。为了防止表面水的渗入,增强水稳定性,对于贯入式路面必须加封层处理,但作为联结层使用时最上一层可不作封层。

8.3.2 材料规格与用量

1. 沥青材料

沥青用量按表8.6或表8.7选定。在寒冷地带或当施工季节气温较低、沥青针入度较小时,沥青用量宜用高限。在低温潮湿气候下用乳化沥青贯入时,应按乳液用量不变的原则进行调整,上层较正常情况下适当增加,下层较正常情况下适当减少。

2. 集料

沥青贯入式路面的集料应选择有棱角、嵌挤性好的坚硬石料,其规格和用量见表8.7或表8.8。

沥青贯入层主层集料的最大粒径宜与贯入层厚度相同。当采用乳化沥青时,主层集料最大粒径可采用厚度的0.80~0.85倍。数量按压实系数的1.25~1.30计算。

表8.7 沥青贯入式面层材料规格和用量(方孔筛)

沥青品种	石油沥青					
厚度 (cm)	4		5		6	
规格和用量	规格	用量	规格	用量	规格	用量
封层料 (m³/1000m²)	S14	3~5	S14	3~5	S13 (S14)	4~6
第三遍沥青 (kg/m²)		1.0~1.2		1.0~1.2		1.0~1.2
第二遍嵌缝料 (m³/1000m²)	S12	6~7	S11 (S10)	10~12	S11 (S10)	10~12
第二遍沥青 (kg/m²)		1.6~1.8		1.8~2.0		2.0~2.2
第一遍嵌缝料 (m³/1000m²)	S10 (S9)	12~14	S8	16~18	S8 (S6)	16~18
第一遍沥青 (kg/m²)		1.8~2.1		2.4~2.6		2.8~3.0
主层石料 (m³/1000m²)	S5	45~50	S4	55~60	S3 (S2)	66~76
沥青总用量 (kg/m²)		4.4~5.1		5.2~5.8		5.8~6.4
沥青品种	石油沥青				乳化沥青			
厚度 (cm)	7		8		4		5	
规格和用量	规格	用量	规格	用量	规格	用量	规格	用量
封层料 (m³/1000m²)	S13 (S14)	4~6	S13 (S14)	4~6	S14	4~6	S14	4~6
第五遍沥青 (kg/m²)								0.8~1.0
第四遍嵌缝料 (m³/1000m²)							S14	5~6
第四遍沥青 (kg/m²)						0.8~1.0		1.2~1.4
第三遍嵌缝料 (m³/1000m²)					S14	5~6	S12	7~9
第三遍沥青 (kg/m²)		1.0~1.2		1.0~1.2		1.4~1.6		1.5~1.7
第二遍嵌缝料 (m³/1000m²)	S10 (S11)	11~13	S10 (S11)	11~13	S12	7~8	S10	9~11
第二遍沥青 (kg/m²)		2.4~2.6		2.6~2.8		1.6~1.8		1.6~1.8
第一遍嵌缝料 (m³/1000m²)	S6 (S8)	18~20	S6 (S8)	20~22	S9	12~14	S8	10~12
第一遍沥青 (kg/m²)		3.3~3.5		4.0~4.2		2.2~2.4		2.6~2.8
主层石料 (m³/1000m²)	S3	80~90	S1 (S2)	90~100	S5	40~45	S4	50~55
沥青总用量 (kg/m²)		6.7~7.3		7.6~8.2		6.0~6.8		7.5~8.5

注 1. 煤沥青贯入式的沥青用量可较石油沥青用量增加15%~20%。
2. 表中乳化沥青用量指乳液的用量,适用于乳液浓度约为60%的情况。
3. 在高寒地区及干旱风沙大的地区,可超出高限,再增加5%~10%。

8.3 沥青贯入式路面的施工

表 8.8 表面加铺拌和层时贯入层部分的材料规格和用量（方孔筛）

沥青品种	石 油 沥 青					
贯入层厚度（cm）	4		5		6	
规格和用量	规格	用量	规格	用量	规格	用量
第二遍嵌缝料（m³/1000m²）	S12	5~6	S12（S11）	7~9	S12（S11）	7~9
第二遍沥青（kg/m²）		1.4~1.6		1.6~1.8		1.6~1.8
第一遍嵌缝料（m³/1000m²）	S10（S9）	12~14	S8	16~18	S8（S7）	16~18
第一遍沥青（kg/m²）		2.0~2.3		2.6~2.8		3.2~3.4
主层石料（m³/1000m²）	S5	45~50	S4	55~60	S3（S2）	66~76
总沥青用量（kg/m²）		3.4~3.9		4.2~4.6		4.8~5.2
沥青品种	石油沥青		乳 化 沥 青			
贯入层厚度（cm）	7		5		6	
规格和用量	规格	用量	规格	用量	规格	用量
第四遍嵌缝料（m³/1000m²）					S14	4~6
第四遍沥青（kg/m²）						1.3~1.5
第三遍嵌缝料（m³/1000m²）			S14	4~6	S12	8~10
第三遍沥青（kg/m²）				1.4~1.6		1.4~1.6
第二遍嵌缝料（m³/1000m²）	S10（S11）	8~10	S12	9~10	S9	8~12
第二遍沥青（kg/m²）		1.7~1.9		1.8~2.0		1.5~1.7
第一遍嵌缝料（m³/1000m²）	S6（S8）	18~20	S8	15~17	S6	24~26
第一遍沥青（kg/m²）		4.0~4.2		2.5~2.7		2.4~2.6
主层石料（m³/1000m²）	S2（S3）	80~90	S4	50~55	S3	50~55
总沥青用量（kg/m²）		5.7~6.1		5.9~6.2		6.7~7.2

注 1. 煤沥青贯入式的沥青用量可较石油沥青用量增加 15%~20%。
　　2. 表中乳化沥青用量指乳液的用量，适用于乳液浓度约为 60% 的情况。
　　3. 在高寒地区及干旱风沙大的地区，可超出高限，再增加 5%~10%。
　　4. 表面加铺拌和层部分的材料规格及沥青（或乳化沥青）用量按热拌沥青混合料（或乳化沥青碎石混合料路面）的有关规定执行。

沥青贯入层主层集料中大于颗径范围中值的数量不得少于 50%，细粒料含量偏多时，嵌缝料用量宜采用低限。对于表面不加铺拌和层的贯入式路面，在施工结束后，每 1000m² 应另备 2~3m³ 与最后一层嵌缝料规格相同的石屑或粗砂等，以供初期养护使用。

8.3.3 施工方法

沥青贯入式路面宜在干燥和较热的季节施工，并宜在雨季及日最高温度低于 15℃ 到来以前半个月结束，使贯入式结构层通过开放交通碾压成型。

沥青贯入式路面的施工方法详述如下。

(1) 摊铺主层集料。撒布时应避免颗粒大小不均，松铺系数约为 1.25~1.30，具体取值经试铺实测确定，边撒布边检查路拱及平整度，铺筑后严禁车辆通行。

(2) 初压。主层集料撒布后，应采用 6~8t 的轻型钢筒式压路机进行初压，碾压速度宜为2km/h。碾压自路两侧边缘逐渐移向路中心碾压。碾压一遍后检验路拱和纵向坡度，当不符合要求时应调整找平后再压，至集料无显著推移为止，然后再用10~12t压路机（厚度大的贯入式路面可用12~15t压路机）进行碾压，每次轮迹重叠1/2以上，并应碾压4~6遍，直至主层集料嵌挤稳定，无显著轮迹为止。

（3）浇洒第一层沥青。主层集料碾压完毕后，应立即浇洒第一层沥青。其要求同表面处置浇洒方法相同。

（4）撒布第一层嵌缝料。主层沥青浇洒完成后，应立即撒布第一层嵌缝料，嵌缝料撒铺后立即扫匀，不足处应找补。当使用乳化沥青时，石料撒布必须在乳液破乳前完成。

（5）碾压。嵌缝料扫匀后应立即用8~12t钢筒式压路机进行碾压，轮迹应重叠轮宽的1/2左右，宜碾压4~6遍，直至稳定为止。碾压时应随压随扫，并应使嵌缝料均匀嵌入。当气温较高使碾压过程中发生较大推移现象时，应立即停止碾压，待气温稍低时再继续碾压。

（6）按上述方法浇洒第二层沥青、撒布第二层嵌缝料并完成碾压后，再浇洒第三层沥青，并撒布封层料（施工要求应与撒布嵌缝料相同）。

（7）终压。宜采用6~8t压路机碾压2~4遍，然后开放交通。

（8）沥青贯入式路面开放交通后的初期养护和交通管制等，其规定与表面处置要求相同。

（9）若不撒布封层料而加铺沥青混合料拌和层时，应紧跟贯入层施工，使上下成为一体。贯入部分采用乳化沥青时应待其破乳、水分蒸发且成型稳定后方可铺筑拌和层，当拌和层与贯入部分不能连续施工时而又要在短期内通行施工车辆时，贯入层部分的第二遍嵌缝料应增加用量2~3m³/1000m²。在摊铺拌和层沥青混合料之前，应清除贯入层表面的杂物、尘土以及浮动石料，再补充碾压一遍，并浇洒黏性沥青。

8.4 热拌沥青混凝土路面的施工

8.4.1 施工工艺流程

热拌沥青混凝土路面施工工艺流程为：施工准备→拌制混合料→运输→混合料摊铺→压实及成型。

8.4.2 沥青混凝土路面施工

8.4.2.1 施工前的准备工作

施工前的准备工作主要有确定原材料、机械选型与配套、沥青混合料配合比的设计、修筑试验路段等内容。

（1）材料及混合料和配合比的有关技术要求见JTG F40—2004《公路沥青路面施工技术规范》。

（2）施工机械检查。

1）沥青混合料拌和设备在开始运转前要进行一次全面检查，确定搅拌器内有无积存余料、冷料运输机是否运转正常。

2）洒油车应检查油泵系统、洒油管道、量油表、保温设备等有无故障，校核其洒

8.4 热拌沥青混凝土路面的施工

油量。

3) 矿料撒铺车应检查其传动和液压调整系统,确定撒铺每一种规格矿料时应控制的间隙和行驶速度。

4) 摊铺机应检查其规格和主要机械性能,如振捣板、振动器、熨平板、螺旋摊铺器、离合器、刮板送料器、料斗闸门、厚度调节器、自动找平装置等是否正常。

5) 压路机应检查其规格和主要机械性能(如转向、启动、振动、倒退、停驶等方面的能力)及滚筒表面的磨损情况。

(3) 修筑试验路段。沥青路面大面积施工前,为了获得具有指导性的重要技术参数,采用计划使用的机械设备和混合料配合比铺筑试验段。通过试验段的修筑,确定下列参数:

1) 确定合理的施工机械、数量及组合方式(根据各种施工机械相匹配的原则)。

2) 确定拌和机的上料速度、拌和数量与时间、拌和温度等操作工艺。

3) 确定透层沥青的标号与用量、喷洒方式、喷洒温度。

4) 确定摊铺机的摊铺温度、摊铺速度、摊铺宽度、自动找平方式等操作工艺。

5) 确定压实机械的合理组合、碾压温度、碾压速度及碾压遍数等压实工艺。

6) 确定松铺厚度和接缝方法等。

7) 确定施工产量及作业段的长度,制订施工进度计划。

8) 确定施工组织及管理体系、人员、通信联络及指挥方式。

9) 其他。

8.4.2.2 沥青混合料的拌制

1. 材料供给

堆料场储存的集料数量应为平均日用量的 5 倍以上,而且应加以遮盖,以防雨水浸湿。集料要求干净,无垃圾、尘土等杂物,堆放要严格,防止不同粒径的料混杂。另外,料场地面应经过硬化处理。

细集料和沥青储量应为平均日用量的 2 倍以上,储存的细集料,必须遮盖,不得浸水,否则影响矿料配合比精度和拌和机生产效率。

2. 拌制

热拌沥青混合料必须在符合国家有关规定的沥青拌和厂(场、站)采用拌和机械拌制,其设备可采用间歇式拌和机或连续式拌和机。各类拌和机均有防止矿粉飞扬散失的密封及除尘设备,并有检测拌和温度的装置,连续式拌和机还应具备根据材料含水量变化调整矿料上料比例、速度、沥青用量的装置。

高速公路和一级公路宜采用间歇式拌和机拌和,并且配备能够逐盘采集、打印各个传感器测定的材料用量和沥青混合料拌和量、拌和温度等参数的相应计算机设备。连续式拌和机使用的集料必须稳定不变,当一项工程从多处进料、来源或质量不稳时,不得采用连续式拌和机。间歇式拌和机工艺流程如图 8.1 所示。

拌和后的沥青混合料应均匀一致,无花白、离析和结团成块等现象。每班抽样做沥青混合料性能、矿料级配组成和沥青用量检验。沥青混合料出厂时应逐车检测其重量和温度,记录出厂时间,签发一式三份的运料单(一份存拌和厂,一份交摊铺现场,

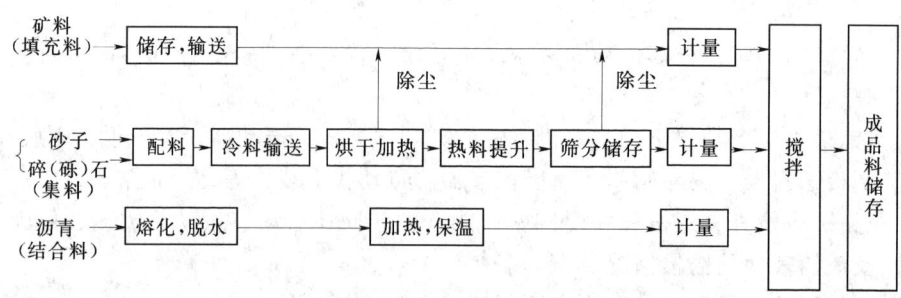

图 8.1 强制间歇式拌和机工艺流程图

一份交司机)。

根据不同的沥青品种和不同的沥青混合料确定拌和及出厂温度,推荐的施工温度详见表 8.9。

表 8.9　　　　　　　　热拌沥青混合料的施工温度　　　　　　　　单位:℃

施工工序		石油沥青的标号			
		50 号	70 号	90 号	110 号
沥青加热温度		160~170	155~165	150~160	145~155
矿料加热温度	间歇式拌和机	集料加热温度比沥青温度高 10~30			
	连续式拌和机	矿料加热温度比沥青温度高 5~10			
沥青混合料出料温度		150~170	145~165	140~160	135~155
混合料仓温度		储料过程中温度比沥青温度高 10~30			
混合料废弃温度,>		200	195	190	185
运输到现场温度,≥		150	145	140	135
混合料摊铺温度,≥	正常施工	140	135	130	125
	低温施工	160	150	140	135
开始碾压的混合料内部温度,≥	正常施工	135	130	125	120
	低温施工	150	145	135	130
碾压终了的表面温度,≥	钢轮压路机	80	70	65	60
	轮胎压路机	85	80	75	70
	振动压路机	75	70	60	55
开放交通的路表温度,≤		50	50	50	45

注　沥青混合料的施工温度采用具有金属探测针的插入式数显温度计测量。表面温度可采用表面接触式温度计测定。当采用红外线温度计测量表面温度时,应进行标定。

8.4.2.3　沥青混合料的运输

(1) 运输车辆的数量和总运输能力应该较拌和机生产能力和摊铺速度有所富余,施工过程中摊铺机前方应有运料车在等候卸料。对高速公路和一级公路开始摊铺时等候卸料的运料车不宜少于 5 辆。

(2) 运料车车厢应该清扫干净，车厢侧板和底板可涂一层薄的油水（柴油和水的比例为1：3），但不能有余液积聚在车厢底部，以防止混合料与车厢板黏结。将混合料从拌和厂运到摊铺现场，必须用篷布覆盖，以保温、防雨、防污染。拌和机向运料车上料时，应多次挪动汽车位置平衡装料，以减少粗细集料的离析现象。

(3) 混合料运到摊铺地点后应凭运料单接受，检查拌和料的质量及温度，若不符合施工规范规定的施工温度要求或已经结成团块或遭雨淋的不得铺筑在道路上。

8.4.2.4 沥青混合料摊铺

1. 自卸汽车供料

经测沥青混合料的温度符合要求后，第一辆自卸车缓慢后退到摊铺机前100～300mm处，挂空挡等候，摊铺机起步后边摊铺沥青混合料边推动自卸车前进，同时自卸车继续向摊铺机受料斗中缓缓卸料直到受料斗中料满即停止卸料，并应尽早卸完立即离开。第二辆自卸车后退到离摊铺机200～300mm时即停止并挂空挡，摊铺机继续前进摊铺混合料，接触第二辆运料车并推动料车前进，第二辆运料车立即向摊铺机受料斗缓缓卸料。应用这种方式能够保持摊铺机匀速不间断地摊铺沥青混合料（图8.2）。

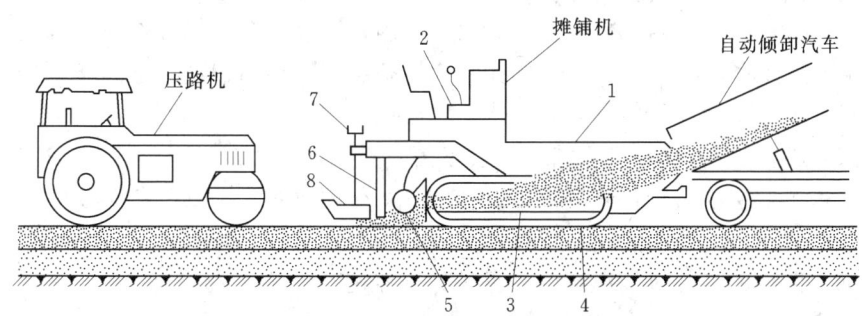

图8.2 沥青混合料摊铺工艺流程示意图
1—料斗；2—驾驶台；3—送料器；4—履带；5—螺旋摊铺器；
6—振捣器；7—厚度调节杆；8—摊平板

2. 摊铺机作业

(1) 摊铺方式。

1) 采用多幅摊铺时，先从横坡较低处开铺。各条摊铺带的宽度最好相同，以节省重新接宽熨平板的时间（液压伸缩式调宽较省时）。

2) 当使用单机进行不同宽度的多次摊铺时，应尽可能先摊铺较窄的那一条，以减少拆接宽板次数。

3) 铺筑高速公路和一级公路沥青混合料时，一台摊铺机的铺筑宽度不宜超过6（双车道）～7.5m（三车道以上），通常宜采用两台或更多台数的摊铺机前后错开10～20m，呈梯队方式同步摊铺，两幅之间应有30～60mm的搭接，并躲开车道轮迹带，上、下层的搭接位置宜错开200mm以上。

4) 在摊铺过程中还应及时调整摊铺宽度，特别在有预制块路缘石的情况下应避免路缘石内侧混合料不足的现象。

(2) 松铺系数。沥青混合料的松铺系数应根据混合料类型由试铺试压确定，也可按表 8.10 确定。摊铺过程中应随时检查摊铺层厚度及路拱、横坡，不合要求时应视情况及时调整。

表 8.10　　沥青混合料的松铺系数

种　类	机械摊铺	人工摊铺
沥青混凝土混合料	1.15～1.35	1.25～1.50
沥青碎石混合料	1.15～1.30	1.20～1.30

(3) 摊铺机操作。

1) 在摊铺机就位并调整完毕后，就要做好摊铺机和熨平板的预热、保温工作，每天开始施工之前 0.5～1.0h 或临时停工后再工作时，均应预热熨平板不低于 100℃。熨平板的预热温度应与混合料温度接近，若过热，除了易使熨平板本身变形和加速磨损以外，还会使铺层表面沥青焦化和拉沟；若过低混合料将会冷黏在板底，这些黏附的混合料随板向前移动时，会拉裂铺层表面，形成沟槽和裂纹。预热的主要目的是减少熨平板及其附件与混合料的温差，从而保证铺层的强度和表面平整度。

2) 相应于摊铺速度，螺旋摊铺器应调整到保持一个稳定的速度均衡地转动，其两侧保持有不少于送料器 2/3 高度的混合料，以减少混合料在摊铺过程中的离析。

3) 摊铺机速度应控制在 2～6m/min 的范围内，对改性沥青混合料及沥青玛蹄脂碎石 (SMA) 混合料宜放慢至 1～3m/min。摊铺机必须缓慢、均匀、连续不间断地摊铺，并不得随意变换速度或中途停顿。

4) 摊铺机应采用自动找平方式。中、下面层宜采用一侧钢丝绳引导的高程控制方式；表面层宜采用摊铺层前后保持相同高差的雪橇式摊铺厚度控制方式；中面层根据情况选用找平方式。

(4) 沥青路面的最低摊铺温度。根据铺筑层厚度、气温、风速及下卧层表面温度，其最低摊铺温度按表 8.11 执行，且不得低于表 8.11 的要求。每天施工开始阶段宜采用较高温度的混合料。

表 8.11　　沥青混合料的最低摊铺温度

下卧层的表面温度（℃）	相应于下列不同摊铺层厚度的最低摊铺温度（℃）					
	普通沥青混合料			改性沥青混合料或 SMA 沥青混合料		
	<50mm	50～80mm	>80mm	<50mm	50～80mm	>80mm
<5	不允许	不允许	140	不允许	不允许	不允许
5～10	不允许	140	135	不允许	不允许	不允许
10～15	145	138	132	165	155	150
15～20	140	135	130	158	150	145
20～25	138	132	128	153	147	143
25～30	132	130	126	147	145	141
>30	130	128	124	145	140	139

(5) 接缝。接缝包括纵向接缝和横向接缝（工作缝）两种，在用宽幅摊铺机全幅摊铺时，可避免纵向接缝，但横向接缝是不可避免的。

接缝处理不好，易使接缝处下凹或凸起造成平整度不良，或由于接缝处压实度不够和结合强度不足而产生裂纹。因此，接缝处理的好坏直接影响路面质量。接缝施工应用 3m 直尺检查，确保平整度符合要求。

1）纵向接缝有热接缝和冷接缝两种。热接缝施工一般是使用两台以上摊铺机成梯队同步摊铺沥青混合料，两台摊铺机前后距离宜为 10～20m，上、下层应错开 150mm 以上，此时相邻两条摊铺带的混合料在高温状态下相接。

冷接缝是由于设备配备以及场地条件等限制，不可避免形成的。上、下层的纵缝应错开 300～400mm 以上，施工时应在先摊铺带的靠接缝一侧形成一个垂直面，在这个面上热涂黏结沥青后再摊铺相邻带的沥青混合料，摊铺时新混合料应重叠在已铺带上 50～100mm，以此加热接缝边部的冷沥青混合料，然后按规定碾压。

2）横向接缝通常指每天的工作缝或由于摊铺中断时间较长，摊铺机后面尚未碾压的沥青混合料的温度已下降到低于规定的温度后再开始摊铺的接缝。沥青面层的各铺层均应采用平接缝，对中、下面层，当受条件限制时，也可采用自然碾压的斜接缝。

相邻两幅及上、下铺层的横向接缝均应错位 1m 以上。在预先处理好的接缝处，要求摊铺机第一次布满料时，不前行，用热料预热横向冷接缝至少 10min（最好达到 30min），并用温度最高的一车料开始摊铺，这样有利于提高接缝温度，也有利于整平压密接缝处混合料。新铺面与已铺的冷铺面重叠 5cm，碾压前用耙子剔除重叠部分的大料，搂回细料，整平接缝并对齐。

8.4.2.5 沥青混合料的压实

合理的碾压不仅能使沥青面层达到较高的密实度，而且具有良好的平整度。沥青混合料的密实度越大，孔隙率就越小，其稳定度、抗拉强度和劲度就愈大，因而其疲劳寿命也越长，在使用过程中产生的压缩变形也就越小，抗车辙能力越强。压实是沥青面层施工的最后一道工序，也是保证沥青混合料的质量、物理力学性质和功能特性符合设计要求的重要环节。

在此主要介绍碾压机械的选型与组合，压实程序及一般要求，接缝的碾压和特殊路段的压实（路边与陡坡）等。

1. 碾压机械的选型与组合

（1）常用沥青路面压实机械。用于沥青面层碾压的压路机主要有静作用光轮压路机、轮胎压路机、振动压路机和组合式压路机。

（2）选型与组合。结合工程实际，选择压路机种类、大小和数量，应考虑摊铺机的生产效率，混合料的特性、摊铺厚度、施工现场的具体条件等因素。

摊铺机的生产率决定了需要压实的能力，从而影响了压路机的大小和数量的选用，而混合料的特性则为选择压路机的大小、最佳频率和振幅提供了依据。比如混合料矿含量的增加或最大尺寸的增大，都会使其工作度下降，要达到要求的密实就需要较大压实能力的压路机（沥青稠度高时也是如此）。选择压路机频率和振幅应与摊铺层厚度相适应，摊铺层厚度小于 60mm，最好使用振幅为 0.35～0.6mm 的中小型振动压路机（2～6t），厚度大于 100mm，最好使用高振幅的大中型振动压路机（6～10t）。压实机械的选择必须考虑施工现场的具体情况，若有陡坡、转弯的路段应考虑压路机操作的机动灵活性。

2. 碾压程序及一般要求

沥青混合料面层碾压通常分为初压、复压和终压三个阶段。碾压要有专人负责，并在开工前对压路机司机进行培训交底，压路机每天应在正式开铺之前，全面做好加油、加水、维修、调试等准备工作，严禁压路机在新铺沥青路面上停车、加油、加水。当确实必需时，应在头一天施工的路段上以及在桥涵顶面处进行，但在加油时严禁将油滴洒在沥青路面上。

（1）初压。初压又称为稳压，是压实的基础，其目的是整平和稳定混合料，同时为复压创造有利条件。初压应紧跟混合料摊铺后在较高温度下进行，为了保持一定温度，要求在较短的初压长度范围内的表面尽快压实。

由于混合料在摊铺机的熨平板前已经过初步整形压实，而且刚摊铺的混合料温度较高，常在140℃左右，因此，只要较小的压实功就可以达到较好的稳定压实效果。通常采用轻型（6~8t）钢筒式或关闭振动装置的振动压路机慢速而均匀的碾压1~2遍即可。压路机从外测向中心碾压，相邻碾压带应重叠1/3~1/2轮宽，最后碾压路中心部分，压完全幅为一遍。碾压时不得出现推移、开裂，如果有所发生，应检查原因并及时采取补救措施。初压后检查平整度、路拱，必要时予以适当的修补甚至返工。

（2）复压。复压的目的是使混合料密实、稳定、成型，是压实的主要阶段。复压应在较高的温度下并紧跟初压后面进行且不得随意停顿，压实段的总长度不宜超过60~80m，复压期间的温度不应低于120~130℃。

复压宜采用重型轮胎压路机（16t以上），振动压路机（用振动压实）或钢筒式压路机，也可用组合式压路机、双轮振动压路机和轮胎压路机一起进行碾压，碾压方式与初压基本相同，碾压遍数参照铺筑试验段时所得的结果确定，通常不少于4~6遍。注意：振动式压路机倒车时应先停止振动，并在另一方向运动后再开始振动，以免混合料形成鼓包。

（3）终压。终压是消除轮迹、缺陷和保证面层有较好平整度的最后一步，应紧跟复压后进行（如经复压后已无明显轮迹时可免去终压碾压）。它既要消除复压过程中遗留的不平整，又要保证路面的平整度，那么沥青混合料就要求在较高但不能过高的温度下结束碾压。终压时可选用双轮钢筒式压路机或关闭振动的振动压路机，碾压遍数不宜少于两遍，至无明显轮迹为止。

（4）其他应注意的问题。

1）先静压后振动碾压，最后再静压。

2）碾压时，压路机的驱动轮在前（靠近摊铺机），从动轮在后。

3）压路机应沿前进碾压的轮迹后退，并且每次退回的地点不在同一断面上，而是呈阶梯状。

4）压路机的碾压作业长度应与摊铺机速度相平衡，并保持大体一致。

5）碾压中，要确保压路机滚轮湿润，有时可采用间歇喷水，但应防止用水量过大。

6）压路机不得在新铺混合料上转向、调头、左右移动位置、突然刹车或从刚碾压完毕的路段进出，振动压路机在已成型的路面上行驶时应关闭振动。

7) 在当天碾压完成尚未冷却的沥青混合料面层上，不得停放一切施工设备（包括临时停放压路机），不得散落矿料、油料等杂物，以免产生变形。

8) 在压实成型的沥青面层完全冷却（混合料表面温度不大于50℃）后，才能开放交通，需要提早开放交通时可以洒水冷却降低混合料温度。

3. 路面接缝碾压

接缝的碾压分为纵向接缝碾压和横向接缝碾压。它是压实工序中的重要一环，其处理的好坏也直接影响到路面质量。

(1) 纵向接缝的碾压。

1) 热料层与热料层相接（热接缝），这种接缝的压实方法是：先压实离热接缝中心两边大约为200mm以外的地方，最后压实中间剩下来的一窄条混合料。这样，材料就不会从旁边挤出，有效地消除缝迹，并能形成良好的结合。

2) 热料层与冷料层相接（冷接缝），对这种接缝可采用两种方法碾压：第一种方法是压路机位于热沥青混合料上，然后进行振动碾压。这种碾压方法是把混合料从热边压入相对的冷结合边，从而产生较高的结合密实度；第二种方法是在碾压开始时，只允许轮宽的100～200mm在热料层上，压路机的其余部分位于已成型的冷料层上，碾压时，过量的混合料从未压实的料中挤出，这样就减少了结合边缘的料量，这种方法产生的结合密度较低。在这两种碾压过程中，压路机的碾压速度都应很低。

(2) 横向接缝的碾压。横向碾压时，先用双轮或三轮钢筒式压路机在垂直于路面的中心线进行横向碾压，碾压带的外侧应放置供压路机行驶的垫木，压路机应位于已压实的混合料层上，伸入新铺层的宽度为150mm，接着每碾压一遍向新铺混合料移动约150～200mm，直到压路机全部在新铺层上为止，然后改为纵向碾压。

当相邻摊铺层已经成型，同时又有纵缝时，可先用钢轮压路机沿纵缝碾压一遍，大部分钢轮位于成型的相邻路幅上，在新铺层上的碾压宽度为150～200mm，然后再沿横向接缝进行横向碾压，最后进行正常的纵向碾压。

4. 特殊路段的碾压

特殊路段的碾压指小半径弯道、交叉口、路边、陡坡等处的压实作业。

(1) 弯道或交叉口的碾压。在弯道或交叉口的碾压，应先用铰接转向式压路机作业，先从弯道内侧或弯道较低一边开始碾压（以利于形成支承边）。对急弯应尽可能采取直线式碾压（即缺角式碾压），并逐一转换压道，对缺角处用小型机具压实。压实中应注意转向同速度相吻合，尽可能用振动，以减少剪切力。

(2) 路边碾压。压路机在没有支承边的厚层上碾压时，可在离边缘300～400mm（较薄层时，预留200mm）处开始碾压作业。这样，就能在路边压实前，形成一条支承侧面，以减少沥青混合料碾压时铺层塌边。接下来碾压留下的未压部分时，压路机每次只能向自由边缘方向推进100mm。

(3) 陡坡碾压。在陡坡碾压时，压路机的很大部分作用力将向下坡方向，因而增加了混合料顺坡下移的趋势。为抵消这种趋势，除了下承层表面必须清洁、干燥、喷洒黏层沥青外，还应注意先采用轻型压路机预压（轮胎压路机不宜用作预压）。无论是上坡还是下坡，压路机的从动轮始终朝着摊铺机方向，即从动轮在前，驱动轮在后（与一般路段碾压时相反)。这样做,从动轮起到了预压作用,从而使沥青混合料能够承受驱动轮产生的剪切力。如果采用振动压路机,则应先静碾,待混合料达到稳定后,方可采用低振幅的振动碾压。其间,压路机的起动、停止、变速要平稳,避免速度过高或过低,混合料温度不宜过高。

8.4.3 施工质量控制措施

该部分主要对热拌沥青混合料路面的沥青混合料的拌和、摊铺、碾压的施工质量控制等问题进行讲述。

8.4.3.1 沥青混合料拌和的注意问题

1. 质量管理

沥青混合料拌和质量的管理着重于原材料质量、材料配合比和计量的准确性、温度控制和拌和时间控制等几个方面。

2. 拌和质量检测

(1) 外观检查。在运料车装料和运至摊铺工地过程中,仔细的目测有可能发现混合料中存在的某些严重问题,如料车装载的混合料中冒黄烟,往往表明混合料温度过高;出现花白料则可能是矿料温度偏低,拌和时间偏短或吸尘不理想,无形中造成填充料数量偏多,这时,需根据经检查确定的原因采取措施,或升高集料加热温度,或增加拌和时间,或减少矿粉用量。

(2) 沥青混合料取样和测试。取样和测试程序及要求一般应在施工合同规范中规定,主要包括抽样频率、规格、位置和需要做的试验等。取样和测试要严格遵循取样和测试程序,确保所取样品和试验结果能够反映整批混合料的质量和特性。测试的主要内容是马歇尔试验稳定度、流值、孔隙率、饱和度、沥青抽提试验、抽提出后的矿料筛分试验,必要时进行残留稳定度试验。

(3) 温度测试。应在混合料从拌和机或聚料斗出料口卸出时测定,才能迅速获得全面的数据。红外测温仪在使用时应经常校准。

8.4.3.2 沥青混合料摊铺

摊铺过程是自动倾卸汽车将混合料卸到摊铺料斗后,经链式传送器将混合料往后传到螺旋摊铺器,随着摊铺机向前行驶,螺旋摊铺器即在摊铺带宽度上均匀地摊铺混合料,随后由振捣板捣实,并由烫平板整平。

1. 自卸汽车卸料

在卸料过程中,应十分注意:

(1) 自卸料车停在摊铺机前待卸料和卸料过程中不得使用制动而增加摊铺机的牵引负荷,后退的料车不得撞击摊铺机。

(2) 卸料应当缓慢,不得过猛。

(3) 前后自卸料车之间衔接要及时,避免送料刮料板外露现象的发生。

2. 摊铺机作业

(1) 设专人清扫摊铺机的两条履带前(或轮胎前)和浮式基准梁小车前的路面,保证摊铺机平稳行走。

(2) 摊铺机操作人员要注意"三点"观察,即螺旋输料器末端供料情况,整机转向情

8.5 乳化沥青碎石混合料路面的施工

况和倾向指标计变化情况,三点中任何一点出现意外情况,应抓紧时间处理。另设专人处理螺旋输料器末端的离析现象。

(3) 在摊铺机的熨平板上,非本机操作人员不得站立和通行,防止浮动熨平板瞬间下沉,影响路面平整度。

(4) 应设专人对摊铺温度、虚铺厚度等进行实际测量,并做好记录。

8.4.3.3 沥青混合料的压实

1. 合理确定碾压温度

实践证明,碾压温度是影响沥青混合料压实效果的最主要因素。沥青混合料在规定范围内的温度越高,其黏性越大,越容易在外力作用下缩小其空隙和增加密实度,也越容易取得平整效果;而温度低时,碾压工作变得较为困难,且容易产生很难消除的轮迹,造成路面的不平整。因此,在实施过程中,要求在摊铺后及时进行碾压。

2. 确定合理的碾压速度与遍数

在施工中,保持适当的恒定碾压速度是非常必要的。速度过低,会使摊铺与压实工序间断,影响压实质量,从而可能需要增加压实遍数来提高压实度;速度过快,会产生推移、横向裂纹等。合理的压实速度,对减少碾压时间,提高作业效率都有十分重要的意义。压路机的碾压速度应符合表 8.12 的规定。

表 8.12　　　　　　　　压路机碾压速度　　　　　　　　　　单位:km/h

压路机类型	初 压		复 压		终 压	
	适宜	最大	适宜	最大	适宜	最大
钢筒式	2~3	4	3~5	6	3~6	6
轮胎式	2~3	4	3~5	6	4~6	8
振动式	2~3 (静压或振动)	3 (静压或振动)	3~4.5 (振动)	5 (振动)	3~6 (静压)	6 (静压)

注　本表摘自 JTG F40—2004《公路沥青路面施工技术规范》。

3. 选择合理的振频与振幅

合理的选择振频与振幅是非常重要的。振频主要影响沥青面层的表面压实质量,振动压路机的振频比沥青混合料的固有频率高一些,可获得较高的压实效果;振幅主要影响沥青面层的压实深度。当碾压层较薄时,选用高振频、低振幅;而碾压层较厚时,则可在较低振频下,选用较大的振幅,以获得最佳的压实效果。

8.5　乳化沥青碎石混合料路面的施工

8.5.1　概述

乳化沥青是由石油沥青(或煤沥青)与水在乳化剂、稳定剂的作用下经乳化加工制得的均匀的沥青产品,也称沥青乳液。其外观为茶褐色,流动性极好。

沥青乳液具有以下有优点:

(1) 可在常温(气温高于 5℃)下使用。

(2) 与使用热沥青相比，可节省燃料和能源。

(3) 可减少环境污染。

(4) 可减轻施工人员劳动强度。

乳化沥青碎石混合料适用于三级及三级以下公路的沥青面层、二级公路的罩面层以及各级公路沥青路面的联结层或整平层。作面层时多采用双层式：下层采用粗粒式沥青碎石混合料，上层采用中粒式或细粒式沥青碎石混合料。在多雨潮湿地区必须做上封层或下封层。

8.5.2 乳化沥青碎石混合料路面施工

乳化沥青碎石混合料路面的施工宜采用拌和厂机械拌和，在条件受限时也可在现场人工拌和。其施工方法与热拌沥青混合料路面基本相同，但因乳化沥青中含有较多水分，黏度较低，破乳过程要经历一定的时间，因而与热拌沥青混合料路面施工又有些不同之处，主要有以下几点：

(1) 当采用阳离子乳化沥青时，在与乳液拌和前需用水润湿集料，使集料含水总量达到5%左右。然后加入乳液进行拌和，机械拌和时间不宜超过30s，人工拌和不宜超过60s。

(2) 混合料应具有充分的施工和易性，混合料的拌和、运输和摊铺应在乳液破乳前结束。拌和与摊铺过程中已破乳的混合料，应予废弃。

(3) 乳化沥青碎石混合料摊铺后，应采用6t左右的轻型压路机初压2～4遍，使混合料初步稳定。当乳化沥青开始破乳，混合料由褐色转变成黑色时，用12～15t轮胎压路机或10～12t钢筒压路机复压。复压2～3遍后，立即停止，待晾晒一段时间，水分蒸发后，再补充复压至密实为止。当压实过程中有推移现象时，应立即停止碾压，待稳定后再碾压。如发现局部混合料有松散或开裂时，应立即挖除并换补新料，整平后继续碾压密实。

(4) 乳化沥青碎石混合料施工时，宜暂时中断交通。压实成型的路面应做好早期养护并封闭交通2～6h。开放交通初期，应设专人指挥，车速不得超过20km/h，并不得刹车或掉头。

(5) 乳化沥青碎石混合料施工的所有工序，包括路面成型及铺筑上封层等，均必须在结冻前完成。

思 考 题

8.1 沥青路面的基本特性和分类要求是什么？

8.2 简述透层、黏层、封层的施工要点。

8.3 如何选择沥青路面的类型？

8.4 沥青贯入式的适用范围是什么？

8.5 沥青路面对常用材料的基本要求是什么？

8.6 简述沥青表层处置路面的施工程序。

8.7 对于沥青路面的各种施工缝，在施工中要注意哪些问题？

8.8 简述沥青混凝土路面的施工程序。

8.9 沥青路面施工过程中工程质量控制标准是什么？

8.10 简述沥青混合料压实过程中应注意的问题。

第9章 水泥混凝土路面施工

教学要求：本章主要讲述了水泥混凝土路面的分类及特点，水泥混凝土路面的构造，水泥混凝土路面材料要求与混凝土配合比设计，水泥混凝土路面施工工艺及质量控制要求等。应掌握水泥混凝土面层材料要求、混凝土路面的施工要领及质量控制要求；理解（熟悉）水泥混凝土路面的分类及特点、混凝土路面的各种施工方法；了解水泥混凝土路面的配合比设计方法、水泥混凝土路面的损坏模式。

9.1 概　　述

9.1.1 水泥混凝土路面的分类

水泥混凝土路面是以水泥与水合成的水泥浆为结合料，以碎（砾）石、砂为集料，加适当的掺合料及外加剂，拌和成水泥混凝土混合料铺筑而成的高等级路面。经过一段时间的养护，能达到很高的强度与耐久性。

水泥混凝土路面属于刚性路面，它由混凝土面板和基层、垫层组成。根据材料的要求、组成及施工工艺的不同，水泥混凝土路面包括普通混凝土、碾压混凝土、钢筋混凝土、连续配筋混凝土、钢纤维混凝土等。

（1）普通混凝土。目前采用最广泛的是就地浇筑的普通混凝土路面。普通混凝土又称有接缝素混凝土，是指仅在接缝处和一些局部范围（如角隅、边缘）内配置钢筋的水泥混凝土面层。这是目前应用最为广泛的一种面层类型。混凝土面层通常采用等厚断面，其厚度多变动于 18~30cm，视轴载大小和作用次数以及混凝土强度而定。面层通常采用整体（整层）式浇筑；面层较厚时，也可采用双层浇筑方式。面层由纵向和横向接缝划分为矩形板块。

（2）碾压混凝土。这是一种采用不同方法施工的普通混凝土。它不是在混合料内部振捣密实成型，而是采用类似于水泥稳定粒料基层的施工方法铺筑，通过路碾压实成型。这类面层具有不需专用的混凝土铺面机械施工，完工后可以较早地开放交通（如 7d 或 14d），还可以采用粉煤灰掺代水泥而降低造价。碾压混凝土面层目前主要用于行车速度不太高的道路、停车场或停机坪的面层；或者用作下面层，在其上面铺筑高强的普通混凝土、钢纤维混凝土或沥青混凝土薄面层，而形成复合式面层。

（3）钢筋混凝土。这是一种为防止混凝土面层板产生的裂缝缝隙张开而在板内配置纵向和横向钢筋的混凝土面层。通常，它仅在下述情况下采用：板的长度较大，如 6m 以上；板下埋有沟、管、线等地下设施或者路基可能产生不均匀沉降而使板开裂；板的平面形状不规则或板内开设孔口等。钢筋混凝土路面由于板的长度大，接缝缝隙宽，因而在横缝内应设置传力杆以提供相邻板的传荷能力。

（4）连续配筋混凝土。除了在邻近构造物处或与其他路面交接处设置胀缝，以及视施工需要设置施工缝外,在路段长度内不设横缝,并配置纵向连续钢筋和横向钢筋。连续配筋混凝土面层的厚度为普通混凝土面层厚度的 0.8～0.9 倍。这类面层由于钢筋用量大,造价高,一般仅用于高速公路或交通繁重的道路。

(5) 钢纤维混凝土。在混凝土中掺入一些低碳钢、不锈钢纤维或其他纤维(如塑料纤维、纤维网等),即成为一种均匀而多向配筋的混凝土。在混凝土中掺拌钢纤维,可以提高混凝土的韧度和强度,减少其收缩量。钢纤维可以采用不同方式制造,如钢丝截断法、薄钢板剪切法、熔抽法和钢坯铣削法,由此得到不同形状和横截面的纤维。由于钢纤维混凝土的造价高,因而这类面层主要用于设计标高受到限制的旧混凝土路面上的加铺层,或者用作复合式混凝土面层的上面层。

9.1.2 水泥混凝土路面的特点

与其他类型路面相比,水泥混凝土路面具有以下优点:

(1) 强度高。混凝土路面具有很高的抗压强度和较高的抗弯拉强度以及抗磨耗能力。

(2) 稳定性好。混凝土路面的水稳性、热稳性均较好,特别是它的强度能随着时间的延长而逐渐提高,不存在沥青路面的那种"老化"现象。

(3) 耐久性好。由于混凝土路面的强度和稳定性好,所以它经久耐用,一般能使用 20～40 年,而且它能通行包括履带式车辆等在内的各种运输工具。

(4) 有利于夜间行车。混凝土路面色泽鲜明,能见度好,对夜间行车有利。

但是,混凝土路面也存在一些缺点,主要有以下几个方面:

(1) 对水泥和水的需要量大。每立方米混凝土约需水泥 300～400kg、水 160～180kg,另外还需要大量养生用水。

(2) 有接缝。由于材料的特性,一般混凝土路面要设置许多接缝,这些接缝不但增加施工和养护的复杂性,而且容易引起行车跳动,影响行车的舒适性,接缝又是路面的薄弱点,如处理不当,将导致路面板边和板角处破坏。

(3) 开放交通较迟。一般混凝土路面完工后,要经过 28d 的潮湿养生,才能开放交通,如需提早开放交通,则需采取特殊措施。

(4) 修复困难。混凝土路面损坏后,开挖很困难,修补工作量也大,且影响交通。

9.1.3 水泥混凝土路面的损坏模式

在行车荷载和自然因素作用下,水泥混凝土路面逐渐破坏,其损坏形态主要有以下几种。

(1) 断裂。混凝土面板由于板内应力超出了混凝土强度而出现纵向或横向断裂裂缝以及在角隅处的折断裂缝。产生断裂的原因主要有:板太薄或轮载过重;板的平面尺寸太大造成温度应力过大;板底失去支承;养生期间收缩应力过大或养生不足;混凝土原材料、级配或施工不良,抗折强度未达到设计要求等。断裂的出现,破坏了板的整体结构性,使板丧失大部以至全部承载能力。

(2) 碎裂。出现于横向裂缝(主要是胀缝)两侧数十厘米宽的范围内。这主要是由于胀缝内的滑动传力杆排列不整齐或不能滑动,或者缝隙内落入坚硬的杂屑,阻碍了板的伸长,使混凝土在膨胀时受到较高的挤压力而裂成碎块。

(3) 唧泥。汽车行经接缝时,从缝内喷溅出泥浆的现象称为唧泥。在重轮荷载作用下，基层由于塑性变形积累而同面板脱离，水分沿接缝渗入基层并形成悬液，在轮载作用下喷溅而出。唧泥使面层板局部沿接缝脱空造成不均匀支承，因而往往致使离接缝1.5～1.8m处产生横向裂缝。

（4）错台。横向接缝两侧面板端部出现的竖向相对位移称为错台。当胀缝的嵌缝条与上部缝隙未对齐使缝旁两面板在挤压过程中上下错开；接缝处传荷能力不足，荷载作用下两板的端部出现挠度差，水分带着碎屑抛向后方面层板与基层界面的空隙中，把后方板端抬起；当交通量或基层承载力在横向各幅板上分布不均匀时各幅板沉陷不一致，也会产生错台现象。

（5）拱起。混凝土面板在热膨胀受到约束时，某一接缝两侧的数块板突然向上拱起的屈曲失稳现象称为拱起。这是由于板收缩时缝隙张开，填缝料失效，坚硬的碎屑落入缝内，致使板在受热膨胀时产生较大的热压应力，这是板产生纵向失稳的一个主要原因。采用膨胀性较大的石料（如硅岩）作粗集料，也是拱起的原因之一。

此外，还有一些非结构损坏现象，如剥落（起皮）、填缝料脱落、纵缝缝隙拉宽等。

9.2 水泥混凝土路面的构造

9.2.1 土基

理论分析表明，通过刚性面层和基层传到土基上的压力很小，一般不超过0.05MPa。因此，混凝土板下似不需要有坚强的土基支承。然而，如果土基的稳定性不足，在水温变化的影响下出现较大的变形，特别是不均匀沉陷，则仍将给混凝土面板带来很不利的影响。实践证明，由于土基不均匀支承，使面板在受荷时底部产生过大的弯拉应力，将导致混凝土路面产生破坏。因此，混凝土路面下的路基必须密实、稳定和均匀。土基强度应不小于20MPa，一般要求路基处于干燥或中湿状况，过湿状态或强度与稳定性不符合要求的潮湿状态的路基必须经过处理。

路基的不均匀支承，可能由下列因素造成：

（1）不均匀沉陷。湿软地基未达充分固结，土质不均匀，压实不充分、填挖结合部以及新老路基交接处处理不当。

（2）不均匀冻胀。季节性冰冻地区，土质不均匀（对冰冻敏感性不同），路基潮湿条件变化。

（3）膨胀土。在过干或过湿时压实，排水设施不良等。

控制路基不均匀支承最经济有效的方法是：把不均匀的土掺配成均匀的土；控制压实时的含水量接近最佳含水量，并保证压实度达到要求；加强路基排水设施，对于湿软地基，则应采取加固措施；加设垫层，以缓和可能产生的不均匀变形对面层的不利影响。

9.2.2 基层

混凝土面层下设置基层的目的主要有以下几种：

（1）防唧泥。混凝土面层如直接设置在路基上，会由于路基土塑性变形量大，细料含量多和抗冲刷能力低而极易产生唧泥现象。铺设基层后，可减轻以至消除唧泥的产生。但未经处治的砂砾基层，其细料含量和塑性指数不能太高，否则仍会产生唧泥。

(2) 防冰冻。在季节性冰冻地区，用对冰冻不敏感的粒状多孔材料铺筑基层，可以减少路基的冰冻深度，从而减轻冰冻的危害作用。

(3) 减小路基顶面的压应力，并缓和路基不均匀变形对面层的影响。

(4) 防水。在湿软土基上，铺筑级配粒料基层，可以排除从路表面渗入面层板下的水分及隔断地下毛细水上升。

(5) 为面层施工（如支立侧模、运送混凝土混合料等）提供方便。

(6) 提高路面结构承载能力，延长路面的使用寿命。

因此，除土基本身就是有良好级配的砂砾类土，而且是良好排水条件的轻交通公路之外，都应设置基层。同时，基层应具有足够的强度和稳定性，且断面正确，表面平整。理论计算和实践都已证明，采用整体性好（具有较高的弹性模量如贫混凝土、沥青混凝土、水泥稳定碎石、石灰粉煤灰稳定碎石、级配碎石等）的材料修筑基层，可以确保混凝土路面良好的使用特性和延长路面的使用寿命。因此，基层材料的技术要求必须符合 JTJ 034—2000《公路路面基层施工技术规范》的要求。因为如果基层出现较大的塑性变形累积（主要在接缝附近），面层板将与之脱空，支承条件恶化，从而增加板的应力；同时，若基层材料中含有过多的细料，还将促使唧泥和错台等病害产生。

基层厚度以 20cm 左右为宜。研究资料表明，用厚基层来提高土基的支承力，或者说借以降低面层应力或减薄面层厚度一般是不经济的。但是随着稳定类基层厚度的减小，基层底面的弯拉应力随之增大，因此基层厚度不宜太薄。

基层宽度应比混凝土路面板每侧各宽出 25~35cm（采用小型机具或轨道式摊铺机施工）或 50~60cm（采用滑模摊铺机施工），或与路基同宽，以供施工时安装模板，并防止路面边缘渗水至土基而导致路面破坏。

在冰冻深度大于 0.5m 的季节性冰冻地区，为防止路基可能产生的不均匀冻胀对混凝土面层的不利影响，路面结构应有足够的总厚度，以便将路基的冰冻深度约束在有限的范围内。路面结构的最小总厚度，随冰冻线深度、路基的潮湿状态和土质而异，其数值可参照表 9.1 选定。超出面层和基层厚度的总厚度部分可用基层下的垫层（防冻层）来补足。

表 9.1　　　　　　　　水泥混凝土路面最小抗冻层厚度

干湿条件	土 质	冰冻深度 (cm)			
		50~100	100~150	150~200	>200
中湿路段	黏性土、细亚砂土	30~40	40~60	60~70	70~95
	粉性土	40~50	50~70	70~80	80~110
潮湿路段	黏性土、细亚砂土	40~50	50~70	70~90	90~120
	粉性土	50~65	65~80	80~100	100~130

注　1. 抗冻层厚度为水泥混凝土板加基层、垫层的总厚度。
　　2. 在冻深大或挖方及地下水位高的路段，应采用高限；冻深小或填方路段，可采用低限。
　　3. 对于冻深小于 50cm 的地区，一般可不设防冻胀垫层，但对水文、地质条件恶劣的路段，路面抗冻层厚度可等于当地最大冻深。
　　4. 表中垫层部分所用材料以砂石料为准。如果采用隔温性能良好的材料（炉渣等），其垫层厚度可减小约 30%。

9.2.3 混凝土面板

根据理论分析,轮载作用于板中部时,板所产生的最大应力约为轮载作用于板边部时的2/3。因此,面层板的横断面应采用中间薄两边厚的形式,以适应荷载应力的变化,一般边部厚度较中部约大25%,是从路面最外两侧板的边部,在0.6~1.0m宽度范围内逐渐加厚。但是厚边式路面对土基和基层的施工带来不便;而且使用经验也表明,在厚度变化转折处,易引起板的折裂。因此,目前国内外常采用等厚式断面。

混凝土面板应保证表面平整、耐磨、抗滑。

9.2.4 接缝的类型与构造

混凝土面层是由一定厚度的混凝土板组成,它具有热胀冷缩的性质。由于一年四季气温的变化,混凝土板会产生不同程度的膨胀和收缩。而在一昼夜中,白天气温升高,混凝土板顶面温度较底面高,这种温度坡差会形成板的中部隆起的趋势。夜间气温降低,板顶面温度较底面低,会使板的周边和角隅发生翘起的趋势。这些变形会受到板与基础之间的摩阻力、黏结力以及板的自重、车轮荷载等的约束,致使板内产生过大的应力,造成板的断裂或拱胀等破坏。

由于翘曲而引起的裂缝,在裂缝发生后被分割的两块板体尚不致完全分离,倘若板体温度均匀下降引起收缩,则将使两块板体被拉开,从而失去荷载传递作用。

为避免这些缺陷,混凝土路面不得不在纵横两个方向设置许多接缝,把整个路面分割成许多板块,纵缝与横缝一般做成垂直正交,使混凝土板具有90°的角隅。纵缝两旁的横缝一般成一条直线,如图9.1所示。实践证明,如横缝在纵缝两旁错开,将导致板产生从横缝延伸出来的裂缝。

9.2.4.1 横向接缝的构造

横向接缝是垂直于行车方向的接缝,共有三种:横向缩缝、胀缝和施工缝。缩缝保证板因温度和湿度的降低而收缩时沿该薄弱断面缩裂,从而避免产生不规则的裂缝。胀缝保证板在温度升高时能部分伸张,从而避免产生路面板在热天的拱胀和折断破坏,同时胀缝也能起到缩缝的作用。另外,混凝土路面每天施工结束以及因雨天或其他原因不能继续施工时,必须设置横向施工缝。

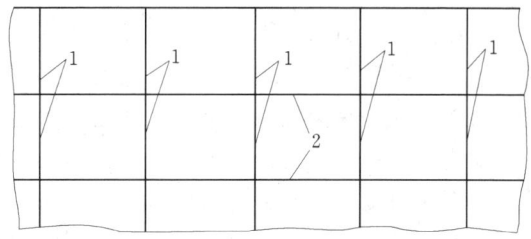

图9.1 路面接缝设置
1—横缝;2—纵缝

在任何形式的接缝处,板体都不可能是连续的,其传递荷载的能力总不如非接缝处。而且任何形式的接缝都不免要漏水。因此,对各种形式的接缝,都应设置相应的传荷与防水设施。

1. 横向缩缝

横向缩缝可等间距或变间距布置,采用假缝形式。特重和重交通公路、收费广场以及邻近胀缝或自由端部的3条缩缝,应采用设传力杆假缝形式,其构造如图9.2(b)所示。其他情况可采用不设传力杆假缝形式,其构造如图9.2(a)所示。

设置在板厚中央的传力杆应采用光圆钢筋,其半段锚固在混凝土中,另半段涂沥青或

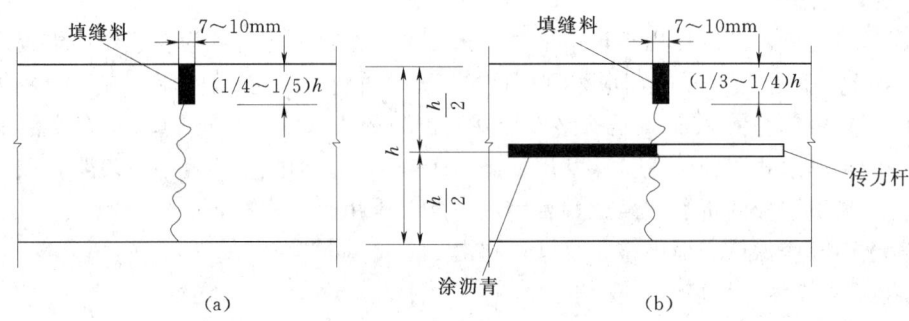

图 9.2 横向缩缝构造示意图
(a) 不设传力杆假缝；(b) 设传力杆假缝

润滑油，有利于板间传递荷载。传力杆直径、长度和间距可参照规范选用。

横向缩缝顶部应锯切槽口，槽内填塞填缝料。

2. 胀缝

我国现行规范规定，普通混凝土路面、钢筋混凝土路面和钢纤维混凝土路面的胀缝设置视集料的温度膨胀性大小、当地年温差和施工季节综合确定：高温施工，可不设胀缝；常温施工，集料温缩系数和年温差较小时，可不设胀缝；集料温缩系数和年温差较大，路面两端构筑物间距大于等于 500m 时，宜设一道中间胀缝；低温施工路面两端构筑物间距大于等于 350m 时，宜设一道胀缝。胀缝应尽量少设或不设；但在邻近桥梁或固定建筑物处，或与其他类型路面相连接处、板厚变化处、隧道口、小半径曲线和纵坡变换处，均应设置胀缝。

胀缝构造如图 9.3 所示。胀缝缝隙宽约 20~25mm。如施工时气温较高，或胀缝间距较短，应采用低限；反之用高限。缝隙上部 3~4cm 深度内浇灌填缝料，下部则设置富有弹性的嵌缝板。为保证混凝土板之间能有效地传递荷载，防止形成错台，应在胀缝处板厚中央设置传力杆。传力杆应采用光面钢筋，其直径、长度和间距可参照规范选用，最外侧传力杆距纵向接缝或自由边的距离为 150~250mm。传力杆的半段固定在混凝土内，另半

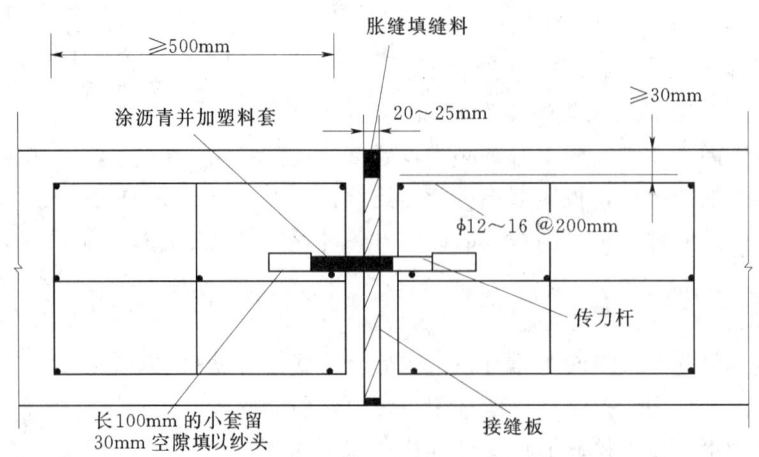

图 9.3 胀缝构造示意图

段涂以沥青、套上长约100mm的铁皮或塑料套筒,筒底与杆端之间留出宽约30mm的空隙,并用弹性材料填充,以利于板的自由伸缩。在同一条胀缝上的传力杆,设有套筒的活动端最好在缝的两边交错布置。

3. 施工缝

施工缝应尽量做到胀缝处。如不可能,也应做至缩缝处。设在缩缝处的施工缝,应采用设传力杆的平缝形式,其构造如图9.4(a)所示;设在胀缝处的施工缝,其构造与胀缝相同。遇有困难需设在缩缝之间时,施工缝宜采用设拉杆的企口缝形式,其构造如图9.4(b)所示。

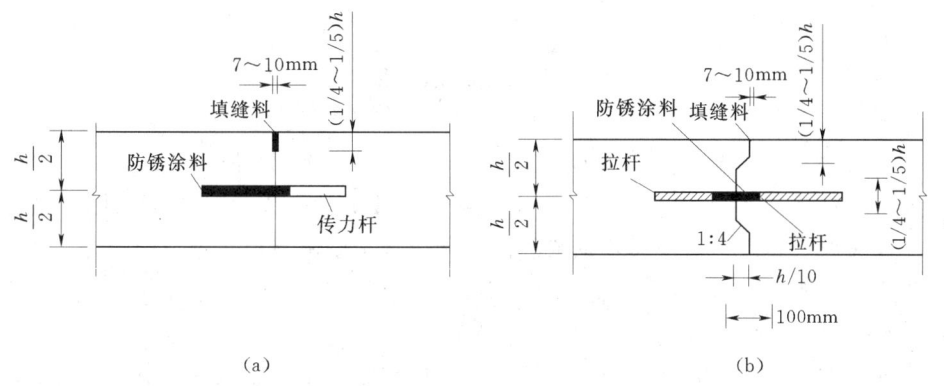

图9.4 横向施工缝构造示意图
(a)设传力杆平缝型;(b)设拉杆企口缝型

4. 接缝填封材料

接缝填封材料包括胀缝接缝板和接缝填料。

(1)胀缝接缝板应选用能适应混凝土板膨胀收缩、施工时不变形、复原率高和耐久性好的材料。高速公路和一级公路宜选用泡沫橡胶板、沥青纤维板;其他等级公路也可选用木材类或纤维类板。

(2)接缝填料应选用与混凝土接缝槽壁黏结力强、回弹性好、适应混凝土板收缩、不溶于水、不渗水、高温时不流淌、低温时不脆裂、耐老化的材料。常用的填缝材料有聚氨酯焦油类、氯丁橡胶类、乳化沥青类、聚氯乙烯胶泥、沥青橡胶类、沥青玛蹄脂及橡胶嵌缝条等。

9.2.4.2 纵向接缝的构造

纵向接缝是指平行于混凝土路面行车方向的接缝。纵缝包括纵向施工缝和纵向缩缝。当一次铺筑宽度小于路面宽度时,应设置纵向施工缝。纵向施工缝采用平缝加拉杆的形式,上部应锯切槽口,槽口深度为30~40mm,宽度为7~10mm,槽内灌塞填缝料,构造如图9.5(a)所示;当一次铺筑宽度大于4.5m时,应设置纵向缩缝。纵向缩缝采用假缝加拉杆的形式,锯切的槽口深度应大于施工缝的槽口深度。采用粒料基层时,槽口深度应为板厚的1/3;采用半刚性基层时,槽口深度为板厚的2/5,其构造如图9.5(b)所示。

拉杆应采用螺纹钢筋,设在板后中央,并应对拉杆中部100mm范围内进行防锈处

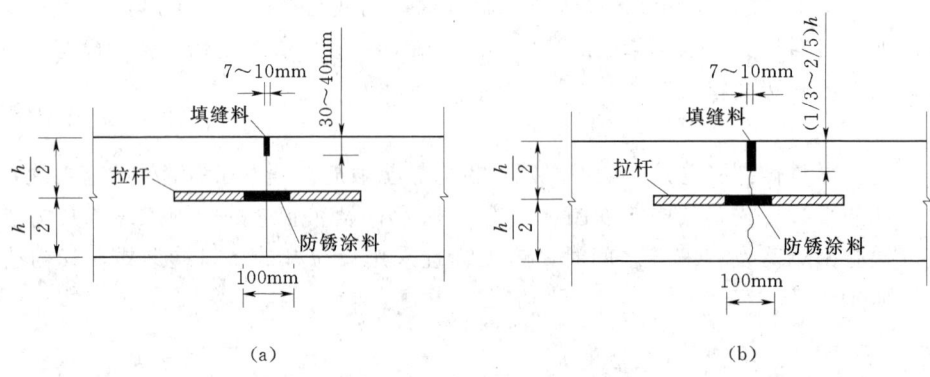

图 9.5 纵缝构造示意图
(a) 纵向施工缝；(b) 纵向缩缝

理。拉杆的直径、长度和间距可参照 JTG D40—2002—03《公路水泥混凝土路面设计规范》选用。拉杆锚固在混凝土内，以保证两侧板不致被拉开而失掉缝下部的颗粒嵌锁作用，施工布设时，拉杆间距应按横向接缝的实际位置予以调整，最外侧的拉杆距横向接缝的距离不得小于 100mm。连续配筋混凝土面层的纵缝拉杆可由板内横向钢筋延伸穿过接缝代替。

纵缝应与路线中缝平行。在路面等宽的路段内或路面变宽路段的等宽部分，纵缝的间距和形式应保持一致。路面变宽段的加宽部分与等宽部分之间，以纵向施工缝隔开。加宽板在变宽段起终点处的宽度不应小于 1m。

应当指出，目前国外流行一种新的混凝土路面接缝布置形式，即胀缝甚少，缩缝间距不等，按 4m、4.5m、5m、5.5m 和 6m 的顺序设置，而且横缝与纵缝交成 80°左右的斜角，如设传力杆，则传力杆与路中线平行，其目的是使一辆车只有一个后轮横越接缝，减轻由于共振作用所引起的行车跳动的幅度，同时也可缓和板伸张时的顶推作用。

另外，当采用板中计算厚度的等厚式混凝土板时，或混凝土板纵、横向自由边缘下的基础有可能产生较大的塑性变形时，应在其自由边缘和角隅处设置补强钢筋。

混凝土路面与桥梁相接处，桥头设有搭板时，应在搭板与混凝土面层板之间设置长 6~10m 的钢筋混凝土面层过渡板。后者与搭板间的横缝采用设拉杆平缝形式，与混凝土面层间的横缝采用设传力杆胀缝形式。水泥混凝土路面与柔性路面相接处，为避免出现沉陷或错台，防止柔性路面受顶推而拥起，其间应设置至少 3m 长的过渡段。

9.3 配制混凝土的用料要求

修筑路面用的混凝土材料比其他结构物所用混合料要有更高的要求，因为它受到动荷载的冲击、摩擦和反复弯曲作用，同时还受到温度和湿度反复变化的影响。面层混合料必须具有较高的弯拉强度和耐磨性、良好的耐冻性以及尽可能低的膨胀系数和弹性模量。此外，湿混合料还应具有适当的施工和易性，一般规定其坍落度为 0~30mm，工作度约 30s。在施工时应力求混凝土强度满足设计要求，通常要求面层混凝土 28d 抗弯拉强度达

9.3 配制混凝土的用料要求

到 4.0~5.0MPa,28d 抗压强度达到 30~35MPa。

水泥混凝土路面材料主要有水泥、粗集料、细集料、水、外加剂等。为保证混合料拌制质量及混凝土路面的使用品质,应对混凝土的组成材料提出一定的要求。

1. 水泥

特重交通、重交通路面宜采用旋窑道路硅酸盐水泥,也可采用旋窑硅酸盐水泥或普通硅酸盐水泥;中等及轻交通路面可采用矿渣硅酸盐水泥;低温天气施工或有快通要求的路段可采用 R 型水泥,此外宜采用普通型水泥。各交通等级路面水泥抗折强度、抗压强度应满足表 9.2 的规定。

表 9.2 各交通等级路面水泥各龄期的抗折强度、抗压强度

交通等级	特重交通		重交通		中、轻交通	
龄期(d)	3	28	3	28	3	28
抗压强度(MPa),≥	25.5	57.5	22.0	52.5	16.0	42.5
抗折强度(MPa),≥	4.5	7.5	4.0	7.0	3.5	6.5

各交通等级路面所使用水泥的化学成分、物理性能等路用品质要求应符合 JTG F30—2003《公路水泥混凝土路面施工技术规范》的规定。当采用机械化铺筑路面时,宜选用散装水泥。

2. 粗集料

粗集料应使用质地坚硬、耐久、洁净的碎石、碎卵石和卵石,其技术指标应满足 JTG F30—2003《公路水泥混凝土路面施工技术规范》的规定,宜选用岩浆岩或未风化的沉积岩碎石。

高速公路、一级公路、二级公路及有抗(盐)冻要求的三、四级公路混凝土路面使用的粗集料级别应不低于Ⅱ级,无抗(盐)冻要求的三、四级公路混凝土路面可使用Ⅲ级粗集料。有抗(盐)冻要求时,Ⅰ级集料吸水率不应大于 1.0%;Ⅱ级集料吸水率不应大于 2.0%。

路面混凝土的粗集料不得使用不分级的统料,应按最大公称粒径的不同采用 2~4 个粒级的集料进行掺配,并应符合 JTG F30—2003《公路水泥混凝土路面施工技术规范》中粗集料级配范围的规定要求。卵石最大公称粒径不宜大于 19.0mm;碎卵石最大公称粒径不宜大于 26.5mm;碎石最大公称粒径不宜大于 31.5mm。碎卵石或碎石中粒径小于 75μm 的石粉含量不宜大于 1%。

3. 细集料

细集料应采用质地坚硬、耐久、洁净的天然砂、机制砂或混合砂,要求颗粒坚硬耐磨,具有良好的级配,表面粗糙有棱角,有害杂质含量少。

高速公路、一级公路、二级公路及有抗(盐)冻要求的三、四级公路混凝土路面使用的砂级别应不低于Ⅱ级,无抗(盐)冻要求的三、四级公路混凝土路面可使用Ⅲ级砂。特重交通、重交通混凝土路面宜采用河砂,砂的硅含量不应低于 25%。

路面混凝土用天然砂宜为中砂,也可使用细度模数为 2.0~3.5 的砂。同一配合比用砂的细度模数变化范围不应超过 0.3,否则,应分别堆放,并调整配合比中的砂率后使

用。路面混凝土用机制砂还应检验砂浆磨光值，其值宜大于35，不宜使用抗磨性较差的泥岩、页岩、板岩等水成岩类母岩品种生产机制砂。配制机制砂混凝土应同时掺引气高效减水剂。

细集料的技术指标与级配范围要求应满足JTG F30—2003《公路水泥混凝土路面施工技术规范》的规定。

4. 水

饮用水可直接作为混凝土搅拌和养护用水。对硫酸盐含量超过 $0.0027 mg/mm^3$（按 SO_4^{2-} 计）、含盐量超过 $0.005 mg/mm^3$、pH 值小于 4 的酸性水和含有油污、泥和其他有害杂质的水，均不允许使用。

5. 外加剂

为提早开放交通，路面混凝土宜选用减水率大、坍落度损失小、可调控凝结时间的复合型减水剂。高温施工宜使用引气缓凝（保塑）（高效）减水剂；低温施工宜使用引气早强（高效）减水剂。

为了提高混凝土的和易性和抗冻性，可选用表面张力降低值大、水泥稀浆中起泡容量多而细密、泡沫稳定时间长、不溶渣少的产品。有抗（盐）冻要求的地区，各交通等级路面混凝土必须使用引气剂；无抗（盐）冻要求地区，二级及二级以上公路路面混凝土应使用引气剂。

在混凝土制备时掺加外加剂时，各外加剂产品的技术性能指标应满足JTG F30—2003《公路水泥混凝土路面施工技术规范》的规定。

6. 其他材料

路面混凝土中的粉煤灰掺合料、填缝材料、钢筋、钢纤维等，其技术指标应满足JTG F30—2003《公路水泥混凝土路面施工技术规范》的相关规定。

9.4 路面板混凝土的配合比设计

由于混凝土路面板厚设计计算是以混凝土的抗弯拉强度为依据，所以混凝土的配合比设计应根据设计弯拉强度、耐久性、耐磨性、和易性等要求和经济合理的原则选用原材料。通过计算、试验和必要的调整，确定混凝土单位体积中各种组成材料的用量，即设计配合比。再据现场浇筑混凝土的实际条件，如材料供应情况（级配、含水量等）、摊铺方法和机具、气候条件等，作适当调整后提出施工配合比。

这里仅介绍普通混凝土配合比设计的一般步骤，适用于滑模摊铺机、轨道摊铺机、三辊轴机组及小型机具四种施工方式。钢纤维混凝土、碾压混凝土、贫水泥混凝土的配合比设计方法参见JTG F30—2003《公路水泥混凝土路面施工技术规范》。

9.4.1 普通混凝土配合比设计

9.4.1.1 普通混凝土路面的配合比应满足的技术要求

1. 弯拉强度

（1）各交通等级路面的28d设计弯拉强度标准值 f_r 应符合JTG D40—2003《公路水泥混凝土路面设计规范》的规定，根据交通等级不同，取 4.0～5.0MPa。

9.4 路面板混凝土的配合比设计

(2) 按式 (9.1) 计算配制 28d 弯拉强度的均值：

$$f_c = \frac{f_r}{1 - 1.04 c_v} + ts \qquad (9.1)$$

式中 f_c——配制 28d 弯拉强度的均值，MPa；

f_r——设计弯拉强度标准值，MPa；

s——弯拉强度试验样本的标准差，MPa；

t——保证率系数，应按表 9.3 确定；

c_v——弯拉强度变异系数，应按统计数据在表 9.4 的规定范围内取值，无统计数据时，弯拉强度变异系数应按设计取值，如果施工配制弯拉强度超出设计给定的弯拉强度变异系数上限，则必须改进机械装备和提高施工控制水平。

表 9.3　　　　　　　　　　　　保 证 率 系 数 t

公路技术等级	判别概率 p	样本数 n（组）				
		3	6	9	15	20
高速公路	0.05	1.36	0.79	0.61	0.45	0.39
一级公路	0.10	0.95	0.59	0.46	0.35	0.30
二级公路	0.15	0.72	0.46	0.37	0.28	0.24
三、四级公路	0.20	0.56	0.37	0.29	0.22	0.19

表 9.4　　　　　　　　各级公路混凝土路面弯拉强度变异系数

公路技术等级	高速公路	一级公路	二级公路		三、四级公路	
混凝土弯拉强度变异水平等级	低	低	中	中	中	高
弯拉强度变异系数 c_v 允许变化范围	0.05～0.10	0.05～0.10	0.10～0.15	0.10～0.15	0.10～0.15	0.15～0.20

2. 工作性

(1) 滑模摊铺机前拌和物最佳工作性及允许范围应符合表 9.5 的规定。

表 9.5　　　　　混凝土路面滑模摊铺最佳工作性及允许范围

指标 界限	坍落度 S_L（mm）		振动黏度系数 η（N·s/m²）
	卵石混凝土	碎石混凝土	
最佳工作性	20～40	25～50	200～500
允许波动范围	5～55	10～65	100～600

注　1. 滑模摊铺机适宜的摊铺速度应控制在 0.5～2.0m/min 之间。
　　2. 本表适用于设超铺角的滑模摊铺机；对不设超铺角的滑模摊铺机，最佳振动黏度系数为 250～600N·s/m²；最佳坍落度卵石为 10～40mm；碎石为 10～30mm。
　　3. 滑模摊铺时的最大单位用水量卵石混凝土不宜大于 155kg/m²；碎石混凝土不宜大于 160kg/m³。

(2) 轨道摊铺机、三辊轴机组、小型机具摊铺的路面混凝土坍落度及最大单位用水量，应满足表 9.6 的规定。

表 9.6　　　　　不同路面施工方式混凝土坍落度及最大单位用水量

摊铺方式	轨道摊铺机摊铺		三辊轴机组摊铺		小型机具摊铺	
出机坍落度（mm）	40～60		30～50		10～40	
摊铺坍落度（mm）	20～40		10～30		0～20	
最大单位用水量（kg/m³）	碎石 156	卵石 153	碎石 153	卵石 148	碎石 150	卵石 145

注　1. 表中的最大单位用水量系采用中砂、精细集料为风干状态的取值，采用细砂时，应使用减水率较大的（高效）减水剂。
　　2. 使用碎卵石时，最大单位用水量可取碎石与卵石中值。

3. 耐久性

（1）根据当地路面无抗冻性、有抗冻性或有抗盐冻性要求及混凝土最大公称粒径，路面混凝土含气量宜符合表 9.7 的规定。

表 9.7　　　　　路面混凝土含气量及允许偏差

最大公称料径（mm）	无抗冻性要求（%）	有抗冻性要求（%）	有抗盐冻要求（%）
19.0	4.0±1.0	5.0±0.5	6.0±0.5
26.5	3.5±1.0	4.5±0.5	5.5±0.5
31.5	3.5±1.0	4.0±0.5	5.0±0.5

（2）各交通等级路面混凝土满足耐久性要求的最大水灰（胶）比和最小单位水泥用量应符合表 9.8 的规定。

表 9.8　　　混凝土满足耐久性要求的最大水灰（胶）比和最小单位水泥用量

公路技术等级		高速公路、一级公路	二级公路	三、四级公路
最大水灰（胶）比		0.44	0.46	0.48
抗冰冻要求最大水灰（胶）比		0.42	0.44	0.46
抗盐冻要求最大水灰（胶）比		0.40	0.42	0.44
最小单位水泥用量（kg/m³）	42.5 级	300	300	290
	32.5 级	310	310	305
抗冰（盐）冻时最小单位水泥用量（kg/m³）	42.5 级	320	320	315
	32.5 级	330	330	325
掺粉煤灰时最小单位水泥用量（kg/m³）	42.5 级	260	260	255
	32.5 级	280	270	265
抗冰（盐）冻掺粉煤灰最小单位水泥用量（42.5 级水泥）（kg/m³）		280	270	265

注　1. 掺粉煤灰，并有抗冰（盐）冻性要求时，不得使用 32.5 级水泥。
　　2. 水灰（胶）比计算以砂石料的自然风干状态计（砂含水量不大于 1.0%；石子含水量不大于 0.5%）。
　　3. 处在除冰盐、海风、酸雨或硫酸盐等腐蚀性环境中、或在大纵坡等加减速车道上的混凝土，最大水灰（胶）比可比表中数值降低 0.01～0.02。

9.4 路面板混凝土的配合比设计

(3) 严寒地区路面混凝土抗冻标号不宜小于 F250,寒冷地区不宜小于 F200。

(4) 在海风、酸雨、除冰盐或硫酸等腐蚀环境影响范围内的混凝土路面和桥面,在使用硅酸盐水泥时,应掺加粉煤灰、磨细矿渣或硅灰掺合料,不宜单独使用硅酸盐水泥,可使用矿渣水泥或普通水泥。

4. 经济性

在满足上述三项技术要求的前提下,配合比应尽可能经济。各级公路混凝土路面最大水泥用量不宜大于 400kg/m^3;掺粉煤灰时,最大胶材总量不宜大于 420kg/m^3。

9.4.1.2 外加剂的使用要求

(1) 高温施工时,混凝土拌和物的初凝时间不得小于 3h,否则应采取缓凝或保塑措施;低温施工时,终凝时间不得大于 10h,否则应采取必要的促凝或早强措施。

(2) 外加剂的掺量应由混凝土试配试验确定。引气剂的适宜掺量可由搅拌机口的拌和物含气量进行控制。实际路面和桥面引气混凝土的抗冰冻、抗盐冻耐久性,宜用 JTG F30—2003《公路水泥混凝土路面施工技术规范》附录 F.1、附录 F.2 规定的钻芯法测定。测定位置:路面为表面和表面下 50mm;桥面为表面和表面下 30mm;测得的上下两个表面的最大平均气泡间距系数不宜超过表 9.9 的规定。

(3) 引气剂与减水剂或高效减水剂等其他外加剂复配在同一水溶液中时,应保证其共溶性,防止外加剂溶液发生絮凝现象。如产生絮凝现象,应分别稀释、分别加入。

表 9.9 混凝土路面和桥面最大平均气泡间距系数 单位:μm

公路技术等级		高速公路、一级公路	其他公路
严寒地区	冰冻	275	300
	盐冻	225	250
寒冷地区	冰冻	325	350
	盐冻	275	300

9.4.1.3 配合比参数的计算与确定

1. 水灰(胶)比的计算和确定

(1) 根据粗集料的类型,水灰比可分别按下列统计公式计算。

碎石或碎卵石混凝土:

$$\frac{W}{C} = \frac{1.5684}{f_c + 1.0097 - 0.3595 f_s} \tag{9.2}$$

卵石混凝土:

$$\frac{W}{C} = \frac{1.2618}{f_c + 1.5492 - 0.4709 f_s} \tag{9.3}$$

式中 f_s——水泥实测 28d 抗折强度,MPa。

(2) 掺用粉煤灰时,应计入超量取代法中代替水泥的那一部分粉煤灰用量(代替砂的超量部分不计入),用水胶比 $\frac{W}{C+F}$ 代替水灰比 $\frac{W}{C}$。

(3) 应在满足弯拉强度计算值和耐久性(表 9.8)两者要求的水灰(胶)比中取小值。

2. 砂率的选择

砂率应根据砂的细度模数和粗集料种类,查表 9.10 的取值。在软做抗滑槽时,砂率在表 9.10 的基础上可增大 1%~2%。硬刻槽时,则不必增大砂率。

表 9.10　　砂的细度模数与最优砂率无关

砂细度模数		2.2～2.5	2.5～2.8	2.8～3.1	3.1～3.4	73.4
砂率 S_P（%）	碎石	30～34	32～36	34～38	36～40	38～42
	卵石	28～32	30～34	32～36	34～38	36～40

注　碎卵石可在碎石和卵石混凝土之间内插取值。

3. 计算单位用水量

由上述水灰比、砂率，根据粗料种类和表 9.5、表 9.6 中适宜的坍落度 S_L，分别按下列经验式计算单位用水量（砂石料以自然风干状态计）。

碎石：
$$W_o = 104.97 + 0.309S_L + 11.27\frac{C}{W} + 0.61S_P \tag{9.4}$$

卵石：
$$W_o = 86.89 + 0.370S_L + 11.24\frac{C}{W} + 1.00S_P \tag{9.5}$$

式中　W_o——不掺外加剂与掺合料混凝土的单位用水量，kg/m³；

　　　S_L——坍落度，mm；

　　　S_P——砂率，%；

　　　$\frac{C}{W}$——灰水比，水灰比之倒数。

掺外加剂时应计入外加剂减水作用，其混凝土单位用水量应按式（9.6）计算：

$$W_{ow} = W_o\left(1 - \frac{\beta}{100}\right) \tag{9.6}$$

式中　W_{ow}——掺外加剂混凝土的单位用水量，kg/m³；

　　　β——所用外加剂剂量的实测减水率，%。

单位用水量应取计算值和表 9.5 或表 9.6 的规定值两者中的小值。若实际单位用水量仅掺引气剂不满足所取数值，则应掺用引气（高效）减水剂，三、四级公路也可采用真空脱水工艺。

4. 确定单位水泥用量

单位水泥用量应由式（9.7）计算，并取计算值与表 9.8 规定值两者中的大值。

$$C_o = \left(\frac{C}{W}\right)W_o \tag{9.7}$$

式中　C_o——单位水泥用量，kg/m³。

5. 确定砂石料用量

砂石料用量可按密度法或体积法计算。按密度法计算时，混凝土单位质量可取2400～2450kg/m³；按体积法计算时，应计入设计含气量。采用超量取代法掺用粉煤灰时，超量部分应代替砂，并折减用砂量。经计算得到的配合比，应验算单位粗集料填充体积率，且不宜小于70%。

需要注意，采用真空脱水工艺时，可采用比经验式（9.4）、式（9.5）计算值略大的单位用水量，但在真空脱水后，扣除每立方米混凝土实际吸除的水量，剩余单位用水量和剩余水灰（胶）比分别不宜超过表 9.6 最大单位用水量和表 9.8 最大水灰（胶）比的规定。

另外，路面混凝土掺用粉煤灰时，其配合比计算应按超量取代法进行。粉煤灰掺量应根据水泥中原有的掺合料数量和混凝土弯拉强度、耐磨性等要求由试验确定。Ⅰ、Ⅱ级粉煤灰的超量系数可按表9.11初选。代替水泥的粉煤灰掺量：Ⅰ型硅酸盐水泥宜不大于30%；Ⅱ型硅酸盐水泥宜不大于25%；道路水泥宜不大于20%；普通水泥宜不大于15%；矿渣水泥不得掺粉煤灰。

9.4.2 配合比确定与调整

由上述各经验公式推算得出的混凝土配合比，应在实验室内按下述步骤和JTJ 053《公路工程水泥混凝土试验规程》规定方法进行试配检验和调整。

表9.11　各级粉煤灰的超量取代系数

粉煤灰等级	Ⅰ	Ⅱ	Ⅲ
超量取代系数 k	1.1～1.4	1.3～1.7	1.5～2.0

（1）首先检验各种混凝土拌和物是否满足不同摊铺方式的最佳工作性要求。检验项目包括含气量、坍落度及其损失、振动黏度系数、改进VC值、外加剂品种及其最佳掺量。在工作性和含气量不满足相应摊铺方式要求时，可在保持水灰（胶）比不变的前提下调整单位用水量、外加剂掺量或砂率，不得减小满足计算弯拉强度及耐久性要求的单位水泥用量。

（2）对于采用密度法计算的配合比，应实测拌和物视密度，并应按视密度调整配合比，调整时水灰比不得增大，单位水泥用量、钢纤维掺量不得减少，调整后的拌和物视密度允许偏差为±2.0%。实测拌和物含气量及其偏差应满足表9.7的规定，不满足要求时，应调整引气剂掺量直至达到规定含气量。

（3）以初选水灰（胶）比为中心，按0.02增减幅度选定2～4个水灰（胶）比，制作试件，检验各种混凝土7d和28d配制弯拉强度、抗压强度、耐久性等指标（有抗冻性要求的地区，抗冻性为必测项目，耐磨性及干缩为选测项目）。也可保持计算水灰（胶）比不变，以初选单位水泥用量为中心，按15～20kg/m³增减幅度选定2～4个单位水泥用量。

（4）施工单位通过上述各项指标检验提出的配合比，在经监理或建设方中心实验室验证合格后，方可确定为实验室基准配合比。

实验室的基准配合比应通过搅拌楼实际拌和检验和不小于200m试验路段的验证，并应根据料场砂石料含水量、拌和物实测视密度、含气量、坍落度及其损失，调整单位用水量、砂率或外加剂掺量。调整时，水灰（胶）比、单位水泥用量不得减小。考虑施工中原材料含泥量、泥块含量、含水量变化和施工变异性等因素，单位水泥用量应适当增加5～10kg。满足试拌试铺的工作性、28d（至少7d）配制弯拉强度、抗压强度和耐久性等要求的配合比，经监理或建设方批准后方可确定为施工配合比。

施工期间配合比的微调与控制应符合下列要求：

（1）根据施工季节、气温和运距等的变化，可微调缓凝（高效）减水剂、引气剂或保塑剂的掺量，保持摊铺现场的坍落度始终适宜于铺筑，且波动最小。

（2）降雨后，应根据每天不同时间的气温及砂石料实际含水量变化，微调加水量，同时微调砂石料称量，其他配合比参数不得变更，维持施工配合比基本不变。雨天或砂石料变化时应加强控制，保持现场拌和物工作性始终适宜摊铺和稳定。

9.5 路面混凝土拌和物的搅拌和运输

水泥混凝土配合比确定以后，在混凝土路面施工之前，还必须做好以下几方面准备工作，主要有：精心做好施工组织工作；根据工程规模和施工条件选择并准备好相应的施工机械；检测并修整路基和基层；对工程用材料、机械设备、机具和仪器等进行全面检查；施工放线测量、合理选择搅拌场位置等。

完成各项施工准备工作后，先进行开工申请，得到批准后，即可进行水泥混凝土路面正式施工。

9.5.1 搅拌设备

1. 搅拌场的拌和能力配置

搅拌场生产能力与容量必须与路面上的机械铺筑能力匹配，密切配合，形成具有计划摊铺能力的系统。

（1）总拌和生产能力。采用滑模、轨道、碾压、三辊轴机组摊铺时，搅拌场配置混凝土总拌和生产能力可按式（9.8）计算，并按总拌和能力确定所要求的搅拌楼数量和型号。

$$M = 60\mu b h V_t \tag{9.8}$$

式中　M——搅拌楼总拌和能力，m^3/h；

　　　b——摊铺宽速度，m；

　　　V_t——摊铺速度，m/min（$\geqslant$1m/min）；

　　　h——面板厚度，m；

　　　μ——搅拌楼可靠性系数，1.2～1.5。

μ根据下述具体情况确定：搅拌楼可靠性高，μ可取较小值；反之，μ取较大值；拌和钢纤维混凝土时，μ应取较大值；坍落度要求较低者，μ应取较大值。

（2）拌和容量配套。不同摊铺方式所要求的搅拌楼最小生产容量应满足表9.12的规定。一般可配备2～3台搅拌楼，最多不宜超过4台。搅拌楼的规格和品牌尽可能统一。

表9.12　混凝土路面不同摊铺方式的搅拌楼最小配置容量　　单位：m^3/h

摊铺宽度 \ 摊铺方式	滑模摊铺	轨道摊铺	碾压混凝土	三辊轴摊铺	小型机具
单车道3.75～4.5m	$\geqslant$100	$\geqslant$75	$\geqslant$75	$\geqslant$50	$\geqslant$25
双车道7.5～9m	$\geqslant$200	$\geqslant$150	$\geqslant$150	$\geqslant$100	$\geqslant$50
整幅宽$\geqslant$12.5m	$\geqslant$300	$\geqslant$200	$\geqslant$200		

2. 搅拌楼的配备

每台搅拌楼应配备齐全自动供料、称量、计量、砂石料含水率反馈控制，有外加剂加入装置和计算机控制自动配料操作系统设备和打印设备。每台搅拌楼还应配齐生产所必需的外置设备：3～4个砂石料仓；1～2个外加剂池；3～4个水泥及粉煤灰罐仓。使用袋装水泥时应配备拆包和水泥输送设备。

应优先选配间歇式搅拌楼，也可使用连续式搅拌楼。

搅拌场应配备适量装载机或推土机供应砂石料。

9.5.2 拌和技术要求

1. 配料精确度控制方法

每台搅拌楼在投入生产前，必须进行标定和试拌。在标定有效期满或搅拌楼搬迁安装后，均应重新标定。施工中应每15d校验一次搅拌楼计量精确度。搅拌楼配料计量偏差不得超过表9.13的规定。不满足时，应分析原因，排除故障，确保拌和计量精确度。采用计算机自动控制系统的搅拌楼时，应使用自动配料生产，并按需要打印每天（周、旬、月）对应路面摊铺桩号的混凝土配料统计数据及偏差。

表 9.13　　　　　　　　搅拌楼的混凝土拌和计量允许偏差

材 料 名 称	水泥	掺合料	钢纤维	砂	粗集料	水	外加剂
高速公路、一级公路每盘（%）	±1	±1	±2	±2	±2	±1	±1
高速公路、一级公路累计每车（%）	±1	±1	±1	±2	±2	±1	±1
其他公路（%）	±2	±2	±2	±3	±3	±2	±2

2. 拌和时间

应根据拌和物的黏聚性、均质性及强度稳定性试拌确定最佳拌和时间。一般情况下，单立轴式搅拌机总拌和时间宜为80～120s，全部原材料到齐后的最短纯拌和时间不宜短于40s；行星立轴和双卧轴式搅拌机总拌和时间为60～90s，最短纯拌和时间不宜短于35s；连续双卧轴搅拌楼的最短拌和时间不宜短于40s。最长总拌和时间不应超过高限值的2倍。

3. 砂石料要求

混凝土拌和过程中，不得使用沥水、夹冰雪、表面沾染尘土和局部曝晒过热的砂石料。

4. 外加剂使用

外加剂应以稀释溶液加入，其稀释用水和原液中的水量，应从拌和加水量中扣除。使用间歇搅拌楼时，外加剂溶液浓度应根据外加剂掺量、每盘外加剂溶液筒的容量和水泥用量计算得出。连续式搅拌楼应按流量比例控制加入外加剂。加入搅拌锅的外加剂溶液应充分溶解，并搅拌均匀。有沉淀的外加剂溶液，应每天清除一次稀释池中的沉淀物。

5. 引气混凝土拌和

为提高路面混凝土的弯拉强度和耐久性，所有水泥混凝土路面都应使用引气剂，制成引气混凝土，并应按引气混凝土的拌和要求进行搅拌。

拌和物的含气量是在拌和过程中从空气中裹携进去的，如果搅拌锅是满的或密封的，没有给出空间让空气进入，即使掺用引气剂，也裹携不进空气，达不到要求的含气量。因此，搅拌楼一次拌和量不应大于其额定搅拌量的90%，纯拌和时间应控制在含气量最大或较大时。

6. 粉煤灰混凝土拌和

粉煤灰或其他掺合料应采用与水泥相同的输送、计量方式加入。粉煤灰混凝土的纯拌和时间应比不掺时延长10～15s。当同时掺用引气剂时，宜通过试验适当增大引气剂掺量，以达到规定含气量。

7. 拌和物质量检验与控制

（1）检查项目和检查频率。搅拌过程中，拌和物质量检验与控制应符合表9.14的规定。低温或高温天气施工时，拌和物出料温度宜控制在10～35℃。并应测定原材料温度、拌和物的温度、坍落度损失率和凝结时间等。

表 9.14　　　　　　　混凝土合物的质量检验项目和频率

检查项目	检查频度	
	高速公路、一级公路	其他公路
水灰比及稳定性	每5000m³抽检1次，有变化随时测	每5000m³抽检1次，有变化随时测
坍落度及其均匀性	每工班测3次，有变化随时测	每工班测3次，有变化随时测
坍落度损失率	开工、气温较高和有变化随时测	开工、气温较高和有变化随时测
振动黏度系数	试拌、原材料和配合比有变化时测	试拌、原材料和配合比有变化时测
钢纤维体积率	每工班测2次，有变化随时测	每工班测2次，有变化随时测
含气量	每工班测2次，有抗冻要求不少于3次	每工班测2次，有抗冻要求不少于3次
泌水率	必要时测	必要时测
视密度	每工班测1次	每工班测1次
温度、凝结时间、水化发热量	冬、夏季施工，气温最高、最低时，每工班至少测1～2次	冬、夏季施工，气温最高、最低时，每工班至少测1次
离析	随时观察	随时观察
VC值及稳定性、压实度、松铺系数	碾压混凝土做复合式路面底层时，检查频率与其他公路相同	每工班测3～5次，有变化随时测

（2）匀质性和稳定性要求。拌和物应均匀一致，有生料、干料、离析或外加剂、粉煤灰成团现象的非匀质拌和物严禁用于路面摊铺。

一台搅拌楼的每盘之间，各搅拌楼之间，拌和物的坍落度最大允许偏差为±10mm。拌和坍落度应为最适宜摊铺的坍落度值与当时气温下运输坍落度损失值两者之和。

8. 钢纤维混凝土的拌和特殊要求

钢纤维混凝土的拌和，除应满足上述规定外，尚应符合下列规定：

（1）当钢纤维体积率较高，拌和物较干时，搅拌楼一次拌和量不宜大于其额定搅拌量的80%。拌和物中不得有钢纤维结团现象。

（2）钢纤维混凝土搅拌的投料次序和方法应以搅拌过程中钢纤维不产生结团和保证一定的生产率为原则，并通过试拌或根据经验确定。宜采用将钢纤维、水泥、粗细集料先干拌后加水湿拌的方法，也可采用钢纤维分散机在拌和过程中分散加入钢纤维。

（3）钢纤维混凝土的拌和时间应通过现场搅拌试验确定，并应比普通混凝土规定的纯拌和时间延长20～30s，采用先干拌后加水的搅拌方式时，干拌时间不宜少于1min。

（4）钢纤维混凝土严禁用人工拌和。当桥梁伸缩缝等零星工程使用少量的钢纤维混凝土时，可采用容量较小的搅拌机拌和，每种原材料应准确称量后加入，不得使用体积计量。采用小容量搅拌机拌和时,钢纤维混凝土总拌和时间应较搅拌楼拌和时间延长 1～2min,采用先干拌后加水的搅拌方式时,干拌时间不宜少于 1.5min。

(5) 应保证钢纤维在混凝土中的分散性及均匀性,水洗法的检测的钢纤维含量偏差不应大于设计掺量的±15%。

9. 碾压混凝土拌和特殊要求

碾压混凝土拌和除应满足上述有关规定外,尚应符合下列规定:

(1) 砂石料堆应全部覆盖防雨,堆底严防浸水。必要时,还应对砂石料仓、粉煤灰料斗、外加剂溶液池等作防雨覆盖。在装载机料斗和料仓内的砂石料不应有明显的湿度差别,严禁雨天拌和碾压混凝土。

(2) 拌和时,应精确检测砂石料的含水率,根据砂石料含水率变化,快速反馈并严格控制加水量和砂石料用量。除搅拌楼应配备砂(石)含水率自动反馈控制系统外,每台班至少应监督 3 次砂石料含水率。

(3) 碾压混凝土的最短纯拌和时间应比普通混凝土延长 15～20s。

9.5.3 运输车辆

1. 运输车辆的配备

机械摊铺系统配套的运输车数量,可按式(9.9)计算:

$$N = 2n\left(1 + \frac{S\gamma_c m}{V_q g_q}\right) \tag{9.9}$$

式中 N——汽车辆数,辆;

n——相同产量搅拌楼台数,台;

S——单程运输距离,km;

γ_c——混凝土密度,t/m³;

m——一台搅拌楼每小时生产能力,m³/h;

V_q——车辆的平均运输速度,km/h;

g_q——汽车载重能力,t/辆。

2. 车况和车型要求

可选配车况优良、载重量 5～20 t 的自卸车,自卸车后挡板应关闭紧密,运输时不漏浆撒料,车厢板应平整光滑。按施工运距或施工路面结构需要配置车型,远距离运输或摊铺钢筋混凝土路面及桥面时,宜选配混凝土罐车。

9.5.4 运输技术要求

1. 总运力要求

应根据施工进度、运量、运距及路况,选配车型和车辆总数。总运力应比总拌和能力略有富余。确保新拌混凝土在规定时间内运到摊铺现场。

2. 运输时间

运输到现场的拌和物必须具有适宜摊铺的工作性。不同摊铺工艺的混凝土拌和物从搅拌机出料到运输、铺筑完毕的允许最长时间应符合表 9.15 的规定。不满足时应通过试验,加大缓凝剂或保塑剂的剂量。

表 9.15 混凝土拌和物出料到运输、铺筑完毕允许最长时间

施工气温（℃）	到运输完毕允许最长的时间（h）		到铺筑完毕允许最长时间（h）	
	滑模、轨道	三轴、小机具	滑模、轨道	三轴、小机具
5～9	2.0	1.35	2.5	2.0
10～19	1.5	1.0	2.0	1.5
20～29	1.0	0.75	1.5	1.25
30～35	0.75	0.50	1.25	1.0

注 施工气温指施工时间的日间平均气温，使用缓凝剂延长凝结时间后，本表数可增加 0.25～0.5h。

3. 混凝土拌和物运输注意事项

（1）运输混凝土的车辆装料前，应清洁车厢（罐），洒水润壁，排干积水。装料时，自卸车应挪动车位，防止离析。搅拌楼卸料落差不应大于 2m。

（2）混凝土运输过程中应防止漏浆、漏料和污染路面，途中不得随意耽搁。自卸车运输应减小颠簸，防止拌和物离析。车辆起步和停车应平稳。

（3）超过表 9.15 规定摊铺允许最长时间的混凝土不得用于路面摊铺。混凝土一旦在车内停留超过初凝时间，应采取紧急措施处置，严禁混凝土硬化在车厢（罐）内。

（4）烈日、大风、雨天和低温天远距离运输时，自卸车应遮盖混凝土，罐车宜加保温隔热套。

（5）使用自卸车运输混凝土最远运输半径不宜超过 20km。

（6）运输车辆在模板或导线区调头或错车时，严禁碰撞模板或基准线，一旦碰撞，应告知测量人员重新测量纠偏。

（7）车辆倒车及卸料时，应有专人指挥。卸料应到位，严禁碰撞摊铺机和前场施工设备及测量仪器。卸料完毕，车辆应迅速离开。

（8）碾压混凝土卸料时，车辆应在前一辆车离开后立即倒向摊铺机，并在机前 10～30cm 处停住，不得撞击摊铺机械，然后换成空挡，并迅速升起料斗卸料，靠摊铺机推动前进。

9.6 人工小型机械化铺筑水泥混凝土路面

9.6.1 机具选型与配套

小型机具性能应稳定可靠，操作简易，维修方便，机具配套应与工程规模、施工进度相适应。选配的成套机械、机具应符合表 9.16 的要求。

9.6.2 模板的架设

在施工机械、材料、基层检修、施工放线等工作准备好以后，不论采用哪种固定模板施工方法（小型机具、轨道摊铺机、三辊轴机组等）施工，都应首先按照施工规范要求做好模板的架设与安装。

9.6 人工小型机械化铺筑水泥混凝土路面

表 9.16 小型机具施工配套机械、机具配置

工作内容	主要施工机械机具	
	机械机具名称、规格	数量、生产能力
钢筋加工	钢筋锯断机、折弯机、电焊机	根据需要定规定和数量
测量	水准仪、经纬仪	根据需要定规定和数量
架设模板	与路面厚度等高 3m 长槽钢模板、固定钢钎	数量不少于 3d 摊铺用量
搅拌	强制式搅拌楼,单车道不小于 25（m³/h） 双车道不小于 50（m³/h）	总搅拌生产能力及搅拌楼数量,根据施工规模和进度由计算确定
	装载机	2～3m³
	发电机	≥120kW
	供水泵和蓄水池	单车道不小于 100m³,双车道不小于 200m³
运输	5～10t 自卸车	数量由匹配计算确定
振实	手持振捣棒,功率不小于 1.1kW	每 2m 宽路面不少于 1 根
	平板振动器,功率不小于 2.2kW	每车道路面不少于 1 个
	振捣整平梁,刚度足够, 2 个振动器功率不小于 1.1kW	每车道路面不少于 1 个振动器 每车道路面不少于 1 个振动器
	现场发电机功率≥30kW	不少于 2 台
提浆整平	提浆滚杠直径 15～20mm, 表面光滑无缝钢管,壁厚不小于 3mm	长度适应铺筑宽度,一次摊铺单车道路面 1 根,双车道路面 2 根
	叶片式或圆盘式抹面机	每车道路面不少于 1 台
	3m 刮尺	每车道路面不少于 2 根
	手工抹刀	每车道路面不少于 1 把
真空脱水	真空脱水机有效抽速不小于 15L/s	每车道路面不少于 1 台
	真空吸垫尺寸不小于 1 块板	每台吸水机应配 3 块吸垫
抗滑构造	工作桥	不少于 3 个
	人工拉毛齿耙、压槽器	根据需要定量
切缝	软锯缝机	根据需要定量
	手推锯缝机	根据需要定量
磨平	水磨石磨机	需要处理欠平整部位时
灌缝	灌缝机具	根据需要定规定和数量
养生	洒水车 4.5～8.0t	按需要定数量
	压力式喷洒机或喷雾器	根据需要定规定和数量
	工地运输车 4～6t	按需要定数量

1. 模板技术要求

（1）公路混凝土路面板、桥面板和加铺层的施工模板应采用刚度足够的槽钢、轨模或钢制边侧模板,不应使用木模板、塑料模板等其他易变形的模板。模板的精确度应符合表

203

9.17 的规定。钢模板的高度应为面板设计厚度,模板长度宜为 3~5m。需设置拉杆时,模板应设拉杆插入孔。每米模板应设置 1 处支撑固定装置,模板垂直度用垫木楔方法调整。

表 9.17　　　　　　　　　模板(加工矫正)允许偏差

施工方式	高度偏差(mm)	局部变形(mm)	垂直边夹角(°)	顶面平整度(mm)	侧面平整度(mm)	纵向变形(mm)
三辊轴机组	±1	±2	90±2	±1	±2	±2
轨道摊铺机	±1	±2	90±1	±1	±2	±1
小型机具	±2	±2	90±3	±2	±3	±3

(2)横向施工缝端模板应按设计规定的传力杆直径和间距设置传力杆插入孔和定位套管。两边缘传力杆到自由边距离不宜小于 150mm。每米设置 1 个垂直固定孔套。

(3)模板或轨模数量应根据施工进度和施工气温确定,并应满足拆模周期内周转需要。一般情况下,模板或轨模总量不宜小于 3~5d 摊铺的需要。

2. 模板安装

(1)支模前在基层上应进行模板安装及摊铺位置的测量放样,每 20m 应设中心桩;每 100m 宜布设临时水准点;核对路面标高、面板分块、胀缝和构造物位置。测量放样的质量要求和允许偏差应符合相应规范的规定。

(2)纵横曲线路段应采用短模板,每块模板中点应安装在曲线切点上。

(3)轨道摊铺应采用长度为 3m 的专用钢制轨模,轨模底面宽度宜为高度的 80%,轨道用螺栓、垫片固定在模板支座上,模板应使用钢钎与基层固定。轨道顶面应高于模板 20~40mm,轨道中心至模板内侧边缘距离宜为 125mm。

(4)模板应安装稳固、顺直、平整、无扭曲,相邻模板连接应紧密平顺,不得有底部漏浆、前后错茬、高低错台现象。模板应在承受摊铺、振实、整平设备的负载行进、冲击和振动时不发生位移。严禁在基层上挖槽,嵌入安装模板。

(5)模板安装检验合格后,与混凝土拌和物接触的表面应涂脱模剂或隔离剂;接头应粘贴胶带或塑料薄膜等密封。

3. 模板的安装精度

模板安装完毕,应经过测量人员使用与设计板厚相同的测板作全断面检验,其安装精确度应符合表 9.18 的规定。

表 9.18　　　　　　　　　模板安装精确度要求

检测项目		施工方式 三辊轴机组	轨道摊铺机	小型机具
平面偏位(mm)		10	5	15
摊铺宽度(mm)		10	5	15
面板厚度(mm)	代表值	−3	−3	−4
	合格值	−8	−8	−9

9.6 人工小型机械化铺筑水泥混凝土路面

续表

施工方式 检测项目	三辊轴机组	轨道摊铺机	小型机具
纵断高程偏差（mm）	±5	±5	±10
横坡偏差（%）	±0.10	±0.10	±0.20
相邻板高差（mm）	1	1	2
顶面接茬 3m 尺平整度（mm）	1.5	1	2
模板接缝宽度（mm）	3	2	3
侧向垂直度（mm）	3	2	4
纵向顺直度（mm）	3	2	4

4. 模板拆除及矫正

（1）当混凝土抗压强度不小于 8.0MPa 时方可拆模。当缺乏强度实测数据时，边侧模板的允许最早拆模时间宜符合表 9.19 的规定。达不到要求，不能拆除端模时，可空出一块面板，重新起头摊铺，空出的面板待两端均可拆模后再补做。

表 9.19　　　　　　　　　混凝土路面板的允许最早拆模时间　　　　　　　单位：h

昼夜平均气温（℃）	−5	0	5	10	15	20	25	≥30
硅酸盐水泥、R 型水泥	240	120	60	36	34	28	24	18
道路、普通硅酸盐水泥	360	168	72	48	36	30	24	18
矿渣硅酸盐水泥	—	—	120	60	50	45	36	24

（2）拆模不得损坏板边、板角和传力杆、拉杆周围的混凝土，也不得造成传力杆和拉杆松动或变形。模板拆卸宜使用专用拔楔工具，严禁使用大锤强击拆卸模板。

（3）拆下的模板应将黏附的砂浆清除干净，并矫正变形或局部损坏，矫正精度应符合表 9.17 的要求。

9.6.3 混凝土浇筑的摊铺、振实与整平

1. 摊铺

（1）开铺要求。混凝土拌和物摊铺前，应对模板的位置、支撑稳固情况及传力杆、拉杆的安设等进行全面检查。修复破损基层，并洒水润湿，以免混凝土底部的水分被干燥的基层吸去，变得疏松以致产生细裂缝。用厚度标尺板全面检测板厚与设计值相符，方可开始摊铺。

（2）准确卸料。专人指挥自卸车尽量准确卸料，小型机具的布料大多使用人工，卸料不到位时的摊铺劳动强度极大。专人指挥自卸车，尽量准确卸料。

（3）布料要求。人工布料应用铁锹反扣，严禁抛掷和耧耙。人工摊铺混凝土拌和物的坍落度应控制在 5～20mm 之间，拌和物松铺系数宜控制在 1.10～1.25，料偏干，取较高值；反之，取较低值。

（4）横向施工缝设置。因故造成 1h 以上停工或达到 2/3 初凝时间，致使拌和物无法振实时，应在已铺筑好的面板端头设置施工缝，废弃不能被振实的拌和物。

2. 插入式振捣棒振实

(1) 振捣要求。在待振横断面上，每车道路面应使用2根振捣棒，组成横向振捣棒组，沿横断面连续振捣密实，并应注意路面板底、内部和边角处不得欠振或漏振。

(2) 振捣棒操作。振捣棒在每一处的持续时间，应以拌和物全面振动液化、表面不再冒气泡和泛水泥浆为限，不宜过振，也不宜少于30s。振捣棒的移动间距不宜大于500mm；至模板边缘的距离不宜大于200mm。应避免碰撞模板、钢筋、传力杆和拉杆。振捣棒插入深度宜离基层30~50mm，振捣棒应轻插慢提，不得猛插快拔，严禁推行和拖拉振捣棒在拌和物中振捣。

(3) 及时补料。振捣时，应辅以人工补料，应随时检查振实效果、模板、拉杆、传力杆和钢筋网的移位、变形、松动、漏浆等情况，并及时纠正。

3. 振动板振实

(1) 基本要求。在振捣棒已完成振实的部位，可使用振动板纵横交错两遍全面提浆振实，每车道路面应配备1块振动板。

(2) 振动板操作。振动板移位时，应重叠100~200mm，振动板在一个位置的持续振捣时间不应少于15s。振动板须由两人提拉振捣和移位，不利自由放置或长时间持续振动。移位控制以振动板底部和边缘泛浆厚度(3±1)mm为限。

(3) 补料找平。振动板振捣中，缺料的部位，应辅以人工补料找平。

4. 振动梁振实

(1) 基本要求。每车道路面宜使用1根振动梁。振动梁应具有足够的刚度和质量，底部应焊接或安装深度4mm左右的粗集料压实齿，保证(4±1)mm的表面砂浆厚度。

(2) 振动梁操作。振动梁应垂直路面中线沿纵向拖行，往返2~3遍，使表面泛浆均匀平整。在振动梁拖振整平过程中，缺料处应使用混凝土拌和物填补，不得用纯砂浆填补；料多的部位应铲除。

5. 整平饰面

包括滚杠提浆整平、抹面机压浆整平饰面、精整饰面三道工序。

(1) 滚杠提浆整平。每车道路面应配备1根滚杠（双车道两根）。振动梁振实后，应拖动滚杠往返2~3遍提浆整平。第一遍应短距离缓慢推滚或拖滚，然后应较长距离匀速拖滚，并将水泥浆始终赶在滚杠前方，多余水泥浆应铲除。

(2) 压实整平。拖滚后的表面宜采用叶片式或圆盘式抹面机往返2~3遍压实整平饰面。抹面机配备每车道路面不宜少于1台。也可采用3m刮尺，纵横各1遍整平饰面。

(3) 精整饰面。在抹面机完成作业后，应进行清边整缝，清除黏浆，修补缺边、掉角。应使用抹刀将抹面机留下的痕迹抹平，当烈日曝晒或风大时，应加快表面的修整速度，或在防雨篷遮阴下进行。精整饰面后的面板表面应无抹面印痕，致密均匀，无露骨，平整度应达到规定要求。

9.6.4 混凝土浇筑的真空脱水工艺要求

1. 适用范围

小型机具施工三、四级公路混凝土路面，应优先采用在拌和物中掺外加剂，无掺外加剂条件时，应使用真空脱水工艺，该工艺适用于面板厚度不大于24cm的混凝土面板施工。

2. 单位用水量和坍落度控制

使用真空脱水工艺时,混凝土拌和物的最大单位用水量可比不采用外加剂时增大 3～12kg/m³。拌和物适宜坍落度:高温天 30～50mm;低温天 20～30mm。

3. 真空脱水机具

(1) 真空脱水机。要求配备真空度稳定、有自动脱水计量装置、有效抽速不小于 15L/s 的脱水机。

(2) 真空吸垫。真空吸垫要求真空度均匀,密封性能好,脱水效率高、操作简便、铺放容易、清洗方便。每台真空脱水机应配备不少于 3 块吸垫。

4. 真空脱水作业

(1) 脱水前,应检查真空泵空载真空度不小于 0.08MPa,并检查吸管、吸垫连接后的密封性,同时应检查随机工具和修补材料是否齐备。

(2) 吸垫铺放采取卷放,避免皱折,边缘应重叠已脱水的面板 50～100mm。

(3) 开机脱水,真空度应逐渐升高,最大真空度不宜超过 0.085MPa。脱水量应经过脱水试验确定,但剩余单位用水量和水灰比不得大于表 9.6 和表 9.8 最大值的规定。混凝土拌和物真空脱水量(率)测定方法可参考 JTG F30—2003《公路水泥混凝土路面施工技术规范》中的规定。

(4) 最短脱水时间不宜短于表 9.20 的规定。当脱水达到规定时间和脱水量要求后(双控),应先将吸垫四周微微掀起 10～20mm,继续抽吸 15s,以便吸尽作业表面和吸管中的余水。

表 9.20　　　　　　　　最 短 脱 水 时 间　　　　　　　　单位:min

面板厚度 h (mm)	昼夜平均气温 T (℃)					
	3～5	6～10	11～15	16～19	10～25	>25
18	26	24	22	20	18	17
22	30	28	26	24	22	21
25	35	32	30	27	25	24

5. 表面修整及切缝要求

真空脱水后,应采用振动梁、滚杠或叶片、圆盘式抹面机重新压实精平 1～2 遍。

真空脱水整平后的路面,应采用硬刻槽方式制作抗滑构造。真空脱水混凝土路面切缝时间可比规定时间适当提前。

9.7　轨道摊铺机铺筑水泥混凝土路面

9.7.1　机械选型与配套

(1) 轨道摊铺机的选型。应根据路面车道数或设计宽度按表 9.21 的技术参数选择。最小摊铺宽度不得小于单车道 3.75m。

表 9.21　　　　　　　　　　轨道摊铺机的基本技术参数

项　目	发动机功率（kW）	最大摊铺宽度（m）	摊铺厚度（mm）	摊铺速度（m/min）	整机质量（t）
三车道轨道摊铺机	33~45	11.75~18.3	250~600	1~3	13~38
双车道轨道摊铺机	15~33	7.5~9.0	250~600	1~3	7~13
单车道轨道摊铺机	8~22	3.5~4.5	250~450	1~4	≤7

(2) 轨道摊铺机布料方式。轨道摊铺机按布料方式不同，可选用刮板式、箱式和螺旋式。刮板式、箱式适用于摊铺连续配筋或钢筋水泥混凝土路面。

(3) 其他设备可参照表 9.24 配套。

9.7.2　铺筑作业

1. 布料

(1) 布料形式和要求。使用轨道摊铺机前部配备的螺旋布料器或可上下左右移动的刮板布料，料堆不得过高过大，亦不得缺料。可使用挖掘机、装载机或人工辅助布料。螺旋布料器前的拌和物应保持在面板以上 100mm 左右，布料器后宜配备松铺高度控制刮板。也可使用有布料箱的轨道摊铺机精确布料，箱式轨道摊铺机的料斗出料口关闭时，装进拌和物并运到布料位置后，轻轻打开料斗出料口，待拌和物堆成"堤状"，左右移动料斗布料。

(2) 坍落度和松铺系数。轨道摊铺时的适宜坍落度按振捣密实情况宜控制在 20~40mm 之间。不同坍落度时的松铺系数 K 可参考表 9.22 确定，并按此计算出松铺高度。

表 9.22　　　　　　　　松铺系数 K 与坍落度 S_L 的关系

坍落度 S_L （mm）	5	10	20	30	40	50	60
松铺系数 K	1.30	1.25	1.22	1.19	1.17	1.15	1.12

(3) 钢筋混凝土路面的双层布料。当进行钢筋混凝土路面施工时，宜选用（两台）箱型轨道摊铺机分两层两次布料，可在第一层布料完成后，将钢筋网片安装好，再进行表面第二层布料，然后一次振实；也可两次布料两次振实，中间安装钢筋网。采用双层两遍摊铺钢筋混凝土路面时，下部混凝土的布料与摊铺长度应根据钢筋网片长度和第一层混凝土凝结情况而定，且不宜超过 20m。

2. 振实作业

(1) 振捣棒组振捣。轨道摊铺机应配备振捣棒组，振捣方式有斜插连续拖行及间歇垂直插入两种，当面板厚度超过 15cm、坍落度小于 30mm 时，必须插入振捣；连续拖行振捣时，宜将作业速度控制在 0.5~1.0m/min 之间，并随着振捣棒组缓慢拔出，再移动到下一处振实，移动距离不宜大于 500mm。

(2) 振动板与振动梁振捣。轨道摊铺机应配备振动板或振动梁对混凝土表面进行振捣和修整，振动梁的振捣频率宜控制在 50~100Hz，偏心轴转速调节到 2500~3500r/min。经振捣棒组振实的混凝土，宜使用振动板振动提浆，并密实饰面，提浆厚度宜控制在 (4±1)mm。

3. 整平饰面

(1) 整平滚筒的操作。往复式整平滚筒前的混凝土堆积物应涌向横坡高的一侧,保证路面横坡高端有足够的料找平。

(2) 清理轨模。及时清理因整平推挤到路面边缘的余料,以保证整平精度和整平机械在轨道上的作业行驶。

(3) 抹平板。轨道摊铺机上宜配备纵向或斜向抹平板。纵向抹平板随轨道摊铺机作业行进可左右贴表面滑动并完成表面修整;斜向修整抹平板作业时,抹平板沿斜向左右滑动,同时随机身行进,完成表面修整。

4. 精平饰面操作

应采用 3~5m 刮尺,在纵、横两个方向进行精平饰面,每个方向不少于两遍。也可采用旋转抹面机密实精平饰面两遍。刮尺、刮板、抹面机、抹刀饰面的最迟时间不得迟于表 9.15 规定的铺筑完毕允许最长时间。

9.8 滑模摊铺机铺筑水泥混凝土路面

水泥混凝土路面施工方法很多,除了前面介绍的固定模板施工(小型机具、轨道摊铺机)以外,还可以采用滑模摊铺机铺筑水泥混凝土路面。滑模摊铺机是取消侧模,两侧设置有随摊铺机移动的固定滑模,可以沿设在基层上的基准线自动转向和自动找平,一次性完成布料、振动密实、成型、表面修整等工序,可铺筑不同厚度和不同宽度的各类混凝土路面,它具有施工速度快、自动化程度高、施工质量好的特点,在公路工程施工中得到越来越广泛的应用。

9.8.1 滑模摊铺机械配备

1. 滑模摊铺机选型

根据公路等级、路面结构、工期要求,并结合搅拌机械效能、运输能力、高速公路、一级公路施工,宜选配能一次摊铺 2~3 个车道宽度(7.5~12.5m)的滑模摊铺机;二级及二级以下公路路面的最小摊铺宽度不得小于单车道设计宽度。硬路肩的摊铺宜选配中、小型多功能滑模摊铺机,并宜连体一次摊铺路缘石。

滑模摊铺机可按表 9.23 的基本技术参数选择。

表 9.23　　　　　　　　　滑模摊铺的基本技术参数

项 目	发动机功率(kW)	摊铺宽度(m)	摊铺厚度(mm)	摊铺速度(m/min)	空驶速度(m/min)	行走速度(m/min)	履带数(个)	整机自重(t)
三车道滑模摊铺机	200~300	12.5~16.0	0~500	0~3	0~5	0~15	4	57~135
双车道滑模摊铺机	150~200	3.6~9.7	0~500	0~3	0~5	0~18	2~4	22~50
多功能单车道滑模摊铺机	70~150	2.5~6.0	0~400	0~3	0~9	0~15	2,3,4	12~27
路缘石滑模摊铺机	≤80	<2.5	<450	0~5	0~9	0~10	2,3	≤10

水泥混凝土摊铺机不论结构形式如何，组成基本相同，都是由机架、动力系统、传动系统、行走与转向系统、操纵系统、布料机构、计量整平机构、振捣机构、成型抹平机构及附属机构等组成。美国 CMI 公司生产的 SF350 型滑模式水泥混凝土摊铺机的基本组成如图 9.6 所示。SF350 型摊铺机的各种装置都安装在机架上，机架通过 4 个可自由升降的液压缸支承在 4 个履带式行走装置上；发动机和液压泵通过齿轮分动箱联为一体，安装在机架的中后方位置；操纵台位于机架上部的中前方，视野宽广，便于观察各部位的工作情况。其工作装置均设于机架下方，如图 9.7 所示。螺旋布料器设在机架下前方，从前向后依次是计量刮平板、振动棒、振捣板、成型模板和浮动模板。在成型模板的两端，分别设有一块超铺板和侧模板。另外，摊铺机还设有传力杆压入装置。

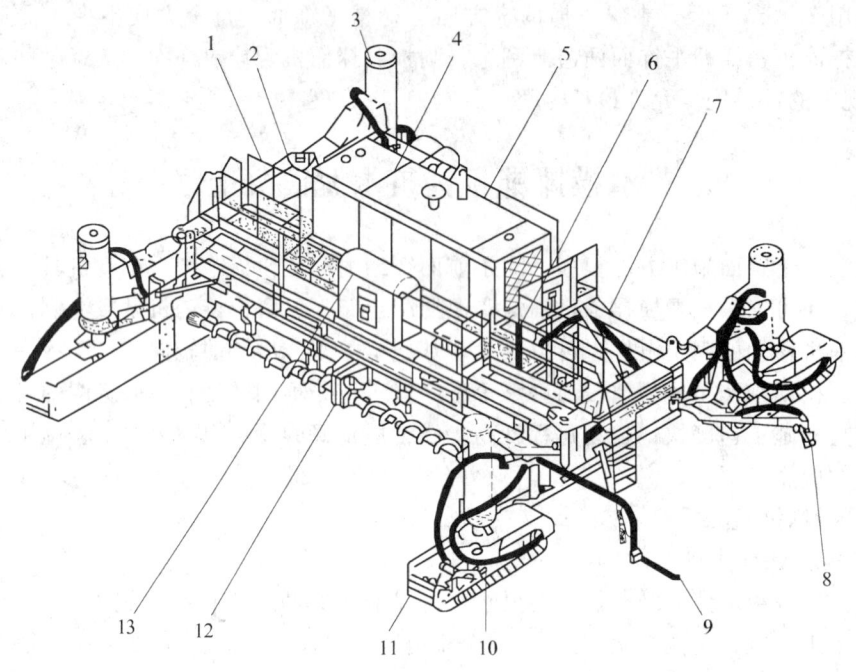

图 9.6　SF350 型滑模式水泥混凝土摊铺机
1—机架；2—喷水装置；3—支腿；4—油箱；5—发动机；6—平台；7—伸缩机架；8—自动找平传感器；9—传感器；10—转向装置；11—履带行走装置；12—布料器；13—操作台

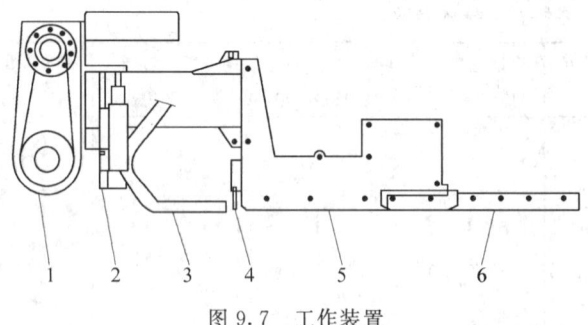

图 9.7　工作装置
1—布料器；2—刮平板；3—振捣棒；4—振捣板；5—成形模板；6—浮动模板

2. 布料设备选择

滑模摊铺路面时，可配备 1 台挖掘机或装载机辅助布料。采用前置钢筋支架法设置缩缝传力杆的路面、钢筋混凝土路面、桥面和桥头搭板时，应选配下列适宜的布料机械：

（1）侧向上料的布料机。
（2）侧向上料的供料机。
（3）带侧向上料机构的滑模摊铺机。
（4）挖掘机加料斗（侧向供料）。

9.8 滑模摊铺机铺筑水泥混凝土路面

(5) 吊车加短便桥钢凳,车辆直接卸料。

(6) 吊车加料斗(起吊布料)。

3. 抗滑构造施工机械

可采用拉毛养生机或人工软拉槽制作抗滑沟槽。工程规模大、日摊铺进度快时,宜采用拉毛养生机。高速公路、一级公路宜采用刻槽机进行硬刻槽,其刻槽作业宽度不宜小于500mm,所配备的硬刻槽机数量及刻槽能力应与滑模摊铺进度相匹配。

4. 切缝机械

滑模摊铺混凝土路面的切缝,可使用软锯缝机、支架式硬锯缝机和普通锯缝机。配备的锯缝机及切缝能力应与滑模摊铺进度相适应。

5. 滑模摊铺系统机械配套

滑模摊铺系统机械配套宜符合表 9.24 的要求。选配机械设备的关键:一是按工艺要求配齐全,缺一不可;二是生产稳定可靠,故障率低。

表 9.24 滑模摊铺机施工主要机械和机具配套

工作内容	主要施工机械设备	
	名　　称	机 型 及 规 格
钢筋加工	钢筋锯断机、折弯机、电焊机	根据需要定规格和数量
测量基准线	水准仪、经纬仪、全站仪	根据需要定规格和数量
	基准线、线桩及紧线器	300 个桩、5 个紧线器、3000m 基准线
搅 拌	强制式搅拌楼	≥50 (m³/h),数量由计算确定
	装载机	2~3m³
	发电机	≥120kW
	供水泵和蓄水池	≥250m³
运 输	运输车	4~6m³ 数量由匹配计算确定
	自卸车	4~24m³ 数量由匹配计算确定
摊 铺	布料机,挖掘机,吊车等布料设备	根据需要定规格和数量
	滑模摊铺机 1 台	技术参数见表 9.23
	手持振捣棒、整平梁、模板	根据人工施工接头需要定
抗 滑	拉毛养生机 1 台	与滑模摊铺机同宽
	人工拉毛齿耙、工作桥	根据需要定规格和数量
	硬刻槽机 刻槽宽度≥500mm,功率≥7.5kW	数量与摊铺进度匹配
切 缝	软锯缝机	根据需要定规格和数量
	常规锯缝机或支架锯缝机	根据需要定规格和数量
	移动发电机	12~60kW,数量由施工需要定
磨 平	水磨石磨机	需要处理欠平整部位时
灌 缝	灌缝机或插胶条工具	根据需要定规格和数量
养 生	压力式喷洒机或喷雾器	根据需要定规格和数量
	工地运输带	4~6t,按需要定数量
	洒水车	4.5~8t 按需要定数量

9.8.2 基准线设置

滑模摊铺水泥混凝土路面的施工基准设置有基准线、滑靴、多轮移动支架和搬动方铝管等多种方式。根据我国的基层平整度现状,滑模摊铺水泥混凝土路面的施工基准线设置,当前宜采用基准线方式。

1. 基准线设置形式

基准线设置形式视施工需要可采用单向坡双线式、单向坡单线式和双向坡双线式三种。单向坡双线式基准线的两根基准线间的横坡应与路面一致。单向坡单线式基准线必须在另一侧具备适宜的基准,路面横向连接摊铺,其横坡应与已铺路面一致。双向坡双线式的两根基准线直线段应平行,且间距相等,并对应路面高程,路拱靠滑模摊铺机调整自动铺成。滑模摊铺机应具备两侧4个水平传感器和一侧2个方向传感器,沿基准线滑行,摊铺出路面所要求的方向、平面、高程、横坡、板厚、弯道等。

2. 基准线器具

基准线器具包括基准线、线桩和安装器具。

基准线应使用3~5mm的钢绞线,总长度不少于3000m。一套基准线桩具包括一根直径12mm、高度为1200mm的圆钢筋,一个夹臂扣和一个夹线臂,夹臂扣在基准线桩上可上下移动并固定,并使夹线臂可左右移动并固定,基准线桩具不少于300套。安装器具主要有紧线器、固定扳手、大锤、水准仪或全站仪、水准尺、钢卷尺等。

3. 基准线设置应满足的技术要求

(1) 基准线横向宽度。基准线宽度除应保证摊铺宽度外,尚应满足两侧650~1000mm 横向支距的要求。

(2) 基准线桩纵向间距。平面直线段应不大于10m,圆曲线段视弯道半径大小,一般可为5~7m。在小半径弯道或山区极小半径回头弯道上,内侧宜加密到2.5~5m,外侧宜为3.5~7m;平面缓和曲段段和纵断面竖曲线段宜为5~10m。

(3) 基准线桩固定。基层顶面到夹线臂的高度宜为450~750mm,自基准线所在位置的路面边缘高程算起的基准线统一架设高度宜为250~500mm。基准线桩夹线臂夹口到桩的水平距离宜为300mm。夹线臂到桩顶垂直距离宜为150mm。基准线桩应打入基层150~250mm,以确保牢固。

(4) 基准线长度。一根基准线的最大长度不宜大于450m。超过此长度并需要继续摊铺时,应续接基准线,续接方式应通过同一个过渡桩的夹线臂口平顺连接。

(5) 基准线张紧度。基准线必须张紧,每侧基准线拉力不应小于1000N,张紧后基准线上的垂度不应大于1.0mm,基准线应先张紧,再扣进夹线臂槽口。

(6) 基准线精度。基准线的设置精确度应符合表9.25规定。

表9.25 基准线设置精确度要求

项目	中线平面偏位 (mm)	路面宽度偏差 (mm)	面板厚度 (mm)		纵断高程偏差 (mm)	横坡偏差 (%)	连接纵缝高差 (mm)
			代表值	合格值			
规定值	≤10	≤+15	≥-3	≥-8	±5	±0.01	±1.5

(7) 基准线维护。基准线设置后,严禁扰动、碰撞和振动。一旦碰撞变位,应立即重

新测量纠正。多风季节施工，应缩小基准线桩间距。

9.8.3 滑模摊铺机铺筑施工

1. 摊铺准备

（1）所有施工设备和机具均应处于良好状态，并全部就位。

（2）基层、封层表面及履带行走部位应清扫干净。摊铺面板位置应洒水湿润，但不得积水。

（3）横向连接摊铺时，前次摊铺路面纵缝的溜肩胀宽部位应切割顺直。侧边拉杆应校正扳直，缺少的拉杆应钻孔锚固置入。纵向施工缝的上半部缝壁应涂满沥青。

2. 布料要求

（1）滑模摊铺机前的正常料位高度应在螺旋布料器叶片最高点以下，亦不得缺料。卸料、布料应与摊铺速度相协调。

（2）当坍落度在10～50mm时，布料松铺系数宜控制在1.08～1.15。布料机与滑模摊铺机之间施工距离宜控制在5～10m。

（3）摊铺钢筋混凝土路面、桥面或搭板时，严禁任何机械开上钢筋网。

3. 滑模摊铺机的施工参数设定及校准

（1）振捣棒下缘位置应在挤压板最低点上，振捣棒的横向间距不宜大于450mm，均匀排列；两侧最边缘振捣棒与摊铺边沿距离不宜大于250mm。

（2）挤压底板前倾角宜设置为3°左右。提浆夯板位置宜在挤压底板前缘以下5～10mm。

（3）两边缘超铺高程根据拌和物稠度宜在3～8mm间调整。搓平梁前沿宜调整到与挤压板后沿高程相同，搓平梁的后沿比挤压底板后沿低1～2mm，并与路面高程相同。

（4）滑模摊铺机首次摊铺路面，应挂线对其铺筑位置、几何参数和机架水平度进行调整和校准，正确无误后，方可开始摊铺。

（5）在开始摊铺的5m内，应在铺筑行进中对摊铺出的路面标高、边缘厚度、中线、横坡度等参数进行复核测量。所摊铺的路面精确度应控制在表9.25的规定值范围内。

4. 铺筑作业技术要领

（1）摊铺速度控制。操作滑模摊铺机应缓慢、匀速、连续不间断地作业。严禁料多追赶，然后随意停机等待，间歇摊铺。摊铺速度应根据拌和物稠度、供料多少和设备性能控制在0.5～3.0m/min，一般宜控制在1m/min左右。拌和物稠度发生变化时，应先调振捣频率，后改变摊铺速度。

（2）松方控制板调整。应随时调整松方高度板控制进料位置，开始时宜略设高些，以保证进料。正常摊铺时应保持振捣仓内料位高于振捣棒100mm左右，料位高低上下波动宜控制在±30mm之内。

（3）振捣频率控制。正常摊铺时，振捣频率可在6000～11000r/min之间调整，宜采用9000r/min左右。应防止混凝土过振、欠振或漏振。应根据混凝土的稠度大小，随时调整摊铺的振捣频率或速度。摊铺机起步时，应先开启振捣棒振捣2～3min，再缓慢平稳推进。摊铺机脱离混凝土后，应立即关闭振捣棒组。

（4）纵坡施工。滑模摊铺机满负荷时可铺筑的路面最大纵坡为：上坡5%；下坡6%。

上坡时，挤压底板前仰角宜适当缩小，并适当调轻抹平板压力；下坡时，前仰角宜适当调大，并适当调大抹平板压力。板底不小于3/4长度接触路表面时抹平板压力适宜。

(5) 弯道施工。滑模摊铺机施工的最小弯道半径不应小于50m；最大超高横坡不宜大于7%。滑模摊铺弯道和渐变段路面时，在单向横坡段，使滑模摊铺机跟线摊铺，并随时观察和调整抹平板内外侧的抹面距离，防止压垮边缘。摊铺中央路拱时，在计算机控制下输入弯道和渐变段边缘及拱中几何参数，计算机自动控制生成路拱；手控条件下，机手应根据路拱消失和生成几何位置，在给定路段范围内分级逐渐消除和生成路拱。进出渐变段时，保证路拱的生成和消失，保证弯道和渐变段路面几何尺寸的正确性。

(6) 插入拉杆。单车道摊铺时，应视路面设计要求配置一侧或双侧打纵缝拉杆的机械装置。侧向打拉杆装置的正确插入位置应在挤压底板的下中间或偏后部，分手推、液压、气压几种方式。2个以上车道摊铺时，除侧向打拉杆的装置外，还应在假纵缝位置配置拉杆自动插入装置，该装置有机前插和机后插两种配置。前插时，应保证拉杆的设置位置；后插时，要消除插入上部混凝土的破损缺陷，应有振动搓平梁或局部振动板来保证修复插入缺陷，保证其插入部位混凝土的密实度。带振动搓平梁和振动修复板的滑模摊铺机应选择机后插入式，其他滑模摊铺机可选择机前插入式。打入的拉杆必须处在路面板厚中间位置，中间和侧向拉杆打入的高低误差均不得大于±2cm，前后误差不得大于±3cm。

(7) 抹面控制。应随时观察所摊铺的路面效果，注意调整和控制摊铺速度、振捣频率、夯实杆、振动搓平梁和抹平板位置、速度和频率。随时关注抹面施工效果。软拉抗滑构造时表面砂浆层厚度宜控制在4mm左右，硬刻槽路面的砂浆表层厚度宜控制在2~3mm。

(8) 连续摊铺要求。养护5~7d后，方允许摊铺相邻车道。

5. 滑模摊铺路面修整

滑模摊铺过程中应采用自动抹平板装置进行抹面。对少量局部麻面和明显缺料部位，应在挤压板后或搓平梁前补充适量拌和物，由搓平梁或抹平板机械修整。滑模摊铺的混凝土面板在下列情况下，可用人工进行局部修整：

(1) 用人工操作抹面抄平器，精整摊铺后表面的小缺陷，但不得在整个表面加薄层修补路面标高。

(2) 对纵缝边缘出现的倒边、塌边、溜肩现象，应顶侧模或在上部支方铝管进行边缘补料修整。

(3) 对起步和纵向施工接头处，应采用水准仪抄平并采用大于3m的靠尺边测边修整。

6. 问题处置

(1) 摊铺中应经常检查振捣棒的工作情况和位置。路面出现麻面或拉裂现象时，必须停机检查或更换振捣棒。摊铺后，路面上出现发亮的砂浆条带时，必须调高振捣棒位置，使其底缘在挤压底板的后缘高度以上。

(2) 摊铺宽度大于7.5m时，若左右两侧拌和稠度不一致，摊铺速度应按偏干一侧设置，并应将偏稀一侧的振捣棒频率迅速调小。

(3) 应通过调整拌和物稠度、停机待料时间、挤压底板前仰角、起步及摊铺速度等措施控制和消除横向拉裂现象。

(4) 摊铺中的滑模摊铺机等料最长时间超过当时气温下混凝土初凝时间的 4/5 时，应将滑模摊铺机迅速开出摊铺工作面，并做施工缝。

9.9 路面接缝与抗滑构造施工及路面的养生

9.9.1 路面接缝的施工

普通混凝土路面、钢筋混凝土路面、钢纤维混凝土路面，无论采用滑模、轨道、三辊轴机组或小型机具任何一种工艺方式施工，其接缝的设置和施工方式是相同的。混凝土路面的接缝筑做是混凝土路面设计、施工和使用性能优劣的关键技术和最大难点。接缝施工效果的优劣，是水泥混凝土路面使用性能好坏和使用寿命长短的决定性要素，应精心组织，高度重视。

9.9.1.1 纵缝施工

(1) 纵向施工缝。当一次铺筑宽度小于路面和硬路肩总宽度时，应设纵向施工缝，其位置应避开轮迹，并与车道线重合或靠近，构造可采用加拉杆平缝型。当所摊铺的面板厚度不小于 26cm 时，也可采用设拉杆的企口形纵向施工缝。实践证明，企口中间宽度不应小于 100mm，加上拉杆的固定作用，板厚不小于 26cm，能够保证纵缝不发生剪切破坏。采用滑模施工时，纵向施工缝的中间拉杆可用摊铺机自动拉杆装置插入，分前插与后插两种。采用固定模板施工方式时，应在振实过程中，从侧模预留孔中插入拉杆。

(2) 纵向缩缝。当一次铺筑宽度大于 4.5m 时，应采用假缝拉杆型纵向缩缝，纵缝位置应按车道宽度设置，并在摊铺过程中以专用的拉杆插入装置插入拉杆。纵向缩缝采用假缝形式，锯切的槽口深度应大于施工缝的槽口深度。采用粒料基层时，槽口深度应为板厚的 1/3；采用半刚性基层时，槽口深度应为板厚的 2/5。

(3) 钢筋混凝土路面、钢纤维混凝土路面、桥面和搭板的纵向缩缝。钢筋混凝土路面、桥面和搭板的纵缝拉杆可由横向钢筋延伸穿过接缝代替。整体网片钢筋比拉杆密度大得多，完全可以代替拉杆。钢纤维混凝土路面切开的假纵缝可不设拉杆，纵向施工缝应设拉杆。

(4) 拉杆的施工保护和重置要求。插入的侧向拉杆应牢固，不得松动、碰撞或拔出。若发现拉杆松脱或漏插，应在横向相邻路面摊铺前，钻孔重新植入。植入拉杆前，在钻好的孔中填入锚固剂，然后打入拉杆，保证锚固牢固。当发现拉杆可能被拔出时，宜进行拉杆拔出力（握裹力）检验，混凝土与拉杆握裹力试验方法可参照《混凝土与钢筋握裹力试验方法》执行。

9.9.1.2 横缝施工

1. 横向缩缝

普通混凝土路面的横向缩缝宜按等间距布置，对于不得已必须在接近构造物部位的路面上调整缩缝间距时，其最大板长不宜大于 6.0m，最小板长不宜小于板宽，否则，最不利荷载位置已经改变到横缝边缘，现有路面结构应力和板厚计算图式全部失效，不能使用。当面板设计厚度受到投资限制明显不足时，可采用 4.5m 的等长缩缝来降低结构应力，增强其抵抗特重、重交通和超重载的破坏能力。

中、轻交通公路水泥混凝土路面，其横向缩缝可采用不设传力杆假缝型。

在特重和重交通公路、收费广场、邻近胀缝或路面自由端的3条缩缝应采用假缝加传力杆型。传力杆设置方式有两种：一是用滑模摊铺机配备的传力杆自动插入装置（DBI）在摊铺时置入；二是使用前置钢筋支架法施工。后者传力杆设置精确度有保证，但没有布料机的情况下，影响摊铺速度，且投资增大。使用传力杆自动插入装置DBI时，最大坍落度不得大于50mm，在过稀的料中，传力杆有可能因自重移位，最小坍落度不宜小于10mm，过硬的路面，整机重量不足以将整排传力杆振压到位。传力杆插入造成的上部破损缺陷应进行修复。

钢筋支架应具有足够的刚度，传力杆应准确定位，摊铺之前应在基层表面放样，并用钢钎锚固。宜使用手持振捣棒振实传力杆高度以下的混凝土，然后机械摊铺。传力杆无防黏涂层一侧应焊接，有涂料一侧应绑扎。用DBI法置入传力杆时，应在路侧缩缝切、割位置作标记，保证切缝位于传力杆中部。

2. 胀缝

普通混凝土路面的胀缝应设置胀缝补强钢筋支架、胀缝板和传力杆。钢筋混凝土和钢纤维混凝土路面可不设钢筋支架。使用沥青或塑料薄膜滑动封闭层的路段，胀缝板及填缝宽度宜加宽到20～30mm。传力杆一半以上长度的表面应涂防黏涂层，端部应戴活动套帽，套帽材料与尺寸应符合JTG F30—2003《公路水泥混凝土路面施工技术规范》要求。胀缝板应与路中心线垂直，与缝壁垂直，缝隙宽度一致，缝中完全不连浆。

胀缝应采用前置钢筋支架法施工，也可采用预留一块面板，高温时再铺封。前置法施工，应预先加工、安装和固定胀缝钢筋支架，并在使用手持振捣棒振实胀缝板两侧的混凝土后再摊铺。胀缝施工的技术关键有两方面：一是保证钢筋支架和胀缝板准确定位，使机械或人工摊铺时不推移，支架不弯曲，胀缝板不倾斜，要求支架和胀缝板坚实固定；二是胀缝板上部临时软嵌（20～25）mm×20mm的木条，整平表面，保持均匀缝宽和边角完好性，直到填缝，剔除木条，再粘胀缝橡胶条或填缝。胀缝板应连续贯通整个路面板宽度。

拉杆、胀缝板、传力杆及其套帽、滑移端设置精确度应符合表9.26的要求。

表9.26　　　　拉杆、胀缝板、传力杆及其套帽、滑移端设置精确度

项　目	允许偏差（mm）	测量位置
传力杆端上下左右偏斜偏差	10	在传力杆两端测量
传力杆在板中心上下左右偏差	20	以板面为基准测量
传力杆沿路面纵向前后偏位	30	以缝中心为准
拉杆深度偏差及上下左右偏斜偏差	10	以板厚和杆端为基准测量
拉杆端及在板中上下左右偏差	20	杆两端和板面测量
拉杆沿路面纵向前后偏位	30	纵向测量
胀缝传力杆套帽长度不小于100mm	10	以封堵帽端起测
缩缝传力杆滑移端长度大于1/2杆长	20	以传力杆长度中间起测
胀缝板倾斜偏差	20	以板低为准
胀缝板的弯曲和位移偏差	10	以缝中心线为准

9.9 路面接缝与抗滑构造施工及路面的养生

3. 横向施工缝

每天摊铺结束或摊铺中断时间超过 30min 时,混凝土已经初凝,应使用端头钢模板设置横向施工缝。横向施工缝应与路中心线垂直,其位置宜与胀缝或缩缝重合。设在缩缝处的施工缝,应采用平缝加传力杆的形式;设在胀缝处的施工缝,其构造与胀缝相同。确有困难不能与胀缝或缩缝重合时,施工缝应采用设螺纹拉杆的企口缝形式。

9.9.1.3 切缝技术要求

各种混凝土面层、桥面和搭板的纵、横向缩缝均应采用切缝法施工。切缝设备主要有软切缝机、普通切缝机、支架切缝机等。切缝作业应符合下列规定:

1. 横向缩缝

横向缩缝切缝方式有全部硬切缝、软硬结合切缝和全部软切缝三种。切缝方式的选用,应由施工期间该地区路面摊铺完毕到切缝时的昼夜温差确定,宜参照表 9.27 选用。

表 9.27　　　　　　　　　　根据施工气温推荐的切缝方式

昼夜温差(℃)	切 缝 方 式	缩 缝 切 深
<10	最长时间不得超过 24h	硬切缝 1/5~1/4 板厚
10~15	软硬结合切缝,每隔 1~2 条提前软切缝,其余用硬切缝补切	软切深度不应小于 60mm,不足者应硬切补深到 1/3 板厚,已断开的缝不补切
>15	宜全部软切缝,抗压强度约为 1~1.5MPa,人可行走。软切缝不宜超过 6h	软切缝深不小于 60mm,未断开的接缝,应硬切补深到不小于 1/4 板厚

对分幅摊铺的路面应在先摊铺的混凝土板横缩缝已断开的部位做标记。在后摊铺的路面上应对齐已断开的横缩缝提前软切缝。

设有传力杆的缩缝,切缝深度不应小于 1/4~1/3 板厚,最浅不小于 70mm;无传力杆缩缝的切缝深度应为 1/4~1/5 板厚,最浅不得小于 60mm。最迟切缝时间不宜超过 24h。

2. 纵向施工缝

纵向缩缝的切缝要求应与横向缩缝相同。高速公路、一级公路及路基高度不小于 10m 的高边坡路段、软基路段、填挖方交界路段、桥面、桥头搭板部位的纵向施工缝在涂沥青的基础上,还应硬切缝后灌缝。这是对特殊路段的双重防水保护措施,其目的是要防止水从这些部位的纵缝渗到桥面、易沉降变形的高填方、桥头等基层中去。

3. 纵缝缩缝

对已插入拉杆的纵向假缩缝切缝深度不应小于 1/4~1/3 板厚,最浅切缝深度不应小于 70mm,纵、横缩缝宜同时切缝。已插入拉杆的假纵缝必须加深切缝以防止传力杆端部混凝土路面断裂。

4. 切缝宽度

为便于填灌及保持填缝料的性能,切缝宽度应控制在 4~6mm,锯片厚度不宜小于 4mm,切缝时锯片晃度不应大于 2mm;当切缝宽度小于 6mm,可采用 6~8mm;厚锯片二次扩填缝槽或台阶锯片切缝,这利于将填缝料形状系数控制在 2 左右,接缝断开后适宜的填缝槽宽度宜为7～10mm，最宽不宜大于10mm，填缝槽深度宜为25～30mm。这样既保证了接缝不因嵌入较大粒径的坚硬石子而崩边角，又能使填缝材料不致因拉应变过大而过早拉裂失去密封防水效果。

5. 变宽路段切缝

在变宽路面上，宜先切缝划分板宽。匝道上的纵缝宜避开轮迹位置。横缝应垂直于每块面板的中心线。变宽路面缩缝，允许切割成小转角的折线，相邻板的横向缩缝切口必须对齐，允许偏差不得大于5mm。在弯道加宽段、渐变段、平面交叉口和匝道进出口横向加宽或变宽路面上，横向缩缝切缝必须缝对缝，无法对齐时，可采用小转角折线缩缝。

9.9.1.4 灌缝

各级公路水泥混凝土路面接缝在混凝土养生期满后必须及时灌缝。

为了提高面板防水密封性、板间嵌锁和荷载传递能力，需满足以下灌缝技术要求：

(1) 清缝。保证填缝前接缝清洁干燥，应采用0.50MPa压力水流或压缩空气彻底清洗缝槽，清除接缝中砂石杂物。具体要求是缝壁检验以擦不出灰尘为标准。

(2) 常温灌缝。使用常温聚氨酯和硅树脂等填缝料时，应按规定比例将两组份材料按1h灌缝量混拌均匀后使用。填缝料配制要求随配随用。

(3) 加热灌缝。使用加热填缝料时应将填缝料加热至规定温度，加热过程中应将填缝料彻底融化，搅拌均匀，并保温使用。

(4) 灌缝质量控制。灌缝的形状系数宜控制在2左右，灌缝深度宜为15～20mm，最浅不得小于15mm。先挤压嵌入直径9～12mm的多孔泡沫塑料背衬条，再灌缝。灌缝顶面热天应与板面齐平；冷天应填为凹液面，中心低于板面1～2mm。填缝必须饱满、均匀、厚度一致并连续贯通，填缝料不得缺失、开裂和渗水。

(5) 灌缝料养生。常温施工式填缝料的养生期，低温天宜为24h，高温天宜为12h。加热施工式填缝料的养生期，低温天宜为2h，高温天宜为6h。在灌缝料养生期间应封闭交通。

(6) 胀缝填缝。路面胀缝和桥台隔离缝等应在填缝前，凿去接缝板顶部嵌入的木条，涂黏结剂后，嵌入胀缝专用多孔橡胶条或灌进适宜的填缝料。当胀缝的宽度不一致或有啃边、掉角等现象时，必须灌缝，不得嵌缝。

9.9.2 路面抗滑构造的施工

水泥混凝土路面抗滑构造是确保行车安全的技术措施，尤其是高等级公路，设计行车速度较高，抗滑构造指标不足时，路表面在雨天容易打滑，对行车很不安全，极易出现交通事故。因此，各等级公路水泥混凝土路面的表面要求是："平而不滑"，既要求高平整度，又要求足够的细观抗滑构造。

1. 抗滑构造技术要求

(1) 各交通等级混凝土面层竣工时的表面抗滑技术要求应符合表9.28的规定。抗滑构造深度 TD，采用铺砂法量测。

(2) 构造深度应均匀，不损坏构造边棱，耐磨抗冻，不影响路面和桥面的平整度。

2. 抗滑构造施工

(1) 拉毛处理。摊铺完毕或精整平表面后，宜使用钢支架拖挂1～3层叠合麻布、帆布或棉布，洒水湿润后作拉毛处理。布片接触路面的长度以 0.7～1.5m 为宜，细度模数偏大的粗砂，拖行长度取小值；砂较细时，取大值。人工修整表面时，宜使用木抹。用钢抹修整过的光面，必须再拉毛处理，以恢复细观抗滑构造。

(2) 塑性拉槽。当日施工进度超过 500m，抗滑沟槽制作宜选用拉毛机械施工。没有拉毛机时，可采用人工拉槽方式。在混凝土表面泌水完毕 20～30min 内应及时进行拉槽。拉槽深度应为 2～4mm，槽宽 3～5mm，每耙之间距离与槽间距 15～25mm。可采用等间距或非等间距抗滑槽，考虑减小噪音，宜采用后者。衔接间距应保持一致，槽深基本均匀。

(3) 硬刻槽。特重和重交通混凝土路面宜采用硬刻槽，凡使用真空吸水或圆盘、叶片式抹面机精平后的混凝土路面、钢纤维混凝土路面必须采用硬刻槽方式制作抗滑沟槽。硬刻槽机有普通手推式、支架式及自行式三种。刻槽方法也有等间距和不等间距两种。为降低噪音宜采用非等间距刻槽，尺寸宜为：槽深 3～5mm，槽宽 3mm，槽间距在 12～24mm 之间随机调整。对路面结冰地区，硬刻槽的形状宜使用上宽 6mm、下窄 3mm 的梯形槽，目的是向上分散结冰冻胀力，保持槽口的完好性；硬刻槽机重量宜重不宜轻，一次刻槽最小宽度不应小于 500mm，硬刻槽时不应掉边角，亦不得中途抬起或改变方向，并保证硬刻槽到面板边缘。抗压强度达到 40% 后可开始硬刻槽，并宜在两周内完成。硬刻槽后应随即冲洗干净路面，并恢复路面的养生。

(4) 特殊路段宜纵向刻槽。一般路段可采用横向槽或纵向槽。对于一些安全性要求较高或以降噪要求为主的特殊路段，如弯道、减小噪音路段，可优先使用纵向槽。纵向槽的侧向力系数大，安全性高，噪音小。

(5) 无需作抗滑构造的条件。因为抗滑构造是为了保证雨天行车安全而设的，任何地区，在晴天干燥的路面上，都不需要抗滑构造，有了反而加快轮胎磨损或高速行车时的轮胎过热爆胎。因此，JTG F30—2003《公路水泥混凝土路面施工技术规范》规定：年降雨量小于 250mm 的干旱地区的各级公路混凝土路面，可不拉毛和刻槽；年降雨量 250～500mm 的地区，当合成坡度小于 3‰ 时，可不拉毛和刻槽。另外，高寒和寒冷地区各级公路水泥混凝土路面的停车带边板和收费站广场，为提高抗（盐）冻耐久性可不作抗滑沟槽。因为停车带及收费广场的车速较低，盐水、冰水会滞留在抗滑沟槽内，结冰后会胀坏沟槽的边棱，从而降低路面耐久性。

(6) 抗滑构造的恢复。新建路面或旧路面抗滑构造不满足要求时，可在磨平后，再采用硬刻槽或喷砂打毛等方法加以恢复。

9.9.3 混凝土路面的养生

9.9.3.1 混凝土路面养生的重要性

混凝土路面养生是施工作业流程中的最后一道工序，也是经常被忽视的工序。对水泥混凝土路面而言，养生对水泥混凝土路面弯拉强度、抗冲击振动、耐疲劳性、抗磨性、抗（盐）冻性及耐久性等性能均有不同程度的影响，但养生工序对控制塑性收缩开裂、表面耐磨抗冻性和抗滑构造的保持时间长短影响最大。因此，必须引起高度的重视。

9.9.3.2 养生方式及养生时间

1. 养生方式

混凝土路面铺筑完成或软作抗滑构造完毕后应立即开始养生。机械摊铺的各种混凝土路面、桥面及搭板宜采用喷洒养生剂同时保湿覆盖的方式养生。在雨天或养生用水充足的情况下,也可采用覆盖保湿膜、土工毡、土工布、麻袋、草袋、草帘等洒水湿养生方式。不宜使用围水养生方式,围水养生往往容易使路面被泥土污染,且受路面横坡影响养护不够均匀。昼夜温差大的地区,路面摊铺后3d内宜采取覆盖保温措施防止发生裂缝和断板。

混凝土路面采用喷洒养生剂养生时,喷洒应均匀、成膜厚度应足以形成完全密闭水分的薄膜,喷洒后的表面不得有颜色差异。喷洒时间宜在表面混凝土泌水完毕后进行。喷洒高度宜控制在0.5~1m。使用一级品养生剂时,最小喷洒剂量不得少于0.30kg/m³;合格品的最小喷洒剂量不得少于0.35kg/m³。不得使用易被雨水冲刷掉的和对混凝土强度、表面耐磨性有影响的养生剂。当喷洒一种养生剂达不到90%以上有效保水率要求时,可采用两种养生剂各喷洒一层或喷一层养生剂再加覆盖的方法。

混凝土路面可以采用覆盖保温保湿养生膜或塑料薄膜养生,其养生的初始时间,以不压坏细观抗滑构造为准。薄膜厚度应合适,宽度应大于覆盖面600mm。两条薄膜对接时,搭接宽度不应小于400mm,养生期间应始终保持薄膜完整盖满。经保温保湿养护膜养护的混凝土路面,抗裂性、耐磨性提高,节约用水,不仅保温保湿效果好,还可缩短养生期。

混凝土路面采用覆盖养生时,宜使用土工毡、土工布、麻袋、草袋、草帘等覆盖物保湿养生,所有的保湿覆盖材料均必须及时洒水,保证覆盖材料下部的混凝土路面表面始终处于潮湿状态,并由此确定每天的洒水遍数。覆盖养生必须盖满表面,不得缺失。

昼夜温差大于10℃以上的地区或日平均温度不大于5℃的低温施工混凝土路面时,应采取保温保湿养生措施。保温养生材料一般是使用草廉,棉垫、泡沫塑料垫等。先在混凝土路面表面洒水保湿,再覆盖保温材料。

2. 养生时间

混凝土路面的养生时间应根据混凝土弯拉强度增长情况而定,不宜小于设计弯拉强度的80%,应特别注重前7d的保湿保温养生。一般养生天数宜为14~21h,高温天不宜少于14h,低温天不宜少于21h。掺粉煤灰的混凝土路面更要加强养生,最短养生时间不宜少于28h,低温天应适当延长时间。

9.9.3.3 养生期保护

混凝土板在养生期间和填缝前,严禁人、畜、车辆通行,在达到设计强度40%,撤除养生覆盖物后,行人方可通行。在确需行人、车辆横穿平面道口时,在路面养生期间,应搭建临时便桥。面板达到设计弯拉强度后,方可开放交通。

9.10 水泥混凝土路面施工的质量要求

9.10.1 基本要求

1. 施工质量的监控、管理与检查

施工质量的监控、管理与检查应贯穿整个施工过程,应对每个施工技术环节严格控制把关,对出现的问题或检验出的问题,立即进行纠正或停工整顿,问题不解决不得开工。确保工程质量,为施工质量验收与评定打好坚实的基础。

2. 施工过程中的质量管理要求

(1) 各级公路各种混凝土路面铺筑方式的施工均应建立健全质量检测、管理和保证体系。应按铺筑进度作出质检仪器和人员数量动态计划，施工中应按计划落实质检仪器和人员，对施工各阶段的各项质量指标应做到及时检查、控制和评定，以达到所规定的质量标准，确保施工质量及其稳定性。

(2) 施工全过程的质量动态检测、控制和管理。主要内容包括：施工准备、铺筑试验路段和施工过程中的各项技术指标的检验，出现施工技术问题的报告、论证和解决等。

9.10.2 铺筑试验路段

1. 铺筑试验路段的目的

使用滑模、轨道、碾压、三辊轴机组机械施工的二级及其以上公路混凝土路面工程，在正式摊铺混凝土路面前，均必须铺筑试验路段。试验路段长度不应短于200m，高速公路、一级公路宜在主线路面以外进行试铺。非在主线上摊铺不可的，应做好及时铲除不合格路面的准备。路面厚度、摊铺宽度、基准线（模板）设置、接缝设置、钢筋设置等均应与实际工程相同。没有经验的施工单位无论摊铺任何等级公路都应做试验路段。有经验的施工单位，由于原材料和混凝土配合比发生了变化，需再检验，同时摊铺机上设定的工作参数也必须依据新情况进行调整。

试验路段分为试拌及试铺两个阶段，通过试验路段应达到下述目的：

(1) 试拌检验适宜摊铺的搅拌楼拌和参数。通过试拌检验搅拌楼性能及确定合理搅拌工艺，检验适宜摊铺的搅拌楼拌和参数：上料速度，拌和容量，搅拌均匀所需时间，新拌混凝土坍落度，振动黏度系数、含气量、泌水性、VC值和生产使用的混凝土配合比等。

(2) 试铺检验主要机械、辅助施工机械的性能和生产能力。通过试铺检验主要机械的性能和生产能力，检验辅助施工机械种类、数量、实际生产能力及配套组合的合理性，提供主要机械性能和生产能力检验结果和改进措施。

(3) 试铺检验路面摊铺工艺和质量。模板架设固定方式或基准线设置方式，摊铺机械（具）的适宜工作参数，包括松铺高度、摊铺速度、振捣与滚压遍数、碾压遍数、压实度、频率调整范围、中间和侧向拉杆打入情况等，检验整套施工工艺流程。

(4) 施工技术人员现场施工培训。试铺可使全体工程技术及设备操作人员熟悉并掌握各主要机械（具）正确的操作要领和所有工序、工种正确的施工方法。

(5) 检验施工组织形式和人员编制。试铺可确定人工辅助施工的修整机具、工具、模具种类和数量，发电机、电焊机、钢筋工、混凝土工、拉毛方式及劳动力数量和定员位置等，按施工工艺要求检验施工组织形式和人员编制。

(6) 建立健全路面铺筑系统的质量管理体系。建立健全混凝土原材料，新拌混凝土坍落度、含气量、泌水量，路面弯拉强度、平整度、构造深度、板厚、接缝顺直度等全套技术性能检验手段，熟悉检验方法、建立路面铺筑系统的全面质量管理体系。

(7) 确定施工管理调度体系。检验无线通信和快速生产调度指挥系统，确定施工管理体系。

2. 试验路段总结报告

在试验路段施工过程中，施工方应认真做好记录，监理工程师或质监部门应监督检查试验段的施工质量,及时与施工方商定有关问题。试验段铺筑后,应由业主、施工方和监理方共同检查试铺效果,提出改进意见和注意事项。施工方应就各项试验结果、改进措施和注意事项提出试验路段总结报告,上报监理和业主批复,取得正式开工资格,目的是发现问题,改进不足,为正式摊铺做好更充分的准备。

9.10.3 施工质量的管理与检查

1. 施工中的质量管理

(1) 开工许可。混凝土路面铺筑必须得到正式开工令后,方可开工。

(2) 质量自检。施工方应随时对原材料、混凝土拌和物及路面施工质量进行自检。混凝土路面检验项目、方法和频率及路面各技术指标的质量要求应符合 JTG F30—2003《公路水泥混凝土路面施工技术规范》中的规定。当施工、监理、监督人员发现异常情况时,应加大检测频率,找出原因,及时处理。在恢复正常后,再返回规定的检测频率。高速公路、一级公路应利用计算机实行动态质量管理。

(3) 控制质量稳定性。应由专门质量检验机构负责施工质量的检查与监督。除施工方自检外,监理及监督人员应按规定频率抽检。混凝土拌和物的稳定性取决于原材料质量稳定、搅拌楼配料精确稳定;路面铺筑的质量稳定性取决于路面铺筑的关键设备性能及操作工艺。

施工各环节均应控制质量稳定性,搅拌场对每台搅拌楼所生产的拌和物,应按相关要求检测,除了满足各种施工工艺的可摊铺性外,还应注重控制拌和物的匀质性和检验其工作性参数的稳定性。现场混凝土路面铺筑的关键设备(如摊铺机、压路机、布料机、三辊轴整平机、刻槽机、切缝机等)应性能稳定并操作规范。施工中对影响工程质量的三大关键指标(弯拉强度、平整度和板厚)应做重点控制和管理。当发现路面三大关键质量指标不稳定或其他指标未达标时,应停止施工,分析原因,并采取有效的改正措施,经监理批准后,方可复工。

2. 特殊气候条件下的施工管理

水泥混凝土路面施工质量受环境气候影响很大。在混凝土铺筑期间,应收集月、旬、日天气预报资料,遇有影响混凝土路面施工质量的天气时,应暂停施工或采取必要的防范措施,制定特殊气候的施工方案。

在高温、低温季节施工及在风天、雨季施工应考虑其特殊性,为确保工程施工质量,应严格执行 JTG F30—2003《公路水泥混凝土路面施工技术规范》中特殊气候条件下施工的相关规定。

3. 施工技术资料的整理

施工方的质检结果应按 1km 为单位整理成原始记录表格,作为支付依据。对于滑模摊铺机、轨道摊铺机等各机械铺筑混凝土路面的关键工序宜拍摄照片或进行录像,作为现场记录保存。

9.10.4 交工质量的检查验收

1. 申请交工验收

根据 JTG F80/1—2004《公路工程质量检验评定标准》的要求,混凝土路面完工后,施工方应将全线以每 1km 为一个评定路段,按表 9.28 的规定的实测项目、方法、频率及质量要求提交检测结果、试验数据、施工总结报告及全部原始记录等齐全资料，申请交工验收。

表 9.28　　　　　　　　　　水泥混凝土面层实测项目

项次	检查项目		规定值或允许偏差		检查方法和频率
			高速公路、一级公路	其他公路	
1	弯拉强度（MPa）		在合格标准之内		按规范要求检查
2	板厚度（mm）	代表值	−5		按规范要求检查，每200m每车道2处
		合格值	−10		
3	平整度	σ（mm）	1.2	2.0	平整度仪：全线每车道连续检测，每100m计算σ、IRI
		IRI（m/km）	2.0	3.2	
		最大间隙h（mm）	—	5	3m直尺：半幅车道板带每200m测2处×10尺
4	抗滑构造深度	一般路段	0.7～1.1	0.5～1.0	铺砂法：每200m测一处
		特殊路段	0.8～1.2	0.6～1.1	
5	相邻板高差（mm）		2	3	尺量：每条胀缝2点；每200m纵、横缝各2条，每条2点
6	纵、横缝顺直度（mm）		10		拉20m线：纵缝每200m测4处；横缝每200m测4条
7	中线平面偏位（mm）		20		经纬仪：每200m测4点
8	路面宽度（mm）		±20		尺量：每200m测4处
9	纵断高程（mm）		±10	±15	水准仪：每200m测4个断面
10	横坡（%）		±0.15	±0.25	水准仪：每200m测4个断面

2. 质量问题处理

业主、监理和监督部门收到施工方的申请交工验收报告并确认资料齐全后，首先应对照施工方的交工自检报告数据与监理、监督部门在施工阶段进行的抽检数据是否吻合，然后按表9.28规定的检查项目和验收频率进行交工检查和验收。

9.10.5　工程施工总结

1. 施工总结与检测报告

施工方应根据国家竣工文件编制的规定，提出施工总结报告和质量管理与测试报告，或采用新材料新技术的试验研究报告，连同竣工图表，形成完整的施工资料档案，一并交业主及档案管理部门。

2. 施工总结报告的内容

施工总结报告应包括工程概况、设计图纸及变更、基层、原材料、施工组织、机械及人员配备、施工工艺、施工进度、工程质量评价、工程预决算等内容。

3. 施工质量管理与测试报告的内容

施工质量管理与测试报告应包括施工组织设计、全面（或ISO）质量保证体系、试验段铺筑报告、施工质量达到或超过现行规范规定情况、原材料和混凝土检测结果、施工中路面质量自检结果、交工复测结果、工程质量评价、原始记录相册和录像资料等。

4. 试验研究报告的内容

在省内或当地首次采用滑模、轨道等新机械、新工艺施工或首次铺筑钢筋混凝土、钢纤维混凝土等新型路面结构时，应同时提交试验研究报告，总结成功经验，分析失败的原因，提出改进意见和措施。

思 考 题

9.1 水泥混凝土路面如何分类？
9.2 水泥混凝土路面的优缺点是什么？
9.3 水泥混凝土路面的接缝构造与布置如何？
9.4 对面层混凝土材料的要求有哪些？
9.5 普通混凝土路面配合比设计方法有哪些？
9.6 水泥混凝土路面的施工工艺有哪些？
9.7 水泥混凝土路面混合料搅拌与运输的要求有哪些？
9.8 小型机具施工混凝土路面时，摊铺与振捣混凝土的要求有哪些？
9.9 滑模摊铺机施工时，铺筑作业技术要领有哪些？
9.10 水泥混凝土路面设置抗滑构造的意义有哪些？
9.11 水泥混凝土路面养生的方法有哪些？
9.12 水泥混凝土路面施工铺筑试验段的目的是什么？
9.13 如何进行水泥混凝土路面的施工质量控制和检验？

参 考 文 献

[1] 中华人民共和国行业标准.JTG F10—2006 公路路基施工技术规范.北京：人民交通出版社，2006.
[2] 中华人民共和国行业标准.JTG F80/1—2004 公路质量检验评定标准.北京：人民交通出版社，2005.
[3] 中华人民共和国行业标准.JTG 018—97 公路排水设计规范.北京：人民交通出版社，1997.
[4] 中华人民共和国行业标准.JTG D30—2004 公路路基设计规范.北京：人民交通出版社，2004.
[5] 中华人民共和国行业标准.JTG B01—2003 公路工程技术标准.北京：人民交通出版社，2004.
[6] 中华人民共和国行业标准.JTJ 059—95 公路路基路面现场测试规程.北京：人民交通出版社，1995.
[7] 中华人民共和国行业标准.JTJ 059—95 公路路基路面现场测试规程.北京：人民交通出版社，1995.
[8] 中华人民共和国行业标准.JTG E40—2007 公路土工试验规程.北京：人民交通出版社，2007.
[9] 中华人民共和国行业标准.JTJ 041—2000 公路桥涵施工技术规范.北京：人民交通出版社，2000.
[10] 中华人民共和国行业标准.JTG F30—2003 公路水泥混凝土路面施工技术规范.北京：人民交通出版社，2003.
[11] 中华人民共和国行业标准.JTJ 037.1—2000 公路水泥混凝土路面滑模施工技术规范.北京：人民交通出版社，2000.
[12] 中华人民共和国行业标准.JTG F40—2004 公路沥青路面施工技术规范.北京：人民交通出版社，2005.
[13] 中华人民共和国行业标准.JTG 034—2000 公路路面基层施工技术规范.北京：人民交通出版社，2000.
[14] 李维勋.路基路面工程（第一版）.北京：机械工业出版社，2005.
[15] 田万涛.路基路面工程（第一版）.北京：中国水利水电出版社，2007.
[16] 愈高明.公路工程（第一版）.北京：人民交通出版社，2005.
[17] 文德云.路基路面施工技术（第一版）.北京：人民交通出版社，2006.
[18] 王学民.道路工程（第一版）.北京：中国环境科学出版社，2000.
[19] 罗竟，邓廷权.路基工程现场施工技术（第一版）.北京：人民交通出版社，2004.
[20] 孙久民，郝素先.公路工程施工技术（第一版）.郑州：黄河水利出版社，2003.
[21] 俞高民.公路施工技术（第一版）.北京：人民交通出版社，2003.
[22] 李西亚.路基路面工程（第一版）.北京：科学出版社，2004.
[23] 傅智.水泥混凝土路面施工技术（第一版）.上海：同济大学出版社，2004.
[24] 尤晓暐.现代道路路基路面工程（第一版）.北京：清华大学出版社，2004.
[25] 资建民.路基路面工程.（第一版）.广州：华南理工大学出版社，2002.
[26] 文德云，彭富强.路基路面施工技术（第一版）.北京：人民交通出版社，2006.
[27] 杨文渊，钱绍武.道路施工工程师手册（第二版）.北京：人民交通出版社，2003.
[28] 黄生文.公路工程地基处理手册（第一版）.北京：人民交通出版社，2005.
[29] 李继业.新编道路工程施工实用手册（第一版）.北京：化学工业出版社，2006.

[30] 杨锡武．特殊路基工程．北京：人民交通出版社，2006．

[31] 宋金华．高等级道路施工技术与管理（第一版）．北京：中国建材工业出版社，2005．

[32] 廖正环．公路施工技术与管理（第一版）．北京：人民交通出版社，2006．

[33] 刘雅洲．公路施工与养护机械（第一版）．北京：人民交通出版社，2005．

[34] 邓学均．路基路面工程（第一版）．北京：人民交通出版社，2003．

[35] 孙大权．公路工程施工方法与案例（第一版）．北京：人民交通出版社，2003．

[36] 郑训．路基与路面机械（第一版）．北京：机械工业出版社，2002．